Seattle Public Library

Gerold Späth
SINDBADLAND

S. Fischer

© 1984 S. Fischer Verlag GmbH, Frankfurt am Main
Satz und Druck: Wagner GmbH, Nördlingen
Einband: G. Lachenmaier, Reutlingen
Printed in Germany 1984
ISBN 3-10-077404-3

Für Salome Späth

Mich lockte die Welt, mein Vater war früh hinausgezogen und immer seltener zurückgekommen, und wenn er erzählte, saß ich und mir rauschte das Herz, auch andere wußten wunder was, manchmal auch einer mit Fernweh, diese Sehnsucht! dieses Reißen hinaus! und rührte sich nicht und hätte doch nur wollen müssen, jetzt! oder vor zehn Jahren, vor zwanzig! ja, man hätte früher leben sollen, alles zusammenkratzen und verpachten oder verscherbeln, was man vielleicht schon hatte, und ein paar Dingelchen kaufen, die überall brav Geld bringen, alles lassen und auf und davon! aber versuch jetzt einer einmal, sich der Welt einfach vorzuwerfen, da wünsche ich dir Glück, wünsch ich jedem viel Glück!

Von der Ersten Reise

Der junge Reisende – Die Weltkarte; Käse für Casamari
– Ein Weitgereister in Verona – Das Tönlein – Ende ei-
nes Bruderkriegs – Wirklicher amerikanischer Held –
Prophezeiung – poor mother – Staub – Hinter Zier-
gesträuch – Glück – Fiorina – Jüdisches Schicksal,
Kinderhände, Berge der Erinnerung – Stadtprediger in
Rom – Artemis von Ephesos – Der erschossene Bruder
– Im Narrenwald – Die beißenden Kühe von Cama –
Zigeunermädchen – Billiger Brauch – Ein Phönizier in
New York – Mutter und Kind – Prioritäten in Texas –
Zyklamenlippen und wunde Knie – Palermitanische
Schattennacht – Die Geschichte der Nonne aus Deutsch-
land – Ein altes Spielchen – Junge Erinnerungen

Der junge Reisende

Man erzählt mir im Dorf Splügen von einem jungen eng-
lischsprechenden Reisenden, der auf dem Weg nach Italien und Griechenland kurz nach Überwindung der
Viamala wochenlang in dem Dorf fieberkrank gelegen
und allerlei Krudes zusammengeredet hatte, der Wirt, des
Englischen mächtig, er war in jungen Jahren in der Welt
herumgekommen, habe seinerzeit alles aufgeschrieben
und eine Übersetzung angefertigt, der Fieberkranke hatte
von einem Film phantasiert, den er drehen wolle, in
dem Film sollte ein italienischer Alter mit Motorroller
die Hauptrolle spielen, der Alte wohnt seit dem Tod seiner Frau im herrschaftlichen Haus seines reich gewor-
denen Sohnes und hat immer weniger zu sagen, eines
Tages entschließt er sich, heimlich einen Motorroller zu
kaufen, man sehe in dem Film, wie der alte Mann mit
dem blitzneuen Ding nach Hause höttert, selbstverständlich macht er Umwege, und von Beherrschung des Fahr-
zeuges kann nicht die Rede sein, er überfährt sämtliche Stopsignale, mißachtet jegliche Verkehrsregel, er
schwimmt in Glückseligkeit und kann das Ding nicht
bremsen, die Kamera folgt diesem glücklichen Kind von
fünfundsiebzig Jahren, das nicht bemerkt, wie hinter ihm
die frischen Wecken zu Dutzenden aus der Brotzaine auf
die Straße purzeln und die Landeier schockweise aus den
Körben schliddern, Autos kommen ins Schleudern, Pfer-
degespanne brennen durch, die Kutscher fliegen vom
Bock, Motorräder segeln über Böschungen, Tramwagen
schneiden einander überlebensgefährlich, und rasende
Züge entgleisen zuhauf, es gibt Fehl- und Sturzgeburten,
ein grausliches Chaos, der glückliche Großvater merkt

nichts, denn was er anrichtet, findet hinter ihm statt, er knattert arglos und fröhlich säuselnd fürbaß, findet schließlich den Rank zum Haus seines Sohnes und kracht mit Wucht in die Tür hinein, worauf er wie verjüngt vom Boden aufspringt und das Wrack seines Vehikels betrachtet, ein sich langsam drehendes Speichenrad, ein ausflakkerndes Schlußlichtlein, dann sei der Film aus, die Geschichte habe stets denselben Verlauf genommen, und man habe sich sehr gewundert, denn niemand, selbst Pfarrherr noch Arzt, habe damals gewußt, was ein Film, ein Motorroller, eine Kamera sein sollten oder was mit Autos, rasenden Zügen, Tramwagen gemeint war, und so seien die zwei Studierten im Dorf und der Wirt recht erleichtert gewesen, als der junge Mann, endlich genesen, mit der Diligence die südliche Richtung genommen, es sei nämlich, man schrieb das Jahr 1825, bereits von Zauber und Teufelsbündelei gemunkelt worden, man solle den ausländischen Hexer zum Bischof ins Verhör schicken nach Chur, ihm den Satan ausbrennen und so weiter, um die aufgewirbelte Ruhe des Bergdorfes nicht weiter zu rühren, habe man damals Teile der mit Fleiß notierten Phantasien unterschlagen, man erzählt mir, darin sei es um brünstiges Treiben von der sündigsten Sorte gegangen, lechzenden Auges erinnert man sich der Lästerlichkeiten.

Die Weltkarte; Käse für Casamari

Vor einer Weltkarte von Ende achtunddreißig, Farbdruck unter Staub, steht in der Stadt Crema, die Barbarossa aufs grausamste in die Geschichtsbücher hineinkriegte, ein

Mann, der seit zweiundzwanzig Jahren dabei ist, sich die Welt anzusehn, ein Unterfangen ohne Ende, das hatte er bald begriffen, die Dinge drehen sich und die Menschen, und er dreht sich auch, jedes dritte Jahr oder jedes vierte, fünfte, streift er Irland und küßt seine Mutter, sie hatte gedacht, daß er wie sein Vater ein Seemann würde, oh doch! vor sechzehn Jahren eine Zeit auf einem Waljäger, der war als Krabbenfänger getarnt, Nase Finger Zehen Arsch und Ohren abgefroren, seither lieber an Land und dort unter der Sonne, wo die Erde am dicksten ist, Sandschnüre dröseln bei den Draviden oder in einem Kafferkral, sein Pech sei, Ire statt alter Grieche zu sein oder Ägypter oder Levantiner, Scherzbold Pytheas, das hätte ihm gepaßt, Johnny Maundville heißen! oder bei den Navajos oder Najaki-Comanchen den Medizinmann machen, sich auf die Schäfte zweier Speere stellen und aufrecht auf den Speeren stehend sich in die Luft erheben und davonsausen! vor Casamari, der tausendjährigen Abtei südöstlich von Rom, werde ich den Iren am Käsestand eines dickfingrigen Schafbauern wiedersehen, es gibt den uralten, den alten, den neuen, den ganz frischen und Quark, der uralte ist urlange gelagert und, rühmt ihn der Käsebauer, schön voll Würmer, das heißt Maden, das heißt: voll Delikatesse! denn wovon sind all die Würmer so fett, wenn nicht vom wunderfetten Käse? in der honiglichten Kirche machen weißgekuttete Mönche sich tüchtig singend Luft und Appetit, das alte Lied, der Ire kennt es, vier Pfund von dem ururalten steckt er dem Pförtner, ein Pfund für Sankt Patrick, eins für Unsere Liebe Frau von den Delikatessen, eins für den Turm und eins für die Glocken im Turm, und sogleich brechen die Schleusen und auf uns herab duftend des Herren Güte, Gottes gewaltiger großer Klosterküchensegen.

Ein Weitgereister in Verona

Zwischen Dante und Cangrande in Verona ein Weitgereister mit weißem Stoppelbart in der selben Absteige, San Zeno treibt die Teufel aus, hat sie dafür selbst im Haus, der Bart erzählt von einem, der Knall und Fall verreist und mehr als dreißig Jahr in Afrika geblieben war, man habe gesagt: weil seine Verlobte mit einem andern abgegangen sei, der Mann hat gesehen, wie jungen Dieben die Hand abgehackt wurde und solchen, die beinah entkommen waren, nebst der Hand noch ein Fuß, blieb alles im heißen Staub in der Sonne liegen, mit Tüchern vermummte Angehörige fingen die lautlos Zusammensakkenden auf und verschwanden mit ihnen in den Schatten, in die Häuser, Deserteure aus der Leibwache des Königs der Könige führte man in die Steinwüste, sie gaben ihnen einen gewissen Vorsprung, dann wurden scharfgemachte Panther und Geparde auf ihre Spur geführt und losgelassen, er ist, sagt der Weitgereiste, in Äthiopien und im Sudan zu Geld gekommen, Geschäfte und Geschiebe, und auch zu einer Frau, einer Deutschen aus Hamburg, aus ihr zwei Söhne, die hat er, als sie soweit waren, zurückgeschickt, in teure Schulen gesteckt, bei einem Flugzeugabsturz sind Söhne und Frau umgekommen, man hat gehört, das sei die Rache jener gewesen, die er, ein fieser, schiefer Schleicher, im Lauf der Zeit beschissen habe, nur Flüche gehen in Erfüllung, das habe er selbst gesagt,

Wünsche nie, oder sie erweisen sich am Ende auch als
Fluch, er erzählte einmal, sagt der Weißstopplige, von
einer Ehebrecherin in Uganda, der erging es wie einst,
den Berichten zu glauben, gefangenen Weißen bei den
Indianern: eine Alte schnitt der jungen Frau, die rundlich
gemästet, also gut gehalten war, sie hätte keinen Grund
gehabt, schnitt ihr auf dem Dorfplatz ein kleines Loch in
den Bauch und zog ein Stücklein Darm heraus, das band
sie an einen Pfahl, und jetzt kommen die Frauen mit den
Ruten und treiben die junge Frau um den Pfahl herum,
schweinisch schreiend zieht die sich die ganzen Einge-
weide aus dem Leib, oft sagte er, ich fragte ihn nie
weshalb, o God thy sea so great and my boat so small!
lang hat er nicht mehr gelebt nach dem Absturz jener
Maschine mit der Frau und den Söhnen.

Das Tönlein

Hast du von dem jungen Komponisten gehört, der mittendrin wegen eines Vogelstimmchens von draußen vom
Feigenbaum her die Frau allein in der schön entfachten
Hitze liegen läßt, er läßt liegen und stehen, nur um dieses
gottgesegnete Tönlein zu notieren, eine prachtvolle Frau,
sagt er, sie hat mir von ihrer Sache mit diesem Musen-
buben erzählt, oh ihr Gesicht! ihre Bronzeschenkel! sie
wippen und die Sonne wippt mit, sollen pfeifen, die Vögel, 's wird Sommer, laß pfeifen! lacht er.

Ende eines Bruderkriegs

In Chioggia ein eiliger Schwarm, der Fischmarkt hat begonnen, von Steintischen schliert Schleim und Blut, doch weder Verkäufer noch Kunden, denn nebenan gehen zwei Männer wild aufeinander los, zwei Brüder machen ernst, der eine ist Priester, dem andern gehören Schiffe und Häuser, man weiß genau, welch lang verschlepptes Gift jetzt hochzischt, als der eine dem andern, wie dieser ihm grinsend Aushilfe anbietet für die Wochen, während derer die Haushälterin zur Kur in irgendeinem Schlammbad steckt, gradheraus ins Gesicht speit: Schick mir am besten alle: deine Alte, die Mätressen und die Knäbchen! drauf die Starre, in der Risse platzen wie Blitze, eine Faust schlägt zu, schlägt blind zurück, jetzt rennt alles, man will gaffen, es spritzt, eine gute schwere böse Schlägerei, und niemand fährt dazwischen, wozu auch? es muß sein, man hat alles lang geahnt, längst gewußt, es muß heraus, aber am End verröchelt der eine, sein blaurotes Gesicht wird plötzlich wachsfahl, und der andere ist weiß wie Milch, seine Lippen angerissen, es trieft rot, man hat ein Messer gesehen, er blutet aus Brust und Bauch, zu seinen Füßen kriecht fettes Blut übern Boden, in die Fugen, er ächzt, kippt um, jetzt schreien alle, man wirft sich auf die beiden, langsam ziehe ich meine Füße zurück auf graue taube trockene Marmorfliesen.

Wirklicher amerikanischer Held

Und war in dieser Gegend, Mensch, wissen Sie, wie soll ich sie Ihnen beschreiben? wo es diese Vögel gibt, Sie kennen sie sicher, sicher haben Sie von ihnen gehört, denken Sie an die Unmenge Kleintiere, zum Beispiel Frösche und Kröten, Unmengen sind in Jahrmillionen gefressen worden, eine Unmenge von Schmerz und Tod, sagte er, sein Gesicht hatte etwas von einer Maske, die eine Hälfte starr, sie sagt, wenn es ihr auf nichts anderes ankomme, lasse sie solche Typen einfach reden, Lehrerin aus Osnabrück, unterwegs nach Padua, und erst Insekten, sagte er, keine Zahl, unvorstellbar, und der Mensch, durch Jahrtausende all die Sterbenden überall, die vielen toten Kinder Tag für Tag, die röchelnden Alten, und verstummte für einen Augenblick und fing wieder an, es sei anders gewesen mit diesen Vögeln, ein Raub- oder Greifvogel kreise oder stehe still, dann stürze er sich hinab und man könne sehen, wie er auf seiner Beute balanciere wie auf einer Kugel, unter seinen Fängen winde es sich und rucke, es wolle sich aufbäumen, er halte es nieder und balanciere, bis es aufgehört habe, erst dann schlage er mit dem Schnabel zu, aber diese anderen Vögel, wissen Sie, sagte er zu mir, sagt sie, diese Vögel, Mensch, sie brauchten sich nicht hinabzustürzen, es lag alles herum, aufgebläht, es stank, und die Vögel trappten heran und gingen ihnen immer zuerst an den Bauch oder an den Hals und an die Lippen, ich kann nicht dran denken, ich sehe das immer wieder und kann nichts tun, ich kann nicht mehr reisen, nirgendwo hin, klagte er, Kenneth Grierson, Captain der US Navy, ergrauter Veteran dreier Kriege, Südpazifik, Korea, Vietnam, mehrmals verwundet, einige

Male nur knapp mit dem Leben, sieben verlorene Schiffe, die vierte Frau, Haus und Yacht auf Mallorca, Appartment in New York, Waldhütte und Teich in Maine, allein schon die Verletzungen an den Beinen, hier diese Narben! ein Gemisch aus Stolz und Gestöhn, er begann ein Hosenbein hochzukrempeln, man begegnet immer mal solchen Typen, ohne Krieg kommen sie um, es war im letzten Sommer in Paris, preußischblauer Himmel, Captain Griersons vierte Frau neben ihrem Mann auf der Bank, und er redete auf mich ein, sagt sie, und sie blätterte mürrisch in einem Journal, er ist ein wirklicher Held, sagte sie, sie hatte genug herumgeblättert, er ließ das Hosenbein fahren, yes darling, du lernst schnell.

Prophezeiung

Einer mit Goldkettchen im Nacken glaubt, mir im Gedränge am Tresen der Bar im Bahnhof von Firenze etwas erklären zu müssen, nie mehr schnelle Wagen, nur noch Bahn, hallende Bahnhofsbrandung ringsum und hoch über uns, eine gewisse Miss Celestina in Sète, beleibte blonde Frau, wäre er wie sein Vater in der Konfektionsbranche, würde er sagen: Grünstern, das heißt: starke Figur, er traf sie an einer Tankstelle, wohl noch nicht vierzig, war mit Freundin für paar Tage im Süden auf schneller Achse, männiglich steckte unter der Kühlerhaube von Miss Celestinas Wagen die ratlosen Köpfe überm stillstehenden Motor zusammen, da tippte sie ihn an, derweil seine Freundin eben mal verhuscht war, wollte ihn glauben machen, sie sei eine Zigeunerin, mit übernatürlichen Kräften begabt, blonde Zigeunerin und Hexe dazu, bitte, dann bringen Sie doch Ihren Wagen wieder in Gang, will er gesagt haben, sie fuhr fort, sie könne Bannkreise ziehen, zum Beispiel um ein Haus herum, dann könne niemand mehr hinein oder heraus, sie verstehe auch die Kunst, Dinge für immer verschwinden zu lassen oder an einen anderen Ort zu versetzen, ihr Atem roch nach Zwiebeln und Tabak, sie habe gesagt, ein starker Gedanke von ihr verwandle Wein in Essig, und mit einer gewissen Handbewegung könne sie jeden Vogel im Flug erstarren lassen, er trudle herab wie ein Federwisch, oder den Willen eines Menschen lähmen, auch das könne sie, er sagte, ihre rechte Hand, klein wie die eines Kindes, führte plötzlich meine widerstrebende Rechte hartnäckig in ihre Bluse, sie legte sie an ihre überraschend heiße Brust und fragte, ob ich ihren mächtigen Herzschlag spüre, das Herz einer Löwin, verhext wie das Herz jeder mächtigen Hexe, nehmen Sie jetzt diese Klinge fest in Ihre Hand, keine Angst und gut festhalten, so lang war das Messer, gute zwanzig Zentimeter, ich tue ihr den Gefallen, sie reißt es mir sogleich aus der Hand, sie reißt mir die Klinge querdurch, das Messer schnitt eisig in mein Fleisch, bis auf die Knochen, ich habe die Hand geballt, die Zähne zusammengebissen, ein Stich in meinen Magen, ich krümmte mich, ich sah ihre sehr blauen Augen, ihr ruhiges Gesicht, die Kälte des Stichs, mir wurde übel, sie sagte, geben Sie her, schnell! und öffnete ihm die Hand und beugte sich hinab und führte sie an ihren Mund, er habe ihre Zunge gespürt, mild und rauh, eine Hundezunge, und sie habe gefragt, was mit ihm sei, was haben Sie? ich glotze in meine Hand, kein Schnitt, keine Spur von Blut, sie sagte, Sie haben mir nicht geglaubt, ich kann alles, was ich will, wenn Sie wollen, sage ich Ihnen auf den Kopf, was aus Ihnen wird im Leben, er winkt ab, er geht weg, seine Freundin kommt, macht scheele Augen, das blonde Speckweib ruft hinter ihm her: deine Feigheit wird wachsen, du wirst kläglich enden, ich sage dir nicht warum! einen Tag drauf habe er einen saudummen Unfall gebaut, seither nie mehr schnelle Wagen, das Gesicht seiner Freundin abscheulich zerschnitten, er kannte sie kaum mehr, es sei ihm nicht gelungen, mit ihr weiterzumachen, *wissen Sie, daß Sie die Augen eines Panthers haben manchmal? nicht hinter Gitterstäben, es ist mir eben aufgefallen, nein, jetzt nicht mehr, ich wünsche Ihnen gute Reise, eine gute Reise zu den Rätseln!* – eine halbe Stunde später überschlage ich, meine Taschen durchwühlend, wie teuer er und seine schnellen Finger diese Geschichte in dem Gedränge an den Tölpel gebracht haben.

poor mother

Der Aurelia folgend, Sie sehen's hier, gelangen Sie nach San Guido, kleines Kapellchen, von dort, zeigt sein schwarzöliger Mechanikerfinger auf der Karte, führt langhin leicht ansteigend Carduccis Zypressenallee schnurgerade hinauf nach Bolgheri, wo der Sassicaia wächst, Wein der Weine, er hat dort mal, lang ist es her und dennoch wie gestern, sich jung wie nie mit seiner jungen Mutter vor der Mittagshitze unters Schattendach der Bar gleich hinter der Wehrmauer geflüchtet, es gab Eis am Stiel, beide lutschten, und darob kam er mit ihr in ein kindliches Gebalge, bis der Padrone sagte:

Junge, fechte nie zu hitzig mit deiner Mama, nur bei ihr kannst du ziemlich sicher sein, daß sie deine Mutter ist! und weg war er, Mama hat sich entrüstet, sie wollte ihn zur Rede stellen, und dreißig Jahre später, sagt er, dreißig oder mehr Jahre später, auf einer Reise durch Spanien, stehe ich an einer schnellen Theke und warte auf einen Anis oder sowas, neben mir eine sorgfältig gekleidete, dezent mit Schmuck ausgestattete, fein geschminkte ältere Dame, begleitet von einem jungen Mann, der sagt dauernd: I know, I know all about it, Maggie, I know! sie ist erregt, er beschwichtigt, faßt sie am Arm, hält ihre Hand, damit sie, wenn möglich, die Tasse nicht wieder zurückweise, nach der zweiten die dritte nicht auch noch verschütte, sich beruhige, nicht mehr schrille, be quiet, Margaret, please, Maggie! doch als der Kellner das Tässchen vor mich hin stellt, ein Versehen, fährt sie herum, starrt, lacht, springt mich an, umhalst mich, my son! o my son! endlich gefunden nach so vielen Jahren! geliebter Sohn! Tränen weichen ihre Schminke auf, der junge Mann steht hilflos, Hilflosigkeit allenthalben, sie schluchzt vor Glück, o my beloved son! es gab eine Zeit, was kostet die Welt! da bist du als Horse Guard mit Bild und Text durch die Weltpresse geritten, weil du deine Stiefel so lange mit Spucke gewichst hast, daß der Teufel dich anspie jedesmal, wenn du dein Spiegelbild bespucktest, um immer noch und noch mehr Glanz hineinzubringen, weißt du's nicht mehr, o mein geliebter verlorener Sohn! und kreischt: Warum streitest du immer und immer mit mir! fort mit dir! go to hell! der junge Mann zieht sie weg, be quiet, Margaret! yesyesyes, I know, we all know, Maggie! please excuse her, Sir, please forgive us, I'm sorry, my mother, poor mother.

Staub

Einmal, als er bei Populonia in ein Etruskergrab hinabstieg, habe er im weißen Schein seiner Gaslampe ein prächtig gekleidetes Mädchen auf einem der steinernen Totenbetten liegen sehen, jugendfrisch das Gesicht, die Kleider frühlingsbunt, und auf der Stirn ein Diadem, goldene Blütenblättchen, und braun oder rötlich das volle Haar, an den Ohrläppchen kleine Goldringe, auch drei Ringlein an der einen, zwei an der anderen Hand, höchstens siebzehn ist sie gewesen, schön und zum Erschrekken, zweieinhalbtausend Jahre alt, er sei erstarrt, atemlos, plötzlich habe ein metallisches Klirren ihn herumgerissen, ein an die Wand gelehnter, gewunden geschnitzter Holzstab mit bronzenem Kugelknauf, kaum wahrgenommen beim Hinabsteigen in die Tomba, sei zu Staub zerfallen, das Geräusch des am Boden aufschlagenden, zu ihm her rollenden Knaufs habe ihn zu Tode erschreckt, die Spannung, die Nerven, die drei Kollegen oben am Loch, ihr aufgeregtes Zupfen am Seil, sind wir die ersten? was siehst du? was ist? Schauder durchjagen ihn, machen ihn steif, ja die ersten! seine Stimme ein hohles Krächzen, und wie er, den Knauf krampfhaft in der Hand, sich wendet, ist nur noch Staub auf dem Leichenbett und im Staub die Ringlein, das Diadem, der Knauf sei ihm entfallen, was machst du denn? mach den Sack auf! pack ein! er habe sich ermannen müssen, ja was mach ich denn? na ja, wer's glaubt, aber was er sagt, erinnert mich an ein blumengeschmücktes Mädchen, wir sind auf einem Schulausflug und plötzlich allein hinter Büschen, sie die Nymphe, ich nicht einmal ein Hirt, und sie, in aller Augen die Schönste, umfängt meinen Hals und flüstert, ich

liebe dich! liebe dich! ein Blitzstich mir ins Herz, ich
erwache, fahle Morgengräue, der Nymphentraum zer-
stiebt, keine Lippen, kein Lächeln, aber die liebliche
Stimme noch deutlich im Ohr, ihre Wärme, und etwas
später in Rom die Frau aus Kärnten am Ende eines
Abends in geschwätziger Gesellschaft, nicht stolz nicht
scheu kommt sie auf mich zu und erzählt flüsternd ihre
Sorge, ihre Hoffnung, keine Liebe mehr, betrogen, das
Idol verloschen, sie versinkt in Scham und taumelt, als sie
dahinterkommt, ein anderer fängt sie auf, sie atmet heiß,
und wie einst geht sie auf und spürt im selben Augenblick, daß sie schon wieder fällt, sie will sich nie mehr
auffangen lassen, nie mehr will sie fallengelassen werden,
nie mehr versinken, ihre Lebenslust ist zerfallen, Scham
und Staub, dahinter noch Hoffnung, gewiß, dahinter,
darunter, Flammen, Rauch, Asche.

Hinter Ziergesträuch

Im Süden sei es gewesen, Dallas oder Houston, so genau
erinnere er sich nicht mehr, jedenfalls reihenweise Wol-
kenkratzer, Spiegelpaläste, und sie ein hübsches Mädchen, noch immer ein scharfes Biest, als sie's ihm
zweidrei Jahre später erzählte, nämlich wie sie da, prächtig aufm Trip und plötzlich heiß, ihren Zufallsknaben aus
der einzigen offenen Frühstückbude der ganzen langen
leeren Avenue an jenem Sonntag kurz vor Mittag hinter
die Ziersträucher zerrte und sich hinschmiß, fort mit den
Fetzen und zeig was du kannst! so eine, verstehst du,
neben ihr saust eine Spiegelfassade fünfzig Stockwerk

hoch in den Himmel, die steilste Perspektive der Welt, sie quietscht vor Vergnügen und der Boy stößt kräftig nach, vermutlich ist Malcolm nicht sein richtiger Name und er kommt auch nicht aus Fayetteville in Arkansas, aber ich wette, sagt er, genau diese Geschichte hätte sie schon ein Jahr drauf genau diesem Malcolm erzählen können als einem Wildfremden, verstehst du, so eine war das nämlich, und nachher, wie sie um die Ecke biegen, sehen sie, daß es da ein Restaurant gibt, und gehen hinein und werden angeglotzt und setzen sich hin und werden angelacht und schauen sich um und alles ist Glas und draußen das Ziergesträuch, genau jene Stelle, wo sie eben noch vergnügt gequiekst haben, nämlich zum Vergnügen der Esser hinter der Spiegelwand, sie hat aufgelacht, beinah gewiehert, sagt er, was haben die Mädchen diesen Malcolm angezwinkert! und die Männer erst mich! so eine, sagt er, du verstehst.

Glück

Ja, glauben Sie mir nur, dort draußen hinter der Kimm gibt es einen Süßwasserbrunnen im Meer, das ist der Trinkteich der Alten mitten im Salzwasser, von den gewöhnlichen Fischen gemieden, doch sollen Karpfen dort drin sich wiegen, uralte Tiere, arabische Seefahrer in ihren lautlos schwimmenden Schiffen glitten jahrhundertelang zu der Stelle hin, man weiß nur ungefähr, wie sie navigierten und hat keine Ahnung, wie es kommt, daß man sie noch immer zuweilen, wenn ein Zufall es will, heranschweben sieht, sie sollen die stetig von tief vom

Grund heraufsprudelnde Quelle selbst in sternenloser Nacht oder gar bei Sturm nie verfehlen, Geisterschiffe? oh! sagt die alte Dame, deren Namen später beiläufig genannt wird, Gloria Tenderson, soll Dichterin sein, hat einen Vogel und offenbar nicht schlecht zu leben, haust seit ewiger Zeit in dem Häuschen am Meer, Geisterschiffe, oh! man weiß es nicht, sagt sie und lächelt nicht, an einem sonnigen Nachmittag vor über fünfzig Jahren, fährt sie fort, lag ich einmal bequem auf einer Uferterrasse und sah von dem erhöhten Platz einem Segelschiff zu, das unglaublich langsam aus meinem goldenen Golf hinausfuhr, ich habe stundenlang hinausgeschaut, ich wäre gern eine große starke Möwe gewesen, das Segel wurde immer kleiner, kleiner, noch kleiner, und ich saß und schaute und verzehrte mich, ich versank vor Sehnsucht, in meiner Brust mein Herz war eine Faust aus Blei, es wurde Abend, sagt sie, der Sonnenuntergang, das heraufschießende Abendlicht, ein großmächtiger letzter wild erstrahlender Glanzflügelschlag, und noch immer konnte ich das Segel sehen, ein allerwinzigstes Pünktchen im unendlich Zerfließenden, und ich wußte: dieses Schiff ist unterwegs dorthin, man hätte an Bord sein sollen, in der Morgendämmerung ins heraufsprudelnde Süßwasser springen, eine Nixe, Sirene unter den Karpfen, ich ertrank in Wehmut, sagt sie, ich bewegte keinen Finger, die Dämmerung, die Nacht, Sterne, ein wenig Wind, ich saß so schwer wie die Erde und war wie in die Luft zerstäubt, ich spürte meine Tränen nicht, es war jenes eine Mal, junger Mann, jenes eine Mal vor mehr als fünfzig Jahren das eine reine ausgeglüht lautere hartgehämmerte grausame Glück.

Fiorina

Sie heißt Fiorina, ihre Träume sind grünblau, sie erinnert sich an eine Maske, und eine langsame Hand legt sich leicht drauf, hebt sie weg, darunter ein lächelndes Gesicht, federleicht, es entzückt mich, sagt sie, zu spät durchzuckt es sie: das ist der Tod! er blickt sie an und sagt kein Wort, unbeschreiblich ist dieser Blick, unbeschreiblich wie das Entsetzen in den Augen des großen Fisches, aber sie will es versuchen, hör zu, ich ziehe einen großen Fisch auf den Strand, er verändert seine Farbe, rotschlierig wird er plötzlich und Blasen blähen sich unter den Schuppen hervor, herzstoßweise quillt Blut, zieh ihm die Haut ab, die Haut! der Wind vom Meer her ist voll verwehter Stimmen, sieh seine lebendigen Augen! er blutet und lebt! gleich wird sein Maul schreien! mach Schluß! zieh ihn weiter, weiter hinauf! da ruft Fiorina: geht alle beiseite! was glotzt ihr! ich muß meinen Arm heben! wie sollte ich ihn töten können! dann wieder jenes Gesicht, diese schöne ruhige Frau, sie kommt näher, strahlend, seidiger Flaum überm Erdbeermund, und plötzlich zu nah und ganz anders, das Gesicht eine bewegliche Maske vor jenem Gesicht, dessen Augen von tief innen hervorglänzen, niemand kennt es, niemand kennt sein eigenes Gesicht, glaubst du nicht? Fiorina schließt Lippen und Augen, ach vergiß es, meine Marterträume, ich bringe nicht mehr Unglück als jede andere auch – Fiorina, Augen und Atem.

Jüdisches Schicksal, Kinderhände, Berge der Erinnerung

Hochbeinige alte Holztische im Schatten unter dichtem Blätterdach auf einer Anhöhe über dem Lago di Bracciano bei Rom, und an den Tischen einige stille Gäste, es hatte tagelang eine afrikanische Hitze hergeweht, auf einmal drehte der Wind, ja, sagt er zu seiner Frau, aber jetzt genießen wir dieses Leben hier, diese Pracht, er ist der Meinung, es gebe eigentlich nur drei Plätze auf der ganzen Welt, alle drei in Italien: die Piazza vor dem Dom zu Massa in den Maremmen, der Campo di Siena und hier die Piazza Navona, sie nickt, und Volterra, sagt sie, also vier, ja, die beiden haben Jahrzehnte und ein jüdisches Schicksal in Polen und Deutschland hinter sich, ein jüdisches Schicksal in Polen und Deutschland, hatte er gesagt, sie erinnert sich ans vergangene Jahr, der Wind hatte gedreht und sie hatten auf jener Anhöhe über dem See spätnachmittags kalten weißen Wein getrunken und auf Abkühlung gewartet, von einem Tisch, sagt sie, wackelte ein Kleinkind zum nächsten Tisch, noch nicht drei Jahre alt wird es gewesen sein, es sagte irgendwas zu einem alten Mann, ein Elfenstimmchen, der alte Mann saß allein mit seinem Glas, er neigte sich hin zu dem Kind und fragte, wie es heiße, ich bin Claudia, bitte darf ich dich streicheln? der Mann machte Augen, die Kinderhändchen strichen über seine Hände auf den grob betuchten Knien, dann hat eine dicke Henne das Kind abgelenkt, es wackelte auf die Henne zu und hinter ihr her, aber eine Weile drauf, jetzt erzählt der Mann, eine Weile drauf etwas Er-staunliches: der alte Mann hebt sein Glas und sagt: Als Kind war ich einmal zwei Jahre alt und einmal elf und einmal weit über hundert

Jahre! er sprach laut hinaus, und dann sagte er mit erhobener Stimme, es war eine Art Singsang, diesen furchtbaren Satz: Jetzt bin ich zweiundsiebzig und was? und was? Jahre und Jahre und Felder und Hügel und ich irre an den unbezwingbaren Flanken der in Schmerz getauchten Berge der Erinnerung und des Vergessens! und er nahm sein Glas und trank es aus in einem Zug, und stellte es auf den Tisch, und es war ungeleert.

Stadtprediger in Rom

Mitten im römischen Gedröhne am Corso auf schmaler Verkehrsinsel an äußerster Spitze ein Mann mit Hut, Jacke, Beulenhose, alten Schuhen, und hat an Hut und Jackenbrust Zettel angesteckt, kein Mensch kann lesen, was draufsteht, man müßte näher hin, quer durch den Verkehr, man läßt's bleiben, bleibt am anderen Ufer, sieht ihn gestikulieren, reden, rufen, er weiß was zu sagen, dem Straßengetöse hält er eine lange Rede, Schelte, Predigt, kein Wort kommt durch, die Vögel sind tot, die Fische auch, San Francesco ist eine Figur in beliebiger Ausführung: Gips, Holz, Plastik, Polizeisirenen.

Artemis von Ephesos

Im Kapitol vor der Statue der Artemis von Ephesos, aus deren sogenannter Vielbrüstigkeit die sogenannten Gelehrten lange Zeit Labung und Ergötzung zogen von Brust zu Buch zu Brust, spricht mich ein lebhafter Mister an, brünstig geröhrt, habe er gelesen, hätten die Wissenschaftler auf einer Archäologentagung, als einer die Göttin mit wirklichen Stierhoden behangen vor die Versammlung hingestellt habe, es sei sogleich alles klar gewesen, die Vielbrüstetheorie mit einem Schlag vom Tisch gefegt, und die Bücher dazu, eigentlich hätten die Wunderknaben nur den richtigen Fachmann fragen brauchen, wissen wo fragen, das erspare im Leben viel Peinliches, viele Lächerlichkeiten, er komme aus Tulsa, Oklahoma, McGrath sein Name, Frischfleisch sein Geschäft, seit er von der Sache mit den Hodenbrüsten gelesen habe, sei es sein Wunsch gewesen, diese Artemis einmal Aug in Aug zu sehen, und jetzt bin ich hier, sagt Mister McGrath, ich hoffe, es macht Ihnen nichts aus, ich mußte es einfach jemandem sagen.

Der erschossene Bruder

Vincenzo Soler heißt anders, einer seiner zwei Brüder war bei den Brigate Rosse, es kam zu einem Zusammenstoß hinten im südlichen Umbrien, der Bruder ist dabei erschossen worden, Enzo Soler sagt, bei dieser Nachricht sei er ganz still geblieben, unbewegt, aber in ihm drinnen habe eine Stimme ein entsetzliches Gebrüll ausgestoßen, eine gräßliche Stimme hat gräßlich geschrien, er hatte nichts von dieser Stimme gewußt, er habe sie in sich, er höre sie noch und sehe die schwärzlich geränderten Einschußlöcher übern ganzen leichenbleichen Unterleib seines Bruders, und seit jenem verfluchten Tag habe er in keinen Spiegel mehr zu blicken gewagt.

Im Narrenwald

Sie trinkt vor dem Pantheon ein Glas mit mir, man wollte in München von ihr wissen, ob sie den Narr im Tessin gekannt habe, jenen ehemaligen Beamten, der sich absetzte, ein Stück Waldland kaufte, sich Hütten und Häuschen baute und mit der Zeit Baum und Strauch mit allerart Tafeln und Täfelchen vollhängte, Täfelchen aus Holz, aus Schiefer, aus Büchsenblech oder was weiß ich, an Schnüren und Drähten, kreuz und quer gespannt, hingen sie, alle vollgeschriebenen auf beiden Seiten mit Merkwürdigkeiten, mit komplizierten Sprüchen oder was weiß ich, es war ein einziges Geklingel und Geschepper in dem Waldstück, wenn ein Wind ging, zauberhaft, märchenhaft! das Geschnatter dieser Frau, sagt sie, hat mir Glocken in die Ohren gehängt, so eine synthetisch Braungesichtige mit gelben Krallen, selbstverständlich Wohnung im Engadin, Villa im Tessin und Luxusschlitten vor dem Tore, aber ich konnte ihre Tage riechen, sie habe ihn oft besuchen wollen, jenen Spinner, sei leider nie dazugekommen, eines Tages habe man ihn draußen gefunden, tot, wie auch schon andere, das scheine so etwas wie eine schweizerische Spezialität zu sein, beim Gedanken an den Zauberwald des Narren falle ihr übrigens interessanterweise oft das sechsundzwanzigste Kapitel des ersten Buches Don Quijote ein, worin es um die auserlesenen Absonderlichkeiten geht, die Don Quijote aus purer Verliebtheit in der Sierra Morena verrichtet, typische Bemerkung, eingeübt, sagt sie, damit wollte die sich produzieren, solchen Leuten ist der Don Quijote keine wunderbare Geschichte von einem närrisch spiegelbildlichen Kerl und seinem Knappen, sondern Bildungsalibi, beides haben sie nötig und verlodeln das eine und langweilen dich mit dem anderen, ich hätte ihr, sagt sie, um die Öhrchen klatschen können, jener Tessiner Narr sei mein Großvater gewesen, aber ich habe sie lieber gefragt, ob sie wisse, wo die Spitze des Kilimandscharo hingekommen sei, solchen Leuten muß man mit solchen Fragen kommen, als ich nämlich endlich oben angekommen war, gab's keine Spitze, es war da nicht gerade ein Loch wie dort in der Pantheonkuppel, aber der Gipfel war weg, einfach nicht mehr da, ich meine den Westgipfel, das Haus des Gottes, wie die Massai sagen, dort soll lange Zeit im Eis ein erfrorener Leopard zu sehen gewesen sein, wo ist der Kadaver hingekommen? wissen Sie das auch? oder auch nicht? solche Fragen, sagt sie, muß man solchen Leuten stellen.

Die beißenden Kühe von Cama

Ah, über den San Bernardino bist du gekommen, übern Paß und durchs Val Mesocco, da bist du bei Cama durchgefahren, und jetzt muß ich dir etwas erzählen, die beißenden Kühe von Cama im Misox sind nämlich berüchtigt, es gibt dort keine Knechte mehr, beim Melken werfen die Kühe den Kopf plötzlich nach hinten und schnappen zu, und was sie schnappen können, lassen sie nicht mehr los, sie bewegen die Kiefer, ihre großen gelben Zähne malmen und mahlen, der Mann schreit, er brüllt vor Schmerz, und aus dem Maul der Kuh läuft schon sein Blut, der Mann wehrt sich, er schlägt blind zu, aber die Kuh mit ihren herausgedrehten Augen mahlt und mahlt, Knochen und Gelenke krachen, drum sind nach und nach alle Melker ausgezogen, nun müssen die Bauern selber in den Stall, sieh sie dir an, wenn du wieder nordwärts machst und durch Cama kommst, jeder ist irgendwie verkrüppelt, dabei sind die Kühe von weit geringerem Wuchs als anderswo und ihre Milch ist dünn und sie geben wenig her, aber sie sind bös, unberechenbar, ich bin dort aufgewachsen, ich weiß alles über sie, sie müssen den Mann, der sie melken will, zum Krüppel gemacht haben, erst dann sind sie zufrieden, man schlachtet sie so schnell man kann.

Zigeunermädchen

Wie gewisse Zigeuner, die ihren Stolz für nichts verscherbelt haben, ihre überzähligen Mädchen zurichten, damit was hereinkommt beim Betteln? sie fallen über die bleichen kleinen Mausaugen her, du hörst Gepiepse und es knackt, zur Ablenkung reitet im Wagen der Alte die Mutter, und wenn er und die draußen ablassen, japst die drinnen und draußen liegt ein wimmerndes Ding, blau angelaufen, Arm ausgerenkt, Knie nach hinten durchgeschnappt, Fuß herumgewürgt, man trägt es weg und für einen Monat oder zwei kommt es zu einer Uralten, die sich drauf versteht, und schon ist das Krüppelchen fertig,

hat ausgesorgt fürs ganze Leben mit seinem unverwüst-
lichen Schreck im Mausgesichtchen, ich weiß jetzt auch,
wie man eine Veitstänzerin macht, man hält sie und steckt
ihr den Goldenen Nagel, so nennt man das, auf Höhe der
Nieren hart nebens Rückgrat, man nimmt zwei Nägel, treibt sie hinein und befestigt sie mit einem Splint,
den man unter der Haut quer über die Wirbelsäule
führt, nach spätestens drei Tagen beginnt das Zucken, der
Splint ist schwach vergoldet, die Nägel aus Kupfer, das
ist der Lauf so eines Lebens, frag mich nicht, weshalb
ich nicht auf die Kerle losgegangen bin, allesamt ehrenwerte Onkel, Vettern, Brüder meiner kleinen Schwestern.

Billiger Brauch

Er sagt, er wisse nicht, ob es andern auch so ergehe wie
ihm, nie habe er solche Kerle leiden können, die sich damit dickgetan, wie sie früher als Halbwüchsige San Ma-
sturbazio gefeiert, ihm zu Ehren sozusagen Messen
zelebriert hätten, Opferorgien, selbstverständlich immer
früher, früher! dabei hängt ihnen die bleiche Auszehrung
jetzt aus dem Gesicht, ich hüte mich, eine Pest! nie im
Leben! ob der Papst wohl ein Wichsbold? er braucht dieses Wort, wird es aufgeschnappt haben, die meisten
Mönche gewiß, sagt er, arme Leute, stellt sich vor: Alibani Tancredi, neunzehn Jahre in Schweiz und Deutschland, ich hatte gegen Abend Baia vor Neapel erreicht,
trank einen Schluck, da kam er und redete, redete, einmal
habe ihm einer allen Ernstes vorgeschlagen, er wolle ihm

den besten Scheidungsgrund frei Haus liefern, die Frau war bös und hat mich getrieben, ich war ein Sklave bei Tag und Nacht, ein Tier, wenn ich bei ihr war, frei Schlafzimmer liefere er ihm den Scheidungsgrund, er verführe die Frau einfach zu der und der vorher vereinbarten Stunde, patenter Trick, oder nicht? er brauche nur hineinzutappen und einen Mordskrach zu machen, das war in jener Zeit, als Scheidung noch nicht möglich gewesen, auch für die Reichen nicht leicht, Signor Alibani kommt auf den billigen Brauch, die beim Ehebruch ertappte Ehefrau noch im besudelten Bett zu erschlagen, und den Liebhaber auch, quel figlio di puttana! Schweinehund! zwölf Jahre in galera sagt er, kein Gefängnis im Land und auf den Inseln, das er nicht kenne, zwölf Jahre diese harten Steine, die langen Gänge und immer Durchzug, heißer Wind und kalter Wind, und die Gerüche, der Gestank, und jeder ist für sich und wühlt und wird nie fertig, was macht ein Mann mit solchen zwölf Jahren! und jetzt, was jetzt, was! wieder Deutschland? ich bin allein und alt und niemand!

Ein Phönizier in New York

In Neapel ein Spieler, der alte Phönizier im Blut haben will, er sieht aus, als fehle ihm ein Bart, er gibt sich, als wisse er, daß man den Teufel am besten mit einem Neunpfundhammer und einer Schaufel fängt, und lebt von der Spielsucht anderer, ein Kerl mit Goldringklauen, verschlossen bei Nacht, noch gesprächig am späten Nachmittag, erzählte er, eine Zeitlang sei er in New York gewesen, und als er in Manhattan ein Unterkommen suchte, führte ihn eine Wohnungsagentin mit Vornamen Angela in der Nähe des Washington Square in ein riesiges Atelier, sie nennen es Loft, und kaum ist er ein Weilchen auf der großen grauen Fläche herumspaziert, beginnt sie jetzt die Sicht aus dem Fenster zu preisen, fünfzehn Fuß gegenüber ein ähnlicher Raum, etwa gleich groß, es trägt sich immer allerhand zu, ein Ehepaar hat sich Hunde gehalten, drei große Dänische Doggen, jeden Abend rannte der Mann die Treppe hoch, die Frau ist noch mit dem Wagen beschäftigt, da war er schon wieder unten, die Doggen voraus, und nun werden Hundshaufen gemacht, größere sah man nie, unterdessen steigt die Frau mit ihrem ganzen Einkauf beladen treppauf, oben zieht sie sich erst einmal aus, später sieht man sie ihren Mann tändelnd, doch zunehmend engagiert mit Tauen bearbeiten, die Hunde sind derweil mit Fressen beschäftigt, man war der Meinung, sagte Miss Angela, daß der Mann es so hatte haben wollen, sonst hätte er sich wehren sollen, und eine Zeitlang war eine Liebhaberin stumpfer Gegenstände oder Werkzeuge eingezogen, eine gastfreie Frau, sie lud Männer ein, erhitzte sich leicht vor ihnen und kam dann mehr und mehr ins Feuer, die Männer saßen auf Stühlen und sahen ihr zu und tranken und rauchten, es ist auch einmal ein Mord zu beobachten gewesen, eine Verkäuferin, Verkäuferin in jedem Sinn, der Mieter hat es aber vorgezogen, nichts gesehen zu haben, derzeit steht die Wohnung drüben leer, aber sicher werden bald wieder interessante Leute einziehen, wird Aufregendes zu sehen sein, Mister, oder was er davon halte, die Show einmal diesseits zu inszenieren? er habe sich die Antwort eine Sekunde zu lange überlegt, sie hat nur ach! gemacht, verächtlich wie ein Polizist, dem du zu wenig Schmiergeld anbietest, verstehe! in Ordnung! Sie wollen die Bude nicht! nein, die wollte ich nicht, sagt er und fragt: Esbahy oder Las Vegas?

Mutter und Kind

Nah an der Mauer, von schütteren Büschen unzulänglich verdeckt, kauert keine zwanzig Schritt vom Marktgewimmel ein Marocchino sich hin, leis ächzend in seiner Not und erleichtert verstummend, nahebei steht ein artig gekleidetes Mädchen von etwa vier Jahren, es schaut in die Büsche, nicht neugierig, nicht staunend, es beobachtet ruhig, hat Zeit, seine Mutter schwatzt mit einer andern Frau, schon lange, und kommt jetzt, beiläufig, plötzlich dahinter und stockt und läßt einen spitzen Aufschrei, ihr Arm schnellt vor, ihr messerspitzer Zeigefinger zielt auf jene Stelle vor der Mauer, oh Entsetzen und Abscheu! der andern Frau reißt es den Mund auf, und die Mutter, herumwirbelnd, zerrt ihr Kind fort, der Mann hinter den Büschen nestelt schon seinen Gürtel, sie schlägt ihr Kind knöchelhart auf den Kopf, zieht es weiter, achtet nicht auf das Weinen der Kleinen, die nichts versteht, ein Gezisch ins Kindergesicht und jetzt wieder ein Schlag, flachhandig diesmal auf den schluchzenden Mund, dem Kind ein Entsetzen, es begreift nichts, und niemand weiß, ob es soeben seine Mutter verloren hat, sie verlieren wird immer wieder, viele Jahre lang, behende tritt der Marocchino aus den Büschen hervor, die andere Frau zetert, im Weggehen streift sein Blick schnell über sie hin, er geht flink durchs

Tor in der Mauer zurück ins Gewimmel, es ist ein lastender Tag, eine schwammige Vormittagshitze und die Sonne gräulich verschleiert.

Prioritäten in Texas

Sie ist jung, beweglich, hat Licht im Gesicht, in Torre del Greco will sie Italienisch lernen, ihr Amerikanisch hat sie in Texas geholt, da gab's mal eine Geburtstagsparty, Fest im Freien, ein Mann namens Frederick Suckert, Abkömmling deutscher Einwanderer, hat auf sie eingeredet, einen Mann erschießen und einen guten Anwalt nehmen und ich kriege fünf Jahre, aber ein Stück Vieh von der Weide klauen und sogleich werde ich eingesperrt, zwölf Jahre oder auf unbestimmte Zeit, da hilft der beste Anwalt nichts, das ist Texas! worauf eine ältliche Miss Kostler ihre Meinung losgelassen habe, das Gesetz müsse Prioritäten setzen, Menschen würden in jeder Sekunde zu Zehntausenden geboren, Nutzvieh dagegen sei, gemessen an der menschlichen Zuwachsrate und am Milch- und Fleischbedarf der modernen Welt, eigentlich dauernd auf dem absterbenden Ast, und das Verrückte dabei, schießt Miss Kostler los, viele Gebärende denken, mit ihrer Gebärerei sorgten sie dafür, daß der Faden nicht reiße, sie denken, allein sie und sonst niemand sei jetzt dran, es darf keine Sekunde ohne Geburtsgeschrei geben, keine leere Sekunde, ja keine Leerstelle! sonst ist der Fortgang gefährdet! sonst geht es dem Menschengeschlecht schlecht! da gebären sie also drauflos und retten auch gleich noch die Menschheit! da habe Suckerts Sohn, das Geburtstagskind, eben achtzehn geworden, laut gerufen, dieses ganze Gespräch finde er stark, ehrlich! finde ich unheimlich stark! das ist Texas! und später, sagt sie, hat mir Missis Suckert, die war auch deutschstämmig, die Hand auf die Schulter gelegt, du kommst aus Deutschland, ich war dort zu Besuch, oh ja, ich bin stolz drauf, aber in einem Hotel las ich an der Wand: *Wenn die ganze Welt auf dich niederbricht und jede Hoffnung untergeht, steh fest in deinen Stiefeln, auf die Haltung kommt es an!* mein Gott! hat Missis Suckert zu der jungen Deutschen gesagt, ich nahm schnell meine Sachen und reiste zurück, ich weiß so gut wie du, daß es in Deutschland dunkel ist, durchzuckt von grotesken Blitzen.

Zyklamenlippen und wunde Knie

Die Frau mit den Zyklamenlippen, Safranaugen, schwarzrandigen Rosenfingernägeln, die ihren Faltenrock leicht hochhebt, nicht wie's die jüngeren Marktweiber hinter ihren gestapelt vollen Brettertischen tun, um Notengeld unter den Strumpfrand zu klemmen, nur grad bis über die Knie hebt sie den Rock, und die Knie sind rot und blau verkrustet, die Frau ist fünfunddreißig, sie erntet Frühgemüse auf den Feldern bei Siponte unterhalb Manfredonia in Puglia, sie kniet und rutscht vom Morgenlicht zum Abendrot, ihre älteste Tochter ist siebzehn und schwanger, kann heiraten, die Hochzeit will ausgerichtet sein, der Rocksaum ist wieder gefallen, sie lächelt furchtbar freundlich, ihre Älteste heißt Alba, er heiratet sie, Federico, der wird es zu etwas bringen im Leben, er

raucht amerikanische Filterzigaretten kann lesen auto-
fahren geschäftemachen, sie pflückt Stund um Stund auf
Knien Spinat Salat ihre grüne Tochter heiratet er läßt sie
nicht pflückt sie lacht sie freut sich, ihr Großvater und
auch noch ihr Vater, oh was ein Leben in Dreck und
Elend! aber jetzt zunehmend besser, jede Generation ein
Schrittchen! man geht nicht mit den Knien und mit dem
Kopf geduckt zur Erde, man geht jetzt guter Hoffnung
stolz vorwärts Schritt um Schritt, zunehmend besser,
Signor.

Palermitanische Schattennacht

Nach einem langen Sprung von Gallipoli nach Palermo
abends an weißgedecktem Tisch, ein paar kühle Wochen
sind vorbei, die herauslohende Hitze des Tages weht in
den Abend, ich trinke Wasser, nehme Brot mit einer Prise
Salz, schenk ein wenig kühlen Wein ein hernach, blicke
auf und seh meinen Schatten entwischen, zum Türvor-
hang hinaus in die wabernde Dämmerung, wie vom
Hitzesog hinausgesaugt, oder täusche ich mich? – nun,
man kann warten, erst in Ruhe essen, nicht viel, aber mit
allem Drum und Dran, und dann ein kleiner Spaziergang,
der Duft in der Luft, sagt man, zieht von außerhalb von
den Orangengärten her, im geschlossenen Dom ruhen die
Kaiser, der Wunderbare Falkner und Heinrich der
Schreckliche, unter den schwarz vergitterten Fenstern eines breiten hohen Hauses läuft wie ein fassadenlanges
Basrelief eine empörte weiße Schrift: wir waren groß und
reich bis vor 2000 Jahren die hebräer uns die gottver-

dammten papsthuren anhängten diese seuche! ein Windchen zirpt in Palmwedeln, was huscht, sind die ersten Ratzen und die Katzen, jetzt noch ein wenig Wein unter hoher Nacht, und den Weg zurück mit beherrschten Flügeln, oder sollte ich weinleicht fliegen? derweil er, nehme ich an, dunkel im Dunkeln sich drückt und schleicht, gleich zu gleich, in der Gosse wird er suhlen, durch krumme Hintergassen lümmeln, Wangen behauchen und Hüften berühren, es beim Gelichter treiben in Hitze und Schweiß, ich warte, er geht lautlos über nächtliche Treppen voll Unrat, er schiebt sich in Winkel voll Schwärze, er huscht durch schulterschmale Gäßchen voll Gewisper, die palermitanische Finsternis flüstert, raschelt, zischt, ich warte, jeder sucht sich was, in solcher Nacht ist viel zu finden, Gerüche und Seufzer gehen um, die Schwärze dort oben ist der Mond, die Sterne zirpen, ich warte, mählich wird mir schwerelos, im Traum schlüpft mein Schatten plötzlich wie geschletzt zurück, außer Atem, wenn du morgen die Zeitung liest, glaube kein Wort! es hallt durch einen langen Gang, einen Keller, eine Tiefgarage, eine graue Schlucht, weit vorn tief unten gellt eine Frauenstimme, ein schnell erstickter Schrei, glaube mir, ich bin es nicht gewesen! am Morgen sagt der Mann an der Espressomaschine, beide seien kunstvoll erstochen worden, sehr kunstvoll in alter Manier, je ein einziger gekonnt gesetzter Stich, beim Mann von hinten, bei der Frau von der Seite, perfekt! mein Schatten rührt sich nicht und schweigt, und auch von mir kein Wort, eine braunhäutige Hand schiebt ein Täßchen vor mich hin: Ihr Kaffee, Don Giroldo!

Die Geschichte der Nonne aus Deutschland

Ein Franzose, dem ich vor dem klotzigen Dom von Cefalú mit einer Adresse aushalf, erzählte mir von einer Nonne aus Deutschland, die wenige Wochen zuvor mit einer wilden Nachtgeschichte zu den Carabinieri gelaufen war: sie habe kurz vor dem Krieg, da war sie noch ein junges Mädchen gewesen, mehrmals dem Zwang nachgegeben, bei Neumond mit dem Fahrrad auszurücken, auf unbeleuchteten Autobahnbrücken befestigte sie einen Backstein oder einen Stein vom Feld an einer Schnur, den Stein ließ sie auf die Fahrbahn hinab, aber sobald sie die Scheinwerfer eines Wagens von fern herannahen sah, hob sie ihn mehr oder weniger genau auf die Höhe der Frontscheibe, der Wagen sollte in den Stein hineinrasen, sie habe sich nur wenige Male verschätzt, nur einmal habe ein Wagen ausweichen können, sechsmal sei der Stein ziemlich genau auf Kopfhöhe des Fahrers wie eine Bombe in den Wagen hineingeplatzt, so habe das Mädchen in kurzer Zeit einige schreckliche Unfälle verursacht und sich mehrere Tote und schwer Verkrüppelte aufs Gewissen geladen, ohne je in den geringsten Verdacht zu geraten, das habe ihn, sagte der Franzose, an das merkwürdige Schicksal eines italienischen Komponisten erinnert: der Mann steht eines Nachts ohne Schlüssel vor seinem Haus, er klingelt so lange, bis endlich die Haushälterin im fünften oder sechsten Stock ein Fenster öffnet und von dort, als sie erfahren hat, worum es geht, ihrem Herrn die Schlüssel hinabwirft, dabei hat sie eine dermaßen unglückliche Hand, daß der Schlüsselbund mitten auf den Schädel des wartenden Komponisten herabknallt, auf der Stelle büßt er sein Augenlicht ein, und Musik ist ihm fortan völlig fremd, er stirbt nach einigen qualvollen Jahren, der Franzose hatte die ganze Zeit mit einer Diamantstaubfeile an seinen Fingernägeln herumgefeilt, ich sah plötzlich, daß er seine Fingerspitzen wund und blutig feilte, und er feilte weiter, ich sah nach der Sonne und stand auf und ging in die Kühle des hohen Domes.

Ein altes Spielchen

Auf Salina unter dem Kegel des Monte dei Porri, so stellte ich mir mexikanische Vulkanberge in mexikanischer Hitze vor, es war die stillstehende Stunde nach Mittag, Pan noch ruhig in seinem Versteck in den Hainen, schräg über der Gasse eng an den Fenstersturz geschmiegt eine Frau, noch nicht dreißig, schwarz gekleidet, sie wollte sehen, wollte nicht gesehen werden, sie beobachtete etwas, ich konnte es nicht sehen, sie beobachtete so scharf wie ich sie beobachtete hinter zugezogenem Fensterladen hervor, was sie sah, mußte sich auf meiner Gassenseite zutragen, ich stieg drum hinten im Haus über eine enge Treppe mit hohen Stufen aufs flache Dach in die weiße Glut hinauf und beugte mich übers flimmernde Mäuerchen und sah unten im keilschmalen Schatten die Zwillinge des Haushaltwarenhändlers, fünf- oder sechsjährig, und das Mädchen der Frau, ein oder zwei Jahre älter, und es war nicht klar, ob das Mädchen den Zwillingen an den Pipischwänzchen lutschen mußte oder ob die Zwillinge dem Mädchen ihre Schwänzlein in den Mund stecken durften, ich beobachtete die Kinder und beobachtete die Frau am Fenster, sie bemerkt mich plötzlich, zuckt zurück, kommt aber alsbald wieder leicht hervor, lächelt unsicher herauf, derweil rennen unten zwei Kinder weg, das dritte beginnt laut zu zählen, zählt laut und langsam auf zehn und sucht hierauf die beiden, ein altes Spielchen, sage ich, das kleine Lächeln im Gesicht der Frau verhuscht, sie stellt den Kopf schräg und fragt: Welches meinen Sie? und tritt ins Schattendunkel zurück.

Junge Erinnerungen

Aus dem runzligen Mund einer Alten auf Malta die Geschichte von dem stadtbekannten Mann aus Enna mitten in Sizilien: er ist durch Einheirat zu Wohlstand gekommen, seiner Frau beichtet er an einem leichten Abend den in Jahren gewachsenen Wunsch, er möchte sie als Dirne sehen, wie eine Dirne gekleidet auf dem Dirnenstrich am Ende der eleganten Straße, wo all die Häuser mit den Erkern stehn, und wie die Männer herankämen, manche in ihren Wagen, und wie sie mit ihnen feilschen würde und wie sie es mit einem von ihnen hätte, und wissen Sie was? die Frau geht drauf ein, er mag sich wehren und herausreden wie er will, das Ehebett ist ihr ein zu ruhiges Schiff gewesen, der Wind weiß viel, sagt die Alte, und wir haben viel Wind, der Stadtbekannte wird in einem Haus nebenaus Zeuge einer ihn heftig erregenden Kopulation, seine stattliche, leicht dickliche Frau und ein jüngerer Mann, Typ Drahtkerl vom Zirkus, und nachher beklatscht er die Frau mit seinem Gürtel, der Stadtbekannte wird rasend in seinem Versteck, er beißt sich die Finger ab, seine Frau wälzt sich und jammert, sie rault und sie stachelt den Kerl mit Hurenflüchen, dem Mann im Versteck wachsen Eselohren, sie röchelt, röchelnd läßt der Kerl sie liegen, steigt in seine Hose und geht, da ist der Ehrenwerte endlich erlöst, kein Mann, ein Dummkopf, er war ja nicht mit einem Knebel im Mund auf einen Stuhl gebunden, und wie er sich jetzt seiner Frau fletschend nähert, springt sie auf und haut ihn durch mit flacher Hand und mit Fäusten und Krallen, er zappelt und winselt, es ist eine Zeit her, sie hat ihn verlassen, sie ist weg, der Stadtbekannte hält sich Geliebte, wie das heißt, keine hält es aus mit ihm, er treibt Dinge, das ist seine Sache, aber eine Schande! die alte Frau schließt ihren Mund, steckt sich eine Zigarette, zündet sie an und macht hm! hm! sie wartet drauf, daß ich nun auch etwas erzähle, wo komme ich her? was will ich? wohin soll es weitergehen? wie jung Sie sind! sagt sie, sehr jung, die Hitze ist ein räudiges schwarzes Roß und wir sagen: Venus hat leere Augen, im Gesicht der Alten ist unversehens etwas unverschämt Junges, ein Mädchen taucht auf aus perlendem Wasser, heiß und kühl, wenn Sie wollen, ich kann Sie zu leichten jungen Erinnerungen führen, wünschen Sie?

Von der Zweiten Reise

Alte Schatten – Durch den Sumpf der Gewalt – Ein schwebendes Mädchen – Gott und die besten Gnadenhäuser der Welt – Mutter und Vater schwarzweiß – Zwischenlandung – Die Glücksbucklige – Der Blaue Koloß von Scheer – Bei der Jammermutter – Der fleißige Landmann – Raniwitzer – Die gottverdammte Stadt – Der Einarmige im Zoo – Frau und Mutter – In Sankt Veit – Trauer – Blaise – Die Möglichkeit – Frau und Hund – Peronik der Einfältige – Tapfere Seelen – Nod der Weber – Ein göttlicher Blitz – Unvergleichliche Ferne – Gas geben und ab! – King of New York – Geh weiter!

Alte Schatten

Sie hat ein schnelles Mundwerk, sie bewegt es eifrig, kommen Sie mal an den Main nach Frankfurt dort in jenen Park am rechtseitigen Ufer wo im Juni Juli allerlei seltene Bäume so grünblätterig stehen grüner kann kein Blatt da fällt Ihr Blick vielleicht auf jene Bank auf der vor paar Jahren ein Mann ein gutbekannter älterer Mann aber mir so fremd und unergründlich wie alle, sie errötet ein wenig, vielleicht macht's der Eifer, ihr rasender Mund, offensichtlich wider seinen Willen hat er mir gestanden selbst in seinem immerhin fortgeschrittenen Alter zucke er noch immer zusammen wenn er etwas scheinbar Unnützes tuend etwa ein auflüpfiges Bild betrachtend oder in einem vergnüglichen Buch lesend in seiner Nähe jemand husten oder sich so räuspern höre wie sein längst toter Vater er erinnere sich genau gehüstelt oder sich geräuspert habe, und sie fragt mich, ob ich das auch kenne, die Schatten, diese immer gegenwärtigen Schatten, ihre lebenslange Unsterblichkeit, ja? ja? die Untötbarkeit dieser alten Schatten.

Durch den Sumpf der Gewalt

Dieser Sumpf der Gewalt, ein Brackwasserteich voll hineingekrachter Bäume kreuz und quer und ragen halb heraus, alles fault und stinkt, die Moskitos fressen dich, ringsum Dschungel und Schatten, ich muß durch diese Stille, durch diese Schreie, weiß nicht, wer mit mir kommt, schwere Waffen, die Munition, jede Nacht muß ich durch, es ist der Sumpf der Gewalt, es ist kein Traum, es ist wirklich Nacht und der Sumpf ist wirklich mein Sumpf! glaub ihm nicht, sagt Rudi der Reporter, er spinnt, Steckschuß, Rudi verzieht sein Hasengesicht, solche Burschen kommen mir seit Issos und Gaugamela laufend vor die Kamera, Cannae, Waterloo und Dien Bien Phou, Überlebende, man dankt! sobald ich hineingehe, sinke ich ein, nach fünf Schritten bis zu den Hüften, nach sieben Schritten bis zur Brust, die Arme hoch! die Waffen hoch! ich muß hinüber, aus der Deckung hervor und hinein und hinüber, schnell! das Reisfeld, Wasser, dabei wissen alle Menschen, daß alle Menschen langsamer gehen sollten, sie sollten ruhiger atmen, alles wäre friedlicher und alle wagemutiger, weniger Krieg, ich muß jetzt aber hervor und hinüber, auf! schnell! er ist zwar nüchtern, aber trotzdem sozusagen ständig besoffen, und ich glaube nicht, sagt Rudi, daß er überhaupt in Vietnam gewesen ist, aber niemand weiß, was gut wäre für ihn, drüben haben sie spezielle Häuser gebaut, Heime hinter den sieben Bergen, ihn haben sie laufen lassen, frag mich nicht, he! er stößt ihn an, keine Angst, du bist hier nicht in USA, das hier ist ein freies Untertanenland, wie ist das mit dem langsamen Gehen und mit dem Lastwagen im Schneesturm? erklär mir das noch einmal! er hat nämlich auch eine Version mit Schneesturm, sagt der Reporter Rudi.

Ein schwebendes Mädchen

Im Frost hingekauert ein schmächtiges Mädchen, die fahlen Lippen leicht geöffnet zu merkwürdig verträumtem Lächeln, sie meint, eigentlich könne jeder Mensch nur schweben, immer schweben, schweben und anderswo leben, nur anderswo, leben in einem Land, dessen Namen man zu erfahren hofft, noch nicht kennt, the name is the land, singt sie leise, vielleicht, vielleicht, sie fragt: wo bin ich? Nürnberg? Würzburg? oder sonstwo mitten in der Scheiße? wie heiße ich hier? ringsum das Meer leer und ich ein Geschöpf der Umstände, jaja, du auch, alle, dort gelte ich als lady of light of light of light, und wieder ihr schmales Lächeln, die bleichen Lippen über perlglanztot gläsernen Zähnen, sie schwebt.

Gott und die besten Gnadenhäuser der Welt

Kurz drauf Herr Alfred Mick, er rempelt mich an einer Ecke an, will mich umarmen, hat was zu lallen: Was Gott ist, ist nicht tot! im großen ganzen Gegenteil! was Gott ist, ist der Tod! rundum! lallt er, rundum! und schluchzt auf, es ist Markttag, dem Herrn Alfred Mick muß sein großer Durst aufgegangen sein, es trieft aus seinen Äuglein und von seinem grauen Schnurrbart auch, eine halbe Stunde später hängt er ihn tief in hochschäumenden Bierschaum und hebt sich zu trösten an, was hochgekommen ist in seinem Kopf, ist jetzt gesagt, nicht mehr und nicht weniger: Gott lebt und jetzt: Prost! kennen Sie die besten Gnadenhäuser der Welt? das Ziziniatheater in Alexandrien, Rue de la Porte, das Palais de Danse in Damaskus, die Friponnière in Port Sudan, so! nochmals: Prost! Gott lebt! ist der Tod!

Mutter und Vater schwarzweiß

Der Arzt und Professor, Vater von fünf Kindern, der nach sechs Glas Champagner Klage darüber erhob, daß er beim Beischlaf je länger desto weniger in der Lage sei, all die medizinisch-biochemisch-physiologischen Aspekte, ja, die ihm farbig vor Augen flirrenden Bilder des von innen gesehenen Vorganges zu verdrängen, diese Zwanghaftigkeit versaue ihm, ob mit der oder jener und nüchtern oder nicht, regelmäßig das ganze Vergnügen, wissen Sie, ich bin jetzt zweiundfünfzig, man muß das Leben am Pinsel packen, ich hätte auswandern, jawohl, ohne erst zu heiraten und den ganzen Stuß, auswandern sollen, Saumedizin! – dieser Arzt zieht nachts um zwei in einer wundersam bestückten Bar aus seiner Brieftasche die Photographie seiner Mutter, seines Vaters, schwarzweiß, abgegriffen, was bin ich ein Hundsfott gemessen an ihrer Ehrlichkeit! ein angesehenes, respektiertes, ja gefürchtetes Stück Scheiße! entschuldigen Sie, ein Dreck! rote Ratten rennen über die schwarzhölzerne Theke, sie tanzen und pfeifen, drehen Pirouetten in violetten Schattenwinkeln, es sprüht blau, der Mediziner wischt Schweiß aus seinem Gesicht, schwitzt Champagner, Havanna, Cognac.

Zwischenlandung

Es redete zu dem Schwarzen Jack Hallun, der mir davon in der Pfalz erzählt, in einem fast leeren Flugzeug, das Zwischenlandung machte auf einem Direktflug von USA nach Europa, ein massiger Unbekannter, dem er, käme der in Rage oder stachelte ihn Lust, schwergliedrige Gefährlichkeit beimaß, dieser Kerl, sagt er, da falle ich ihm ins Wort: Direktflug und dennoch Zwischenlandung, wie geht das zu und her? einfach mitten im Atlantik, sagt er, das läßt mich an Island denken, aber er beharrt drauf: mitten im Atlantik! und schon setzt sich jetzt der Unbekannte wieder zu ihm, der Kerl haut sich, sagt Hallun, einfach neben mich hin und schlitzt mich an, ich konnte seine Gefährlichkeit sogleich riechen, es war etwas rasiermesserscharf Geschliffenes in seinen Augen, du denkst: auf diese Masse von Mann könnte einer seine ganze Pistole leerschießen, die Kugeln würden durch ihn hindurchsausen und nichts ausrichten, oder sie würden abprallen und er würde dich nur bös angrinsen, solcherart war die Gefährlichkeit des Mannes, die Hallun sogleich roch und spürte, als der sich zu ihm setzte, ihm war, ein düsterer Film spule sich an und ungefragt habe er mitzuspielen, und da sagt mir doch dieser Kerl, sagt Hallun, er sei Zuchthauswärter und jetzt zweiundvierzig und verheiratet, kein schwereres Vergnügen! er sagte schwer, Frauen seien zu leicht, er sagte leicht, Frauen mischten sich zu oft ein, doch sei er ziemlich komplikationslos verheiratet, er sagte komplikationslos, dazu rauchte er, trank, ein Häftling bricht aus bei Gelegenheit, man sieht ihn rennen, er hat keine Chance, man ruft ihn an, man will genau nach Vorschrift vollen Erfolg haben und rennt ihm nach, ein paar Schritte, dann schießt man, er steht oder fällt, man schleppt ihn an einen gewissen isolierten Ort, er muß sich ausziehen und man schlägt ihn zusammen, gezielt, man weiß, wo der und der Schlag sitzen muß, der Häftling weiß es auch, zu fünft wirkt es am meisten, der Idealfall, er sagte Idealfall, vier halten ihn fest, der fünfte plaziert die Schläge, es gibt gelegentlich Abgänge, er sagte Abgänge, landesweit zwei bis vier pro Woche, das ist bekannt aber vertraulich, es ist nicht Ungerechtigkeit, es ergibt sich, die Häftlinge sind Wölfe, im Versteckten ein Messer, einen Messerstich für nichts, und da liegt wieder einer und sprudelt rot und wird weiß, es spritzt in schnellen Stößen aus ihm heraus, wenn er sich vorher gewehrt hat, wie eine Wasserkunst, er sagte Wasserkunst, er wollte etwas loswerden, war unterwegs zu seiner Mutter in Deutschland, Frau und Kinder und Kollegen hin oder her, einmal im Jahr muß ich zu meiner Mutter, sagte er, gute Altersheimversorgung, er muß sie besuchen, sein Beruf ist ein Superstreßberuf, man bekommt immer recht, aber was nützt es dir, wenn du plötzlich ein Messer im Hals hast, man muß auf der Hut sein jede Sekunde, die Nigger, er sagte Nigger, sind die schlimmsten, er sagte wahrhaftig Nigger mir ins Gesicht, sagt Jack Hallun, und er wisse genau, daß er dem landläufigen Klischee vom brutalen Gefängniswärter entspreche, dieses verdammte Vorurteil habe ihn gnadenlos in seinen verdammten Beruf gedrängt, Sie sehen in mir den einsamsten Mann der Welt, ich habe nur mich und meine Rute, meiner Mutter zeige ich Fotos und sage, es geht mir gut, es geht uns allen sehr gut, er kannte einen Lebenslänglichen, der behauptete, er habe in seinem Kopf den Gesamtkatalog des Leidens mit allen Verästelungen aller

Schmerzen, ein Aufschneider! sagte er und verwarf seine schwere Glieder, so einen Katalog hat er auch, dieser verdammte Aufschneider glaubt, nur im Loch werde gelitten! Spinner dieser Sorte kotzen ihn an, noch mehr die Arschkriecher, von hundert sind neunzig jederzeit bereite Arschkriecher, er könnte jeden totschlagen, aber was hätte er bei diesen Typen davon, nein, sagte er und schnaubte, nehmen wir an, ein Nigger, er sagte wieder Nigger, sagt Jack Hallun, Nigger betritt den Rasen, um einigen Weißen auszuweichen, die ihm entgegenkommen, es ist aber an dieser Stelle verboten, den Rasen zu betreten, der Nigger sollte auf dem Zementrand zwischen Sidewalk und Rasen warten, bis die Weißen vorbeigegangen sind, hab ich recht? der Nigger verstößt gegen die Vorschrift, einverstanden? Hallun sagt, er habe nichts geantwortet, nichts getan, nicht mehr hingehört, nicht einmal hingesehen, verstehen Sie, sagt er, ich sitze zwar im Flugzeug, eigentlich stehe ich aber auf diesem schmalen Zementrand, ich balanciere und warte, bis er's aufgibt, dieses weiße Schwein auf Niggerjagd, Niggerjagd sagt Jack Hallun, sehen Sie, es ist fünf Tage her, sagt er, fünf Tage seit diesem Flug, und in mir zittert alles.

Die Glücksbucklige

Die hinkende Blindheit von Köln ruft aus, man solle ihren Buckel anfassen, faßt an Leute! mein Buckel Glücksbuckel! bei Wetterwechsel quietschen die Schuhe, es quarren die Frösche! sie hinkt am Stock, ihr Vermouthwimpel weht, verfluchtes Saupack! Alternaivler und Seniloren!

ruft sie, Abschaumer! übriggebliebene Hitlerkrieger! wer
mich anglotzt, den soll die langsame Blindheit! echte
deutsche Qualitätsholzklötze! Freiheit kostet hier das
ganze Arbeitsleben! hallo Leute hierherzumir! fürchtet
euch nicht! der Wolf geht um auf Taubenfüßen! Glücksbuckel anzufassen! ja, kommen Sie her, kostet nix, können mir aber was in mein fein Händchen springen lassen,
grün ist der Star im Auge Gottes, das segne Sie von allen
sechs Seiten! und wenn es sich mal ergibt, junger Mann,
schließ ich dich inbrünstig in meinen dunkelsten Beischlaf ein, hö! höhöhö!

Der Blaue Koloß von Scheer

In Aachen einer, der es mit dem Pantocreator hat und
lauthals mit dem Eigentlichen und Prinzipiellen, dem Al-
lesdurchdringenden und Unüberwindlichen, so hallt es
über den Platz, und jetzt macht er eine Kunstpause, zu
seinem Schaden, denn es zwitschert ihm einer ungeniert
in seine Redekunst hinein: bin im peruanischen Dschungel gewesen, aber groß geworden in einem Kaff, wo es
eine sogenannte Eigentliche und Wirkliche Verlu-
stierungsgesellschaft zur Allesbeherrschend-Durchdrin-
gend-Unüberwindlichen Universalkraft der Rasenden
Sau gegeben hat, abgekürzt A De Doppel-U Er Es! und
ich selber bin der Blaue Koloß von Scheer an der Donau!
was willst du mir anhängen: einen großen Nördlichen
Segen oder einen kleinen Südlichen Schnaps? der Redner
hat sich gefaßt, der Pantocreator, so hebt er an, wird Ihnen zu Seiner Zeit die Lästerzunge schaben! und will

fortfahren, doch der Dschungelmensch lacht ihm laut drein, tanz nur schön hinter ihm her auf deinem Hochseil, drei Finger über dem Boden! halt dich brav oben! 's ist tiefer als du träumst, Bruder Wunderkerze! und lacht jetzt nicht mehr, geht weg, der Redner verwirft die Arme, Schwätzer! ruft er, Schwätzer!, und die Leute gaffen und lachen nach allen Seiten.

Bei der Jammermutter

Aufgeregt beteuert er, nicht mehr zu wissen, wie und wieso er hineingekommen sei, er habe nicht geahnt, was für ein Viertel, was für eine Straße, was für ein Haus und was da los, im Halbdunkel drinnen legte sich ein Arm um seine Schultern, eine Frau zog ihn in eine Art Koje, er sah ihre Augen, die Frau sah ihn feucht an und begann zu klagen, warum kommen immer alle mit ihrem Leid zu mir! kommt doch sogar dieser reiche Chinese angetrödelt und dabei ist er gar keiner, weißt du was der ist? ein Gickelgockel! besitzt drei Häuser in der Innenstadt und jetzt frage mich, was das wohl für Häuser sind, Sänger habe er werden wollen und sei es nicht geworden, alle Schätze der Erde für eine schöne Stimme! lauter solchen Stuß und Quark jedesmal! nicht einmal im Keller seiner Häuser dürfe er üben, die Mieter täten sonst nach ihm suchen und ihn totschlagen wie so eine Ratte, gib mir's! ruft er und ich muß es ihm, er bringt immer etwas mit, ich tu's nicht gern, das Haus gehört ihm und es wird geredet, er hat keine Ahnung vom Singen, aber er schwafelt dir solche Sachen und jammert mal durchs linke mal durchs rechte Nasenloch, aller Jammer kommt zu mir, es muß sich herumgesprochen haben, ich bin die Jammerbraut, die Jammermutter, zum Beispiel was fehlt denn dir? hat sie geflötet, sagt er, wo fehlt es? laß dich trösten, mein Vater war ein ruhiger guter Mann und meine Mutter aschblond, eine liebe brave Frau, ich habe ihn nie gesehen und sie hat mich weggegeben, was brauchst du? was kann ich dir geben? jammere dich aus, spiel nicht den starken Mann, nicht bei mir, verstanden! nicht bei mir! da bin ich hinausgeflitzt, sagt er, noch immer aufgeregt, nicht die Seele retten, versteh mich recht, einfach untauglich, ich kann nicht einstecken, ich stecke ums Verrecken nicht gern ein.

Der fleißige Landmann

In der Heide durch den Morgentau gestiefelt, da gräbt ein scheuer Mann im Sand, sieben Tage machen ihm noch lange keine Woche, mag auch das Volk um ihn herum schon nach kläglichen täglichen sieben acht Stunden mehr als gnug han, was ein müdes Gesocks! er stellt sich vor, wie die Militärtrottel, welch Wort ein Pleonasmus, von Triest bis Danzig einen sogenannten Bombenteppich ausrollen, das wäre, wie er weiß daß man's im Alpenland nennt, ein Läufer im Korridor, Muster unsichtbar aus tödlichem Gestrahle, und es gibt noch einen zweiten, doppelt geriegelt macht militärlogischerweise besser alles kaputt, Läufer zwo liegt weiter westlich, streckt sich von dort wo Marseille war bis dort wo einmal Rotterdam, auf dieser Strecke hätt's beinah mal ein karlkühnes Mittelreich gegeben, der Mann spricht Schnellfeuerstakkato, sozusagen alle wären nun doot, selbstverständlich, nur ich nicht hier allein, sagt er, im Umfeld von ner lütten Kilomeile, und alle acht Jahre vielleicht mal für paar Monate eine nicht zu dumme, nicht zu zickige Menschin, eine im Freiland zwischen und hinter Korridoren und anderm Strahlengeflecke nomadisierende Metzin, aber sonst: endlich alleine! endlich mondgroße Einsamkeit! ich und die Gedanken! Waldrand und Wolken! er zieht einen aus dem Flachmann und schnalzt, bei der Arbeit spuckt der gute Bauer nicht in die Hände, er fährt nur immer mal wieder mit der Hand über seine schweißglänzende Stirn und ist weiter fleißig.

Raniwitzer

So erzählt mir mit stiller Stimme ein alter Jude, in dessen Familie die Nazis gewütet hatten, ein Burgenländer hat ihm die Geschichte erzählt, wir hatten das Mordloch Plötzensee besucht, wo das Köpfen ein Schnellgeschäft im Namen des Volkes gewesen, in Sekunden zu messen, er hatte gestanden und zu Boden geschaut, grau, war leise weggegangen, und lange kein Wort, dann auf einmal: in Raniwitz fand statt die jährliche Hinrichtung und soll eine Ergötzung gewesen sein jedes Jahr am Anfang vom großen Fest im Herbst, kleines Kukuruzkaff im flachen Südosten, am Markt stellten sie eine Bühne hin mit schwarzem Vorhang, pfostenhoch der Bretterboden, damit alle sehen, und es ist das Dorf versammelt und die Gegend, die Oberen und ihre Helfer, allenthalben Geraune an dem Erntedankvormittag, und jetzt reißt der schwarze Vorhang auf, die Messingringe schwirren am hochgespannten Eisendraht, rechts das ragende Schafott, in der Mitte das Opfer, die Arme gebunden, war meist ein schmächtiger Mann, bei ihm der Nachrichter und Helfer, die stärksten Burschen im Dorf, gegürtet, hemdsärmlig, in festem Schuhwerk, links die Oberen, Feiertagsornat, der Pfarrer will beten, der Richter liest den Todesspruch, es beginnt der Verurteilte, wie es ihm zusteht, ochsisch zu brüllen, laßt mich am Leben! ich will nicht sterben! er bäumt sich, als sie ihn fassen und schnell zum Blutgerüst schleppen, zu dem schräggestellten Brett mit dem Ausschnitt oben, für den Kopf, gemacht wie eine Wippe, zum Kippen, sie fassen stark an, er zappelt mit den Beinen, sie zwängen ihn drauf, kippen das Brett vornüber, seine Todesangst in weniger als einer Prise Staub, und wie von der präzisen Mechanik der Hantierungen überrascht, brüllt der Mann nicht mehr, offenen Mundes und starräugig fällt er auf sein Gesicht ins Leere und im selben Augenblick saust das schwere Messer, vom Nachrichter gelöst, blank herunter und fällt durch seinen Hals, der abgehauene Kopf, sogleich von Blut ganz überschwallt, fällt ab, in den Korb, derweil die Beine, als der eine Helfer sie losläßt, noch einmal zucken und auszittern, nach einer Stille will das Raunen wieder anheben, die Helfer oben haben zu tun, einer reißt den schwarzen Vorhang zu, die Ringe sirren übern Draht, der Vorhang wallt, ein Gefeck von Rabenflügeln im Wind, dann sogleich ein Rumoren auf der Bühne und unten sehen die vordersten Blut herabtropfen durch die Bretterritzen, in jenem Jahr, von dem diese Geschichte geht, hatten die Raniwitzer, weil in ihrer Gegend keiner zu Köpfen gewesen, sich in einer entfernten Gegend mit Kartoffeln und Branntwein einen Kerl aus dem Gefängnis freigekauft und mit starkem Geleit heimgeführt in einem vernagelten Koben, ein paarmal, als weit und breit keiner hatte aufgetrieben werden können, haben sie Fecker oder Kesselflicker, einmal auch einen Köhler geköpft, den Köhler aber nur zum Schein, mit einem Taschenspielertrick und viel Schweineblut, die Leute sind ihnen dahintergekommen und der Nachrichter hat sich gerade noch retten können, ich habe, sagt der Jude, zu dem Mann aus Burgenland gesagt: Sie spekulieren falsch, mein Herr, ich mag über Ihre alten Raniwitzer mich nicht jetzt und nimmer mehr entrüsten.

Die gottverdammte Stadt

Plötzlich in stillen Innenhof hinaus sommernachts um halb drei eine Frauenstimme, vibrierend vor Wut: du lebst jetzt vierzig Jahre und hast noch nichts begriffen du bremst du blockst ab du bist der ewige Bremser vom Dienst sowas von verklemmt von verharzt von beschissen frag dich mal wie lange du noch leben wirst fühl mal dein Herz einmal wird es aufhören zu schlagen und du fühlst nichts mehr es ist aus hör endlich auf jede spontane kleine Feier jedesmal mir zu vermiesen du kannst einem jede Euphorie abtöten du bringst das immer wieder fertig du kleiner Scheißer verreck ich war mal jung und konnte alles du bist richtig die größte ungeheure Welle von der man überhaupt träumen kann Mann! und es scherbelt Glas, Scherben klirren taghell, jetzt ist's wieder still, nicht mehr allzu lange nun, bis die ersten Vögel pfeifen und der erste Jet hochzieht, diesen Traum, sagt sie, habe sie fast jede Nacht in dieser gottverdammten Stadt, seit sie hier wohne, und ich schrecke auf und es dämmert schon und ich weiß: es hat sich eben jetzt alles das genau so zugetragen, und ich bin es, die so laut geschrien hat, es ist fürchterlich, sagt sie, und wenn ich sage: Berlin ist eine gottverdammte Stadt, dann ist das nicht gedankenlos geflucht, ich sage es, weil es so ist! ihre blassen Lippen beben, Paris, sagt sie, Paris, und ich hier! es tropft ihr vom Gesicht.

Der Einarmige im Zoo

Und erinnerst du dich an den jungen Einarmigen im Zoo, eine Welle oder eine Drehbankbacke hat ihm den halben linken Arm abgerissen, er war noch keinen Monat in der Lehre, Invalidenrente zahlen sie und man redet ihm ein, was alles er trotz des Unfalls noch tun kann, tun könnte, man rechnet ihm seine Jugend und alle Zukunft vor, aber der Arm ist hin! der Arm ist ab! plötzlich streckt er den Stumpf hervor, dunkelblutig gefärbt, in irgendwelche schlierige Soße getunkt, und rennt durch den Zoo, reckt den Stumpf den Leuten ins Gesicht, da! abgefressen! die Löwen! und läuft weiter, abgefressen, verdammt nochmal! die Tiger! aufkreischend rufen die Leute hinter ihm her, einige laufen, verstieben, aufgeschrecktes Federvieh, er läuft und schreit, mein Arm! ausgerissen! ein Löwe! Tiger! die verfluchten Krokodile!

Frau und Mutter

Eine böse alte Frau, jawohl und jawohl, bin ich! eine Frau,
die ins achtundsiebzigste geht und sich seit Jahren beim
Anblick ihrer drei Töchter innig daran weidet, wie auch
die Töchter in die Jahre kommen und langsamlangsam alt
werden im Gesicht und im Kopf und überhaupt älter jetzt
mit jedem Tag, so eine Frau bin ich, sagt sie übers frisch-
gefüllte Waschbecken gekrümmt, alter Sandstein, gold-
licht durchblitzt, warte auf ihre Augen, beacht' jetzt ihre
Kunsthaarperücke nicht, eine böse Frau, jawohl, sagt sie
in den verscherbelten Wasserspiegel hinein, eine gütige
Mutter, aber eine böse Frau, sie schaut auf, fragt mich, ob
ich das verstehen könne? ihr Mann, vor drei Jahren auf
einmal von Morgen zu Morgen dünner und dürr geworden, Nächte und Nächte ohne Schlaf, zum Schluß war er
ganz hohläugig und kinderleicht, er habe sie nie verstanden oder nicht verstehen wollen, aber ich weiß, daß er mit
Schrecken sah, wie ich ab dem fünfundvierzigsten, fünf-
zigsten Jahr alt wurde, er sah es mit Schrecken und mit
Ärger, ich sah es in seinen Augen, dabei war er älter als
ich, sagt sie, fünf Jahre älter, er habe in den letzten Jahren
ein Kopfkissen gehabt, auf einmal dieses Kopfkissen, sie
wisse nicht woher, ein kleines festes Kopfkissen, aus
dessen Füllung Träume quollen wie zum Beispiel Milch
aus der Brust einer guten Stillfrau oder, vielleicht verstehen Sie das besser, wie der Duft, wie der anzügliche,
wollüstige Geruch aus einem geöffneten Parfumfläsch-
chen, hundsgeil, so muß man sagen, hundsgeil, sagt sie,
im Schlaf sah er immer aus wie ein glückgesättigter Säug-
ling, er hat sich das Kissen nicht wegnehmen lassen, nie,
bis dann kurz vor Schluß, da habe ich ihm ein anderes

unterschieben können, ich bin nicht gern alt, aber gern bös, jawohl, richtig gern bös hier in dieser Stadt, sagt sie, ich brauche da keinen Stempel draufzudrücken oder was man immer wieder hört, zum Beispiel: ich habe zuviel erlebt in meinem Leben oder so etwas, nein! die Stadt gefällt mir, beteuert sie, Budapest könnte Wien sein oder Prag, jede Stadt ist ein Bastard, auch jeder Mensch, keine Ausnahme, ich ja auch, sagt sie heiter, jawohl, ihre Augen lauern aus schmalen Schlitzen, Bastard, fügt sie schnell hinzu, ist das Beste! gehen Sie nach Polen, gehen Sie in die Sowjetunion, gehen Sie zu den Deutschen auf dieser Seite oder gehen Sie in Ihren Westen, gehen Sie, wohin Sie wollen, ich möchte auch, zum Beispiel nach Samarkand einmal, über den Khyber Paß und einmal Rom und Compostela und Paris, fortfliegen wie Wind, eil hui!

In Sankt Veit

Zum ersten Mal habe er in Granada von dem Brauch gehört, dann in Belo Horizonte, Brasilien, wie der Präsident dort hieß damals, hat er vergessen, eine Schmeißfliege ist wie die andere, dann am Horn von Afrika wieder, schon vor der Geburt des Kindes die Astrologen zu rufen, scheint ihm ein einleuchtender Brauch, er heißt Hartmann Walckerlin, soll reich sein, gelernter Metzger, hat viel in Hotels gearbeitet, viele Reisen gemacht, geht noch immer jedes Jahr auf eine Reise, daran kann ihn sein steifes Bein nicht hindern, steif gemacht durch Metzgerstich, was nicht passieren sollte, aber gelegentlich passiert, wenn der Metzger jung und ungeübt und eifrig ist und die Metzgerschürze nicht stichfest, er arbeitet mit dem Messer, Schneide nach unten, am aufgehängten Rind, die Faust mit dem Messer saust und das Messer fährt oben hinein und in einem scharfen Bogen durchs Fleisch und unten zum Rindfleisch heraus und spitzvoraus dem Metzger durch Schürze und Hose und Hemd ins Lebendige, trifft's die Schlagader in der Leiste, hat sich's ausgemetzgert, dem Hartmann Walckerlin blieb ein steifes Bein, es müßte wohl nicht sein, aber die Ärzte damals, hoho! mit Hammer und Meißel, könnte man beinah sagen! er zieht seine Uhr, pafft weiter, Astronomie ist eine klägliche Wissenschaft, fotografiert und rechnet und macht und weiß doch nichts Rechts, Hilfsbuchhalterei! wenn am Vorweihnachtsabend der Bauer in Stube, Stall, Scheune und Keller sein Vieh und Zeugs zählt, weiß er mehr, Astronomie kann herausfinden so viel sie will, sie guckt nur hinauf, aber die Astrologie schaut in den Himmel hinein, drum holt man dort die Herren Astrologen, wenn die Frau in die Wehen kommt, die achten auf alles, auch auf eigene Gedanken und Dämonen, drum wenn sie die Zukunft sagen, gibt das einen besseren Halt als jeder Bibelspruch, Walckerlin zieht wieder die Uhr, er muß jetzt gehen, trinkt aus, steht auf, nimmt Hut und Stock, man sieht, daß er an der Prostata leidet, und nützt doch alles nix, sagt er, nous laisserons ce monde-ci aussi sot et aussi méchant que nous l'avons trouvé en y arrivant, Voltaire, zitiert von Schopenhauer, rezitiert von mir! er grinst und grüßt und hinkt aus der Wirtschaft, Sankt Veit in Kärnten, Mitte Dezember, Kälte, erster letzter Schnee.

Trauer

Elsässisch Choucroute, Fleisch und Wurst, mit Bein be-
stückt, der Koch ist der Wirt, er trägt Trauer im Knopf-
loch, lädt zum einsamen Essen, mag nicht mithalten, die
Frau ist weggestorben kerngesund, war kregel und munter von früh bis spät, viel zu spät, ihre Herrschaft ist die
Wirt- und Wirklichkeit des Gasthofs vorn und hinten,
unten und oben, Keller und Hinterzimmer, die genudel-
ten Herren Gäste klagen in lauten Reden, lästern rühmen
träumen, sie rufen nach ihr, machen Augen, haben
Hände, und da auf einmal stirbt sie ganz plötzlich wie
Schuß Knall versteckter Stich und Herzschlag, der Wirt
stockt, es tröstet sein verlassenes Fleisch, daß er weiß: die
Frauen des Adels im Mittelalter sind durchschnittlich
dreiundzwanzig geworden, seine Frau ist kein Fischweib
gewesen und wurde achtunddreißig, er hat das dreiund-
vierzigste hinter sich, da kann noch viel werden, sein
Gesicht geht auf, ja, nur leider das verdammte Fett, es
hindert bei der Arbeit, hindert Bewegung und beim Denken, er spürt's im linken Knie, dabei komme es, sagt er,
nicht drauf an, womit er denke, bei ihm schlagen die
Überpfunde links ein, er lacht und wackelt in seiner großen leeren Freßbeiz, wegen Trauerfall vorübergehend
geschlossen, gute Köche sterben jung, auf Ihr Wohl, Herr
Schlitzohr, Schlitzbauch! jetzt ergreift er Messer und Gabel und haut, wie erwartet, doch noch feste drein.

Blaise

Sommertags in prunkvoller Kirche voll farbiger Licht-
strahlen voll Weihrauchgeruch und leichtem Brand von
schlecht gelöschten Kerzen verschwinden plötzlich die
Bilder die Wappen die Leuchter Seide und Damast die
Schädel Kronen Rippenknochen Edelsteine trüb hinter
Kristallglas das Grinsen der Reliquien das Schnitzwerk,
alles leergefegt, dunkel, nur vorn ein elendes Lichtlein,
die Stille gerinnt, es ist Krieg in der Champagne und
feucht und kalt mit einemmal, und vorn im Mittelgang
eine verdreckte Bahre, ein junger Mann liegt drauf, er
allein in ausgeräumter Kirche nackt und verschmiert und
totenblaß, von seinem weggeschossenen rechten Arm ein
Rest in dickem Mull voll Schmutz, er zittert in der Kälte,
von der Sanität der Fahrer hat ihm Cognac eingeflößt,
eine Zigarette ins verfleckte Fiebergesicht gesteckt, halb
abgeraucht und speicheldurchweicht und schwarz klebt
sie an seiner Unterlippe, plötzlich sein Tiergebrüll: ma
mère! ma mère! explodierend in dieser Finsternis, und
schlägt zurück, er bäumt sich auf, er röchelt, sackt hinab,
sein Kopf kippt zur Seite, irgendwo weit hinten weit oben
im Dunkeln geht eine Tür, es schimmert, man hört
Schritte, man sieht ein hüpfendes Lichtlein, kantige
Schatten springen vor und schnellen beiseite, rings um
die Nonne ein Schattengedränge die Wendeltreppe herab
um und um, über die untersten Stufen ihre eiligen Füße,
jetzt stutzt sie, jetzt stockt sie, ihr weißes Gesichtchen,
vorsichtig geht sie auf die Bahre zu, noch einen Schritt
und noch ein Schrittchen, und prallt zurück, ihr Entsetzen, ihr Gewisper, ihr kirchenzerfetzender Schrei: Blaise!
mon amour!

Die Möglichkeit

Im Burgund bei Dijon zwischen kleinen Hügeln in einem stillen Nest gegen Ende eines Spätherbstnachmittags in einer geräumigen Steinbodenküche, draußen erste feine Nebelstreifen, das letzte bißchen Sonne versinkt, überall steigt blaugraue Dämmerung, drinnen gibt es kräftigen jungen Wein und frisches Brot und Käse, es heißt, Michelangelo Buonarotti habe zeit seines Lebens nichts höher geschätzt, vielleicht noch ein paar Oliven dazu, langsam verschwimmt die Dämmerung ins Dunkle, der Herd strahlt, man muß die Töpfe rücken, der Bauer Maurice Hamelin sagt, er habe Kugel, Gift, Strick oder Sprung nie heuchlerisch denunziert, sondern seiner Lebtag als jederzeit verfügbare Möglichkeit geschätzt und geachtet, nichts Besseres als den eigenen Tod in der eigenen Hand, keine größere Sicherheit, sagt er, wer dagegen plappere, sei dumm wie ein Schwemmstrunk im seichten Fluß, eine Sektenkerze, ein gerupfter Krähhals, solch seltsame Wörter spricht er, wer das Ding, das ja immer auf Leiche im Sarg oder Asche in der Urne hinauslaufe, nicht so sehen wolle wie er, dem könne er nicht helfen, aber es so zu sehen, sei ihm nicht schlecht bekommen, er habe seine sechsundachtzig Jährlein alles in allem recht heiter hinter sich gebracht und mache gern weiter, kurz drauf zieht er ein listiges Gesicht, man ist nicht dumm, Monsieur, bitte eine Frage: hören Sie es auch? von weit hinten das panische herrische Gekreiße der ewig Gebärenden? das ist mir in einer Sommernacht vor vielen Jahren in den Kopf gesprungen, fremde Wörter, sie sind dringeblieben in meinem Kopf, sagt er, wir sind jung, Monsieur! selbst gemessen am letzten jüngsten Saurier sind wir noch immer zum Lachen neu hier, ganz jung.

Frau und Hund

Ein Schriftsteller, hochberühmt, wenig Geld, die Zeit-
läufte, sein eigentliches großes Buch werde er, wie wahrscheinlich alle, nie schreiben, vielleicht noch eine kleine
Autobiographie, mindestens einen Versuch machen, ein
abgeschlossenes Buch bringe ihm wenig, eigentlich
nichts, innerlich, im Gegenteil, seine unglückliche Veran-
lagung, wenn er mit dem Hund die Anlagen aufsuche,
weil der Hund regelmäßig in die Anlagen müsse, in den
Luxembourg, habe er nach einer halben Stunde einen
kompletten Roman im Kopf, oft habe er das Gefühl, nicht
das zu schreiben, was eigentlich von ihm geschrieben
werden sollte, die Manuskripte stapelhoch, Entwürfe,
Verwürfe, gleichviel, dabei dennoch die wahnwitzige
Hoffnung, der rennenden Zeit das immer erwartete große
Buch abzuschreiben, aber ach! wie denn, wenn ein nächster, vielleicht noch ungeboren, auf meinen kleinen Geist
warten sollte! weitaus inspirierter! man muß gehen und
vergehen können, mein Hund macht seine Spritztour,
seine Kotrunde in den Anlagen, ich gehe mit und mache
jedesmal einen kompletten Roman im Kopf, sagt er, das
ist meine Anlage, er lacht trocken, lacht schon nicht
mehr, er ist versucht zu sagen, Frau ist besser als Hund,
Frau muß man nicht regelmäßig, er müßte sich nicht immer wieder einen kompletten Roman aus dem Kopf
schlagen, aber Frau ist doch nicht besser, sie hat ihn immer im Auge und immer redet sie irgendwie mit, sie redet
nicht drein, sie redet mit, sagt er, sie wird mich überleben, beim Hund hingegen hab ich eine gute Chance.

Peronik der Einfältige

Es heißt, Peronik der Einfältige suche seiner Lebtag seinen Verstand, wie ein Hühnerhund stöbert er den Waldrändern entlang und in jedem Heuhaufen, auf jedem Miststock sucht und stochert er und bei den Buchsbäumen und in den Sümpfen, er wird seinen Verstand nie finden, sagen die Leute, wie kann einer, fragen sie, je finden, was es vermutlich eher kaum gibt, nicht wahr? wahrscheinlich sicher nicht, aber die Todeslanze, die aus Silber, und die Lebensschale aus Gold, keine Frage, alle suchen sie unermüdlich, denn die Menschen leben seit jeher und noch immer von ihren Träumen, ob Kretin oder großes Licht und ob die Träume bitter sind oder süß, sie fressen sie und die Träume fressen die Menschen ihr Leben lang, so geht es hin, er kommt freilich nicht drauf, der Peronik, über beides ist er gestolpert und die Lanze ist sein Stock und aus der Schale schlürft er jeden Tag seine saure Schafmilch und weiß nicht, was diese Schale eigentlich ist, dieser Stock, er kann es nicht wissen.

Tapfere Seelen

Ich begegne ihm auf Cäsars Insel Jersey, oder war es Jahre früher oder später auf der Isle of Man? und welche Sprache sprach er? hieß er wirklich Isaak Wanderstab? oder vielleicht, wie der Ewige Jude, Mostkopf Eisak Andermann? er sagte mir wohl seinen Namen nicht, bei ihm eine dunkle Frau aus Sizilien, ihre Augen so blau, ein

Sarazene würde sagen: schaue ich hinein, sehe ich den Himmel, sie sagte, schon in seinen früheren Leben sei er gereist, nur gereist, und werde immer wieder nur reisen all seine zukünftigen Leben lang, es ist etwas Heißes in ihm, es zwingt ihn heiß von innen her durch die Länder, sie spürt es, wenn er sie beschläft, Feuerschlick verbrennt sie, ich sehe Feuer seit achtzehn Jahren, ich war noch ein Kind, er schon damals alt, sagt sie, in ihren früheren Leben ist sie nie gereist, hat nie kalte Länder gesehen, sie weiß erst jetzt, daß es ein kaltes Meer gibt und kalte Länder, in diesem Leben seine Frau zu sein, macht sie froh, stell dir vor, wie die Leben sich kreuzen und kreuzen immerfort immer neu, man lebt kurz oder lang, und genau dann und dann stirbst du, weil dein nächstes Leben kommt, du weißt nicht, ist es dein zweites oder ist's dein tausendstes, du bist schon mittendrin, du mußt den oder den oder die und die treffen, du wirst geboren genau zu deiner Stunde an diesem Ort hier und jetzt – da hieß er sie schweigen, und sie gehorchte, und wie er jetzt redet, bewegen sich ihre Lippen mit, Wort für Wort, wir können erst dann wirklich, das heißt zum letzten Mal sterben, wenn unsere Seele alles durchlebt hat, darum sterben wir jedesmal ein wenig zu früh, wenn sich unser nächstes Leben ungeduldig herbeidrängt, es ist auch jedesmal zu früh, wenn die Herren oder die Arbeiter uns in der Nacht erschlagen, wenn sie den ganzen Abend getrunken haben, oder uns hängen lassen oder verhungern lassen, dann sterben wir ohne neues Leben und unsere Seele ist ein Hund und streunt herum, in der Nacht als ein armer Schatten in den Gassen oder als ein Gestöhne in den Häusern, ein Wind stöbert am Boden hin und über Land, aber unsere Seelen sind tapfer genug, sie mögen weder den offenen noch den heimlichen Kampf, sie brauchen sich nicht zu stählen, sie sind tapfer und warten und die Welt fährt fort.

Nod der Weber

Ein Sturm fetzt über die Große Blasket Insel, jetzt bleibt mal sitzen, sagt der schmächtige alte O'Neale, in seinem Haus kann man unterkommen und sich wärmen, heute kommt kein Boot mehr durch, jeder Hafen ist jetzt auf der andern Seite der Erde, ich will euch von Nod dem Weber erzählen, mein Großvater und der kleine dicke Nod bewerben sich anno Gott hat alle Zeit um dasselbe Fangrecht vor der kleinen Blasket, mein Großvater besucht Nod, damit es kein böses Blut gibt, Nod sitzt am Webstuhl, das Schiff schießt auf und quer, Nod macht starre Augen, hört nicht, sieht nicht, mein Großvater kann lang laut reden, besser rückwärts wieder hinaus, aber da verliert Nod den gläsernen Blick und das Schiffchen liegt still, er hüstelt und schwatzt etwas von Ohnmachten hie und da, ungefährliche Anwandlungen, erschreck dich nicht, und sie reden über den Fanggrund und daß sie einander gut bleiben wollen und reden weiter und stolpern über etwas und geraten in Streit, keiner von beiden hat das Los bekommen, Vetter Eddy hat's erhalten und seine Hummerkörbe hinfort dort gesetzt, Nod der Weber nimmt ihm den Gruß nie mehr ab, eines Tages ruft der Vetter meinen Großvater vom Boot aus an, die See ist glatt, schau mal dort auf der Klippe, was ist denn das? bewahr uns die Jungfrau, wenn das nicht der dicke Nod ist! und tanzt wie ein Narr! jetzt dämmert's meinem Großvater von wegen jener Anwandlung am Webstuhl, und Vetter Eddy holt das Gewehr hervor, ein altes Modell für Pulver und Kugel, er hatte es immer im Boot, und mein Großvater macht nach Ventry hinüber, er soll nachschauen, ob Nod dort ist, und wenn, ob er wieder glotzäugig am Webstuhl hockt, ist es so, will er am Hafen die Seuchenflagge hissen, dann kann der Vetter den Schuß hinauslassen, er gibt zwischen Pulver und Kugel ein Sixpencestück aus Silber, Sixpence aus Silber hilft gegen Geisterspuk, six Pence damals und jeder ein armer Schlucker, ihre Angst war groß, mein Großvater rudert sich die Lunge aus dem Leib, in Ventry kann er kaum reden, man rennt zu Nod, der sitzt dick und steif am Webstuhl und das Schiff schießt auf und quer, einer rennt und macht von weitem Zeichen, sie sollen die große Flagge aufziehen, kurz drauf von weit draußen wie in Wellen der Schuß, und Nod am Webstuhl stößt einen Schrei aus und fällt vornüber in die Kette, das Tuch färbt sich rot, und auf den Klippen auch ein Schrei und dann ist die Klippe leer, der Doktor untersucht Nods Leiche, er schneidet tief und findet nichts, aber mitten im Herz das Sixpencestück aus Silber, ja, das ist die Geschichte von Nod, sagt O'Neale, man hat schon lange gezwinkert, jetzt geht ein Gelächter los, man hat diese Geschichte schon oft gehört, sie geht hier an allen Küsten um und steht in jedem Schulbuch, hör auf! gib uns eine andere! worauf O'Neale antwortet: soso, lauter Hexenschiß! ich sage euch, einmal hat irgendeiner irgendwo auf einen kleinen Knopf gedrückt, da ist die Welt geplatzt und alles in die Luft geflogen, wißt ihr das nicht? mach mal einer die Tür auf, wir fliegen immer noch! halt das mal einer zusammen! er grinst und man schaut und fragt sich, ob er jetzt nicht irgendwo auf einer Klippe hockt und in den Sturm hinaus glotzt.

Ein göttlicher Blitz

Immer wieder steht die sanfte Frau am Fenster und schaut lange auf die Straße hinab, es fahren Autos, gehen Leute, im Sommer, wenn die Tage warm sind, sehe ich all die schönen jungen Frauen, die ich lieben möchte, keine weiß es, die riesige Familie derer, die nie erkennen, was ihnen geschieht, geschweige denn die Bedeutung dessen ermessen, was geschieht, so viele, ich glaubte nicht, der Tod fälle so viele! sie wünscht sich ein Gewehr, sie möchte wissen, wie man damit umgeht, wie man es lädt, wie man anlegt und so genau zielt, daß die Kugel sicher trifft und sofort tödlich ist, nicht wehtun möchte sie den schönsten dieser jungen Frauen, die da unten gehen, einige mit entblößten Schultern, und die nichts von ihr wissen und die sie begehrt mit ihren Blicken und mit ihrem Atem, ich möchte sie mitten in einem beschwingten Gedanken glücklich machen, mitten im Schritt ein göttlicher Blitz, eine Kugel, die sie nicht spüren, sinken sie hin, schaue ich schon nicht mehr hin, da möchte ich die sein, die unten taumelt, schon ohne Bewußtsein, in lebensfrohen Gedanken zügig gehen und unversehens hinübergegangen sein, man hört nicht einmal den Knall, wäre das nicht wunderbar? verstehst du das? verstehst du das nicht?

Unvergleichliche Ferne

Haben nicht alle? wer war kein Säufer? und wer noch?
Fragen auf den Äußeren Hebriden, es regnet gerade
nicht, es ist eine gestochen scharfe Sicht, vergiß den Himmel, sieh das Meer, an so einem Tag hast du die unvergleichliche wirkliche Ferne, die alte Frau mit den drei vier
schwarzen Hexenhaaren am Kinn fragt verschmitzt nach
dem delirium tremens, bekannt? ja oder nein? es ist eine
päpstliche Erfindung, der Papst wohnt in einem Haus mit
tausend Zimmern in Rom, viele Päpste haben tremens
geheißen, hundert oder mehr, aber jetzt frage ich dich,
wenn es in deiner Nase juckt und es beißt dich am
Ellenbogen, wo kratzt du zuerst? hierbei komme es
draufan, wirft sogleich ihre halbblinde Schwester ein,
wo einer sein Hirn habe, ob im Ellenbogen oder in der
Nase, sie beginnt zu lachen, und beider Gesichter, alle
Runzeln und Fältchen, stimmen ein Gickelgelächter an,
sie lachen wie Lachsblinker aus blankpoliertem Blech im
Wind.

Gas geben und ab!

Wir haben hier im Norden gut schwatzen, sagt sie, ich bin
meinen Mann losgeworden, ein Sklaventreiber! und Sie
sehen auch nicht wie ein Überfahrener aus, aber in Nige-
ria am Rand der Highways die Markierungen, bestenfalls,
nämlich ein hingelegter alter Reifen, und daneben eine
Leiche, wenn nämlich dort das Unglück Sie trifft, daß Sie
einen Menschen überfahren, ohne Ihre Schuld, weil näm-

lich jedermann über die Straße trabt wie das hirtenlose Vieh, man läuft einfach in Ihren Wagen hinein, der Weiße fährt immer, er fährt oder läßt sich chauffieren, aber all diese black people zu Fuß, Flußblinde und überhaupt, halten sich an einem Stab und schimpfen, so lassen sie sich führen, manchmal stößt so ein junger Bursche seinen blinden Alten oder den Onkel oder einen älteren Bruder vor Ihren Wagen und haut ab, oder einer wirft sich wie nichts vor Ihre Karre, nicht aus Unachtsamkeit und nicht weil die Zeiten miserabel sind, einfach so, es passiert und damit ist es passiert, und zwar Ihnen, da gibt es nur eins: aufs Gas und ab und davon! tun Sie es nicht, holt man sie raus und es ist aus, man zwängt Ihre Beine in einen Autoreifen und zwängt einen Reifen über Ihre Schultern, alte Reifen liegen überall, der übliche Abfall, die Leute laufen zusammen, Sie sind geliefert, Sie können um Hilfe rufen, Sie können Geld bieten, Sie können alles versuchen, man überschüttet Sie mit Benzin und zündet Sie an, die Toten bleiben liegen, die Fliegen kommen, die Überfahrenen werden noch oft überfahren, verdrehte Glieder, Blutfladen mit Händen und Füßen, ich sage Ihnen: Gas geben und ab! schnell weiter! sagt sie, sie habe nie gedacht, sie sei immun, etwa rassehalber, sozusagen, aber sie wisse erst seither, wie schlecht einem werden könne, wir alle hier im Norden haben gut schwatzen, sagt sie, weiß Gott!

King of New York

An einem sonnigen Sommersonntagvormittag ging sie,
ich rede von der Elfenfrau Thorbjörg Kjartansdottir, die
mir auf Island Lachs, Kaffee und Schnaps anbot, die Tage
rollten so rund vorbei, daß man, wurde man es inne, nur
schwer wieder aus dem Staunen kam, jene Elfenfrau also,
Thorbjörg die Kjartansdottir flanierte als Touristin ver-
kleidet an einem sonnigen Sonntagvormittag mit einem
Fotoapparat in New York in der fast menschenleeren sauberen Fifth Avenue, plötzlich tippt ein großer Neger sie
an und fragt laut, ob sie etwa ihn fotografiert habe eben
vorhin, warum sollte ich nicht furchtlos ja sagen? sagt sie,
er stutzt, und ruft jetzt: great! eines Tages werden Sie
reich sein, Miss, denn ich werde berühmt werden, Miss!
King werde ich sein! King of New York! sicher hat er, sagt
sie, diesen Spruch nicht selber erfunden, aber er ist wei-
tergetänzelt wie der sicherste Sieger der Welt.

Geh weiter!

Bei Akureyri in einer Stein- und Torfhütte ein alter Run-
zelknabe, Klage und Gekicher gehen ineinander, im Bett
liege er so erdenschwer und wehrlos, der ganze Kosmos
stürze auf ihn herab jede Nacht gegen Morgen schrecklich flüssigheiß und unausweichlich, nie sei er ferner dem
sogenannten süßen Schlaf als im Bett, diesem Folter-
schragen, und seinem Gedankengeflirr ganz ausgeliefert,
ein unaufhörliches Gestöber, nichts Schlimmeres als ein
Bett und Wachschlaf, er habe in seinen Burschenjahren

stets dafür gesorgt, daß im Frühling Sommer Herbst eine Spur von seinem Gemächtgeruch an seine Hemdbrust gekommen sei, erst dann ab auf den Tanz, die Mädchen seien richtig verrückt geworden, aber zu seinem Unglück habe nichts ihn davor gefeit, auf ein faules böses Weib hereinzufallen, ein Gespött von Hof zu Hof, der Tanz mit ihr habe unausweichlich mißraten müssen, mißraten mit Zwang und Ziel, er flucht und stöhnt, erinnert sich an schwarze Zeiten, ausgebrochen ist er damals, die Navy nahm jeden, sicher hätte er auch zu den Russen gehen können, aber weißt du was Krieg ist? Dreck, Hunger, Läuse, Ratten, Angst, Nässe, Kälte, wie ein Besen hintenaus die Ruhr, ein Eisbrand in dir drin, und nie Schlaf, nie kein Schlaf, und es stinkt wie sonst gar nichts, du wirst verrückt, damit erwischen sie dich! gegen Frostbeulen nimmt der Alte wie zu Urgroßvaters Zeiten heißen Knochenleim an den Spatel, er schmiert die fühllosen Zehen ein, taucht seine steifgefrorenen Finger hinein, ein jaulendes Schmerzfest wenn Gefühl und Blut wieder kommen, er kichert kurz auf, die sagenhaften fünf Roßkastanien hätte er sich in die Tasche tun sollen damals, statt den Brunstdunst ans Hemd, aber wo nimmst du hier Roßkastanien her? ich habe Rezepte gewußt, Rezept eine Frau auf tausend Meilen schwanger zu machen, Rezept ein Pferd schadlos durch jeden Fluß zu bringen, Rezept auf zweitausend Meilen einen Mann zu töten, aber was sind Rezepte? vergessen! vergessen! geh heim oder geh weiter! geh weiter!

Von der Dritten Reise

Das Buch der Arten – Das Labyrinth – Schnelldunkle Schatten – Harmoniummusik – In einem fremden Park – Der Einhandsegler – Ekeltiere – Sally – Ein Traummeister in Venedig – De Haan, Le Coq – Der Spiegel – Prophet in Antwerpen – So ein schönes Mädchen! – Bronze und Regen – Spinnflecken – Rushhour – Der Vertreter – Marilyn – Eine große Revuenummer – Knabenmesse – Die Nachbarn – Eine Heldin – Fröhlichkeit – Die Frau aus dem Schlick – Pferdeverstand – Wind und Wahn

Das Buch der Arten

Im Zürcher Hauptbahnhof zwei hastige Sandwichesser, der eine kaut still, der andere schlingt und quasselt vom General Guisan, der habe die Alpenfestung der Schweizer im zweiten Weltkrieg, dieses sogenannte Réduit, eigentlich weniger gegen die Hitlerhorden als gegen die eigenen Nazis errichtet, gegen diese sogenannten Fröntler, diese Wühlmäuse überall in Volk und Armee, richtig besehen sei dieses vielgerühmte Réduit ein fauler Krämerseelentrost gewesen, ein armer Zauber, der Guisan hätte besser den Schermauser gemacht und die Brut genau so keck zertreten wie sie aufgetreten sei, nämlich öffentlich, phuu! diese feldgrünen Armeeschweizer! und überall die alten Nazis! und wie das Zeugs nachwächst! im Zug dann ein Mädchen, das seiner Mutter die Darwinsche Tagebuchnotiz *begann Abriß des Buches der Arten und die Folgen darzulegen* versucht – ja gut, aber was ich nicht verstehe, sagte die Mutter, woher nimmt die Natur sich dieses Recht? – eine Weile halb hingelauscht, abgelenkt durch die Anmut ihres Gesichts, ihrer leisen Gesten, stark der Reiz ihrer vollen roten Lippen, schön gespannte Bogen, Nofretete fährt westwärts.

Das Labyrinth

Du wirst es nicht glauben, es war ein Abend in einem Kino in Lyon, eine Knatterbude, sagt sie, dicke Dunkelheit und Geflimmer, von hinten schießen Rauchfächer schräg aus einem Loch in der Wand über die Köpfe nach vorn, sie drehen und winden sich, mal heller, mal dunkler, mit dem Greuel, der gezeigt wird, Krieg, Kriegsende, lebende und tote Skelette, du kennst diese Filme, diese furchtbaren Dokumentarfilme, sagt sie, dieses Grauen in den Lagern, all diese röhrenknochigen Menschen, nackt, halbnackt, die dunklen Menschenaugen der Lebenden und die Anstrengung dieser Ausgemergelten, ihrem Entsetzen eine Regung abzugewinnen, ein Lächeln für die Befreier, in jedem Gesicht diese letzte Pein, und jetzt mein Schreck, sagt sie, du glaubst es nicht, der Mann nebenan beginnt zu zittern, ich denke, vielleicht wird ihm übel, ich warte auf einen Lichtfächer, damit ich besser sehen kann, man muß helfen! denke ich, sagt sie, da sehe ich seine offene Hose, seine rasende Hand, es bleibt mir die Luft stecken, ich kriege einen Klumpen, der Boden unter mir sackt ab, vorn ein robuster amerikanischer Offizier mit Helm, er redet mit fremder Stimme Französisch, er erläutert die Lage, er führt Klage vor einem Geloder hinten und Rauch über elenden Baracken und ich höre und sehe und höre nichts und sehe nichts, kurz bevor er endet, sagt sie, hört das Zittern im Sperrholzstuhl auf, hohles Schnaufen, und vorn wälzen Planiermaschinen Menschenhaufen in tiefe Gruben, lauter schlenkergliedrige Schatten, ich bin hinausgestolpert, ich weiß nicht wie, sagt sie, ganz Lyon ein Labyrinth und unter Wasser, eine Spiegelstadt und kalt wie Eis.

Schnelldunkle Schatten

Südfranzösischer Samstagvormittag im Frühling, eine Frau sitzt auf dem kleinen Marktplatz im moosgrünen Platanenschatten neben dem Dorfbrunnen, eine Amerikanerin, sie verkauft frische Fische, ihr Mann war von hier, unterhalb Nouvelle Orléans ist Houma, dort hat sie ihn kennengelernt, ein schöner junger Mann war er, irgendwo zwischen Montemorelos und Ciudad Victoria, sie weiß nichts mehr genau, nach starkem Gewitterregen steigen die Nebelschwaden, dort im Nordosten in Mexico ist etwas passiert, er hält an und steigt aus dem Wagen, um was zu trinken aus dem Kofferraum zu holen, ein Bier oder einen Schluck Mineralwasser, sie hört ihn herumsuchen, eine laue Müdigkeit überkommt sie, sie hat den Kopf angelehnt, sie schließt die Augen und döst und weiß nicht, wieviel Zeit vergangen ist, als sie die Augen wieder aufmacht, Jeannot! rief ich, sagt sie, Jeannot! und steige aus, er ist weg, sie hat nach ihm gesucht, hat suchen lassen, es gibt Menschen, die verschwinden, sie kommen, sind eine Weile da, und plötzlich verschwinden sie, den Behörden ist das bald langweilig, nach einiger Zeit findet sie es auch in Ordnung, daß Jeannot verschwunden ist irgendwo zwischen Montemorelos und Ciudad Victoria, eine Gegend mit Hagelschlag, das haben ihr die Leute dort gesagt, manchmal ein Hagelstreif, und wo er herabschlägt, so groß wie eine Faust, tötet er die Menschen auf dem Feld, wenn sie zu lange schauen, statt unter die Bäume zu laufen oder zu den gestapelten Erntekistchen, man nimmt diese Kistchen und hält sie über den Kopf, hat man ihr gesagt, man steckt den Kopf hinein und kauert sich hin und wartet, sie zog nach Frankreich, Jeannots

Mutter lebte damals noch, jetzt wohnt sie allein in dem kleinen Haus, sie tauchen unter, sagt sie, und tauchen wieder auf, wer weiß, drauf senkt sie den Kescher in den Brunnen, Forellen flitzen davon, schnelldunkle Schatten.

Harmoniummusik

In einem Dörfchen im Var ein Altmeister im Stillsitzen vor dem leeren Glas, bis einer kommt und es ihm gelbgrün trübt, merci Monsieur! es ist mal wieder einer, der in den Tropen war, Klavierbauer, große Aussichten gehabt, ungefähr wie im Märchen, der Meister nicht mehr der Jüngste und seine junge Frau hat eine weiße Milz, man weiß was das bedeutet, er steht es nicht durch, es zehrt ihn aus, er stirbt, und was tut sie mit einer Werkstatt voll Arbeit und einer Handvoll Gesellen? es war wie zwei Hurenhäuser in einem, sagt er, es gab Krach, einer hat das Rennen gemacht, sagt er, nämlich wider Erwarten ich, aber es war schon alles aus dem Leim, gute alte Vogesen! er ließ alles sausen, die Werkstatt schon voll kaltem Staub, er fuhr den Rhein hinab, zwölf Jahre war er in den Niederlanden, Dänemark, er war schon wieder auf den besten Wegen, da stach ihn der Hafer, achtunddreißig und in einem dunklen Wald, merci Monsieur! es war damals ein Schub nach Indien, ich zweigte ab, geriet auf Kalimantan, immer tiefer, immer tiefer hinein, ein elendes Dampferchen, die Papauatah, alles klappert und hustet, plötzlich eine Außenstation weit oben am Belajan, braune Brühe, oder es war der Kalai und weit unten Tandjungredeb, das unsägliche Nest, Wellen von grünen Wipfeln, sinnloses Getrommel und Geklirr, man kennt das, ein uralter Jesuit hatte das Sagen, Holzstege, Pfahlbauten, Hühnermist und kleine schwarze Schweine, Zustände wie bei Albert Schweitzer in freundlichen Pamphleten, die Eingeborenen Sklaven allesamt, zwei weiße Schwestern, blöd vor Hörigkeit, an Wegkommen nicht zu denken, Pater Augustin ein dürrer fahler Mann, ein Wasserteufel, aber freundlich, auch die Eingeborenen freundlich, ihre Frauen sprechen leise, sie murmeln, wenn sie reden, nur sei er immer und immer wieder vertröstet worden, nein, leider kein Schiff, leider kein Führer, die Feuchtigkeit, die Hitze, das Gewucher, Schnakenschwärme, Gewimmel, überall der grüne Vorhang voller Augen, du kannst nichts tun, keine Zigarette, nicht mal pissen, mindestens zehn Augen schauen immer zu, wie willst du fortkommen ohne Ausrüstung und allein und all diese Augen! jeden Abend bat ihn der Jesuit um ein Stündlein Harmoniummusik, Noten gab es in Stößen, er begann zu üben und dachte immer öfter daran, das Harmonium zu zerhacken, die verfluchte Wimmerkiste in den Fluß und Schluß! merci Monsieur! kein Wegkommen, Hitze und keine Frau und nichts und jeden Abend Harmoniummusik! – erzähl du ruhig, denke ich, die Geschichte kenne ich in einer Version aus genau hundertachtzig Grad West – er sei, sagt er, erst weggekommen, nachdem der Jesuit gestorben war, sein Tod ging um als ein Gerücht, da kamen zwei andere Patres und fanden vor, was vorzufinden war, armer Pater Augustin! aber über mich kein Wort, jawohl Monsieur! diese Herren vom Verein zur Tilgung des Teufels brachten nur ihre bestimmte Hoffnung zum Ausdruck, auf meine Diskretion zählen zu können, und gaben mir ein Ticket und bis Manila einen schwarzen Schatten, fürs dauernde Reparieren der Jammerkiste: nichts! fürs Vorspielen, viereinhalb Jahre lang: nichts! oh, merci Monsieur! wieder einmal gut schlafen, nach guter Arbeit ehrlich müde, nicht nur besoffen, das Elend ist ein zäher Schleim, einzweidrei Glas, ohne es nötig zu haben, das wäre was! schön wär das, zuallertiefst ist immer Angst.

In einem fremden Park

Der Greis Franz Griel allein in seinem sonngelben Häuschen in der Haute Provence erinnert sich: eine junge dunkelhäutige Schönheit, tiefrot gekleidet, sah er schlafen, sitzend angelehnt an einen starken Buchenbaum allein in einem weiten Park, er weiß nicht mehr wo, vielleicht war's in Graz, aber wie wäre er je nach Graz gekommen? plötzlich hämisches Geschrei, sie erwacht und springt auf, auch er schreckt hoch, und sie beginnt zu laufen, barfüßig fliegt sie, ihr schwarzes Haar, zwei stämmige Kerle, dunkel uniformiert, rennen stiefelbeinig hinter ihr her und einer wirft sich auf sie und rammelt, der andere grinst herum, sie zappelt und er bolzt und bedeckt sie, dann rappelt er sich auf die Knie, steht auf, knöpft zu, und die beiden stapfen querdurch davon, sie liegt wimmernd, rotes Tuch, braune Haut, schwarzes Haar unter den hohen Bäumen im sattgrünen Vorabendlicht, Franz Griel weiß nicht, weshalb er dem Mädchen nicht zu Hilfe eilte, er schämt sich, wundert sich, ich gehe endlich hin und beuge mich zu ihr hinab, berühre ihre Schulter, sagt er, ich will sie trösten oder was weiß ich, aber ihr Kopf schnellt herum und sie spuckt mir ins Gesicht, spuckt mir ins Gesicht! Spucke wie Gift! Franz Griel würde gern DiMaggio heißen oder Santiago, hätte ich ihr helfen wollen, sie hätten mich zusammengeschlagen, ich war schon einundsechzig, was will ein alter Mann? und doch! sagt er, hätten sie mich halt zusammengeschlagen, die Schweine, verdammt nochmal! er schüttelt die Faust, ja und dann die mit ihrer Schlierspucke! er schüttelt den Kopf, Verwunderung und Scham und vielleicht ein Nebel, ein Dunst wie im hohen Sommer nach dem Gewitter, und in dem Nebel jener fremde Park und die beiden Uniformenkerle und die Dunkelhäutige, er sagt, er wolle sich nie von seinem Häuschen weg begeben, nur die zwei Kilometer ins Dorf, wenn es nötig ist, auf den Markt, auf die Bank, nie weiter und schnell wieder zurück, Santiago oder DiMaggio, sagt er, auf den Knien seine zittrigen dickaderigen Hände, sein Atem geht flach.

Der Einhandsegler

In einem Laden für alles an der Küste vor Narbonne der Einhandsegler Bauvin, man bringt etwas zu trinken, er ist in der Nacht eingelaufen, sein Stahlboot sieht mitgenommen aus, drei Jahre hat man ihn nicht mehr gesehn, wie geht es dir? man hat beste Ware, der alte Knabe ist immer gleich jung, im Atlantik kann man immer öfter in dermaßen riesige Treibgutfelder geraten, daß ein Vierzehnmeterschiff sich verliert in der Scheißbrühe, tagelang, der

Mensch und sein Dreck zu Dreck, wer findet's eigentlich noch spannend zuzuschauen, wie lange wir's noch machen? fragt Bauvin, wer von euch weiß, daß Diogenes, als er neunzig geworden war, genug hatte, aber mitnichten den Schnauf anhielt und starb, wie es heißt, er hat sich an Tintenfischen überfressen, Bauvin wäre vor vielen Jahren beinah ein Manager erster Güte geworden, bist du's nicht gewesen? in der Bar eines Hightower-Hotels habe er während einer Warenmesse ein paar Kaderleute beobachtet, die hockten da, der Tagestrab ist vorbei, und kippten sich eins, und in der Nähe ließ sich eine Managergespielin nieder, Komfort und entspannte Atmosphäre, wer räkelt sich nicht gern bequem? man lädt die anmächelige Dame ein und redet drumherum, man witzelt sich dran heran, es ist den Herren, so scheint es, noch etwas zu früh, aber warum eigentlich? einer macht nun doch Anstalten, bist du es gewesen? Angebot und Lust und Laune, oder simpel Druck und Drang, aber wer kommt ausgerechnet jetzt daher? und alle kuschen verlegen, es naht der Obermanager, auch sein Geschäft ist immer gutes Geld, wozu bezahlt er seine Boys? da habe ich mir gesagt, so ein bezahlter Kuscher der oberen Preisklasse will ich nicht länger sein, ich will nicht mein Leben lang die Luft anhalten müssen! und kein Jahr später bin ich auf eigenen Planken gestanden, es gibt immer irgendeinen Wind, er schleift dir die falsche Angst ab, diese bequeme Dressurknute für alle, ich beobachtete mich damals genau, sagt Bauvin, ganz genau in der Bar in dem Hotel, ja, gute Ware, aber er braucht jetzt nichts Neues, er redet laut, vermutlich hat er seine Stimme lange nicht mehr reden hören, Windwörter, mich wundert, daß er nicht müde ist, nicht einnickt hin und wieder, wie man's von Moitessier sagt, als der zurückgekommen war nach neun Monaten allein auf See, anderthalbmal ringsum und nie an irgendein Ufer.

Ekeltiere

Die Schlangenbeschwörerin Dinna Rohina hat Schlangen und Beruf von ihrem Vater geerbt, der sie irgendwo weit im Südosten auflas und mitgehen hieß, sie weiß noch, daß es ein windiger grauer Tag war, und sie ein Kind mit geblähtem Bauch und beißendem Hunger, er war ein ruhiger sauberer Herr, er nahm sie mit nach Europa, nahm sie mit nach Nordamerika und wieder zurück nach Europa, sie war seine Assistentin in allen Ländern, sie vermutet, ihre Mutter, wahrscheinlich eine Dirne in Bombay, in Poona, in Madras, habe sie ihm verkauft, ich war ihr feil, sagt sie, man muß genau wissen, was man sagt, wenn man sagt: ich bin meiner Mutter feil gewesen, vermutlich für wenig Geld, feil! feil! jetzt ist der ruhige Herr nach kurzer Krankheit gestorben, seine Kleider gibt sie weg, die Schlangen nicht, sie braucht die Schlangen und die Schlangen brauchen ihre Menschenwärme, ihre Namen sind Geheimnis, sie heißen Wishiwa, Walawa, Sansomba, Urk und Ugruk, besser Urk, Ugruk, Walawa, Wishiwa und Sansomba als ein Flohzirkus, so einer Flohnerei müssen Sie zwei bis drei Mal wöchentlich ihren Arm hinhalten, damit das Geziefer stechen und fressen kann, sie saugen Sie aus, und wenn die Flöhe krank sind, kriegen Sie die Pest, Schlangen sind sauber und ruhig, übrigens weiß Miss Dinna seit ihrer ersten englischen

Tournee, daß es in britischen Gefilden zwei Rotzarten gibt, sie schaudert, so sehr ekelt sie sich, es gibt den gewöhnlichen oder schleimweichen Rotz und es gibt den Hartrotz, und die von ihr mit größtem Ekel allenthalben beobachteten britischen Rotzesser, grübelnd und stochernd und nach kurzem Blick drauf blitzschnell hineinschiebend, lassen sich nur noch mit gewissen südeuropäischen Finger- und Nägelfressern vergleichen, meine Ekeltiere, sagt Miss Dinna Rohina, es schüttelt sie in ihrem Flimmerkleidchen wie ein zartes Zierbäumchen im ersten harschen Frühherbstwind.

Sally

Mehr als siebzehntausend Kilometer westlich von hier lebt ein ausgestiegener Naturwissenschaftler, er pirscht ab Mitte September bis gegen Ende Oktober durch den dichten Regenwald, der Regen macht ihm nichts aus, er will schöne Böcke schießen, weitab stolpert er eines Tages an einen Petroleumteich und ahnt sogleich, was das für den Wald und für ihn und für das ganze Gebiet bedeuten kann, er untersucht die Stelle und untersucht die Gegend, und soweit seine Methoden genügen, bestätigt sich die Vermutung: O vor I vor L, und zwar wohl in größerer Menge, der Mann geht an den Teich zurück und schaut ins Leere, er kehrt nach Tagen aus dem Wald zurück und schweigt, niemand erfährt von ihm, daß sich ein lohnendes Vorkommen vermuten läßt, das müssen andere herausfinden, oder besser nicht, und im Staat Idaho lebt ein Vogelforscher, der ein wildes Ziel hat: wieviele Vogelmännchen der oder jener Art sind von Anfang April bis und mit Juni in einem bestimmten Gebiet zu beobachten und wie oft kopulieren die Pärchen, bis das Weibchen befruchtet ist? und was hältst du, redet Sally weiter, von dem Fischer, der nach dem Mond geht und sich an gewissen Tagen für unsichtbar hält? dann steigt er nackt den fremden Frauen nach, wenn endlich einmal welche sich zu ihm verirren, er lebt auf Melville Island vor Prince Rupert, glaubst du, daß es Frauen gibt, die sich nach ihm richten und an den gewissen Tagen zu ihm hinausfahren? ich weiß nicht, wie der Mann heißt, ich heiße Sally, sagt sie, sie wurde blind geboren, sie sieht jeden Tag und jede Nacht Geschichten, alle tragen sich in den nordwestlichen Gebieten Nordamerikas zu, Sallys grenzenlose Geschichtenlandschaften, sie war nie dort, hat nie die Luft jener Gegenden geatmet, hat nie den Boden dort betastet, die Steine, die Bäume, sie erzählt den Leuten von jener wundervollen Ferne, damit die Leute bei ihr bleiben, ich bin Celeste Sally, sag einfach Celeste oder Sally zu mir.

Ein Traummeister in Venedig

Ich erinnere mich an einen massigen Narren aus Dänemark, sagt sie, oder war er aus Norddeutschland? fragt sie in die Luft hinaus, beginnt sich wieder anzuziehen, in Venedig war's, wir machten eine Pintenkehre, thank you for the tip! für das richtige Trinkgeld darfst du diesen Dienertypen ein Auge einschlagen oder ein Ohr abreißen, an der dritten Bar wurde meine große blonde Masse weichlich, jetzt waren die Träume dran, in einem Traum sei er einmal vor einem erstaunlich jungen Allerweltsmeister am Boden gesessen, hartgestampfte Siena, die nackten Füße des Meisters, die Fußsohlen roterdig, und sein Melonengesicht, übergeworfen ein Purpurponcho, sie erinnert sich genau an dieses Wort, und jetzt paß auf, sagt sie, der Meister sieht zu mir herab, hat er gesagt, sieht herab und ist bereit, mir, das heißt also ihm, die Viele zu erklären, die Viele sei der Schlüssel zum meisten, ein nie zuvor gesehenes Ding, dem Anschein nach aus Holz, dieser Traummeister hielt es in Händen, mein großer Blonder wußte aber nicht, war es wirklich die Viele oder ist's nur eine Art Modell, Meisters Zeigefinger fährt einer Längskante entlang, er beginnt zu erklären, klare junge Stimme, Wort für Wort aufschreiben! alles aufschreiben! so hab' es ihn im Traum gejuckt, aber in diesem Augenblick sei die erklärende Stimme verwischt worden, der eitle Gedanke ans Aufschreiben, ans Festhalten, eigentlich an Gewinn, ans Profitieren, sagte er, habe die Offenbarung verhindert, das Ding blieb unerklärt, die meisten wissen nicht einmal, daß es die Viele, diesen allmächtig simplen Schlüssel zum Verständnis fast alles Sicht- und Unsichtbaren überhaupt gibt! damit habe er sich getröstet und härmte sich dennoch, es sei ihm nie mehr etwas wirklich gut gelungen seit jenem Traum, hat er zu ihr gesagt damals in Venedig, mit Fremden könne er darüber reden, mit seiner Frau nicht, die lag im Hotel, hatte Migräne, tröste mich, Schöne! wie er das sagt, habe ich schon seine Hand an meinem Schenkel, oh bitte! du kennst mich, sagt sie, Fleisch zu Fleisch, aber der Geruch aus ihm heraus, verfaulte Träume, ein ganzer vollgestockter Schlauch! vielen Dank, hat sie gesagt, rien à faire, Meister aus Dänemark! oder vielleicht war's ein Deutscher.

De Haan, Le Coq

Sie ist blaßgesichtig, es ist Nacht zu Fulda, und Herbst, sagt sie, und diese Frau im Hotel zu Fulda bricht plötzlich zusammen, sie stöhnt auf und bricht zusammen, warum nur? und ich sitze in einem tiefen Sessel und rühre mich nicht, ich verkralle mich, ich bin die Frau, sagt sie, kein Laut aus meiner Kehle, kein Gestöhne, nur nicht stöhnen! atmen, nicht zusammenbrechen! ich bin die Frau doch nicht, sagt sie, ihre Hand fährt in ihr wirres Haar, sie krümmt sich, nicht Fulda, nein, De Haan, ein Nest am Meer, ein Nest bei Ostende, Le Coq.

Der Spiegel

In einer miefigen Antiquitätenbude, phantastisch vollgestopft mit Trödel, findet deren alter judenbärtiger Inhaber, als er einen beinah blinden Rokokospiegel aus dem Rahmen hebt, zwischen dem dünnen Hinterbrett und dem Spiegelglas ein Kupfer von fünfzehndreizehn, gestochen und gedruckt in Lucca von Alessandro Verrazzano, die Welt in ihren bekannten und unbekannten Teilen darstellend, und diesem Stich unterlegt findet sich ein vierhundertzwanzig Jahre jüngeres, nämlich 1933 datiertes Schriftstück, und der Mann liest: *Zu wissen daß mein Todestag mir verraten durch Weissagung weshalb Entschlußfassung zu unlauterem Handelsgeschäft welches niemals gewagt zuvor worauf schnell groß Gewinn und Feststellung daß Illegalität als Begriff dehnbar weshalb weitere solche Geschäfte welche allesamt anstandslos er-*

folgreich oh Dummheit oh Feigheit der Menschen wie leicht! alle Handelswelt kennt meinen reichen Namen von Einfluß doch nun mein Todestag unweigerlich naht gelobe und beschwöre Abkehr von Unlauterkeit und Umkehr und ein tadelfrei Leben sofern diesen Tag überstehen werd N. R. – der Trödler ist, nachdem er mir diese Umstände freundlich erzählt und den Stich und das Papier eingehend gezeigt hat, auf einmal seltsam geworden, sein Blick schief, lauernd, und plötzlich kommt er schreiend auf mich los, jetzt erkenne ich Sie wieder! Sie haben mir den Spiegel angedreht! viel zu teuer! ich war noch unerfahren im Geschäft! Sie Lump! ein jüngerer Mann aus der Butik im Hintergrund, vielleicht sein Sohn, fällt ihm in den Arm, ein Vorhang flappt, dahinter kurzes Gezische, und sogleich wieder flappt der Vorhang, der junge Mann entschuldigt sich, entschuldigt den Alten, doch müsse ich wissen, sein geübter Blick habe sogleich erkannt, daß die Zeit an mir abpralle, ich verlasse den Laden in einem Wirbel, ohne ein Wort, in Brüssel ist es gewesen.

Prophet in Antwerpen

Ein Bettler in Antwerpen, seine Haut schuppig, schwarz, sein Gesicht voll Schorf, sein linker Augapfel weißgelblich, sein Mund ein lippenloses schwarzes Loch, er sitzt am Boden in Nässe und Kot, noch nicht vierzig bin ich, sagt er, aber älter als hundertzwanzig, erschrick nicht, es kommt nicht auf mich an, nicht auf dich, der Mond geht langsam unter, sie sollten in Paris alle Glocken einen ganzen Tag lang läuten wie einst im Herbst, drei Tage lang, dreizehn Tage, man muß den Jungen sagen, daß sie mit zwanzig genau so schlau sind wie man mit vierzig sechzig achtzig sein kann, aber tot vor Kümmernis, sie sollen keine Rücksicht nehmen auf die angstvergifteten Vierziger Fünfziger Sechziger, man muß ihnen sagen: dies ist die insgeheime Verschwörung, das Geschwür der Welt! man muß ihnen sagen: merkt ihr denn nicht, daß man euch alles aussaugt! die Jugend, die Kraft, eure Stärke! laßt nicht mit euch handeln! laßt euch nicht trösten! jetzt ist jetzt und sonst gilt nichts! und du gib mir hundert Francs oder was du hast, bist du deutsch oder holländisch? gib mir fünf Gulden, ich habe für zehn Gulden zu dir geredet, ich bin ein unbewaffneter Prophet in dieser feuchten Steinstadt.

So ein schönes Mädchen!

Sie will niemandem sagen, wie sie wirklich heißt, woher sie wirklich kommt und erst recht nicht, wie alt sie ist, geflohen sei sie von Tallinn aus, in Estland, heißt es, in Stockholm lebe sie nun schon über vierzig Jahre, eine wohlgepflegte, etwas altersfleckige Dame, ja, sagt sie, das sieht jeder, wenn auch nicht so alt, daß ich den gesetzten Brahms noch hätte kennen können, oder den weit witzigeren Maître Charles-Valentin Alkan, das war meine Mutter oder, wenn Sie es nicht glauben mögen, meine Großmutter, aber den Stalin, mögen Sie mir den Jossif Stalin glauben? bitte, ich will ihn meiner Mutter nicht wegnehmen, er war noch nicht der große Mann, er war damals noch einer von einigen, und da gab es ein Disziplinarverfahren und er präsidierte die Kommission, stellen Sie sich einen engen Raum vor, ein Hinterzimmer, ein schmaler Tisch und dahinter drei Stühle, und die junge stehende Person vor dem Tisch könnte also ich gewesen sein, wir brauchen nicht die Angelegenheit durchzugehen, das ist bereits geschehen, Stalin sagt: das ist erledigt, du hast dem Genossen soundso die Uniform gestohlen, klar! die Person versteht ein wenig Russisch, doch spricht sie die Sprache kaum, sie sagt: ja, ist das nicht grotesk! diesen Satz hat sie auswendig gelernt, und sagt in ihrer Sprache: er hat immer etwas für mich in der Uniform drin gehabt, der Dolmetscher übersetzt, kaum hat Stalin verstanden, bricht er in Gelächter aus, er will bersten, ich glaube, der Tisch hat gewackelt, alle lachen mit, er wischt sich die Augen, wischt sich die Augen und sagt: Strafe muß sein, das siehst du ein, klar! die Person nickt, er steht auf und streckt die Arme aus, also hier hast du meinen Händedruck, er zieht die Person her zu sich, und ich umarme dich, sagt er und umfängt die Person und über dem Tisch küßt er sie, er küßt sie ab, das ganze Gesicht, so ein schönes Mädchen! wir wissen deine Strafe nicht, geh zurück in deine Zelle, bleibe dort, bis wir eines Tages wissen werden, sei geduldig mit uns und gräme dich nicht, wir wissen jetzt die richtige Strafe noch nicht.

Bronze und Regen

Du weißt nicht, wie es in britischen Gefängnissen ist, ihr versnobten Appartmentbewohner wißt nichts, ihr seid anderswo, ich mag nicht mit euch reden! der Mann trinkt aus und ruft nach noch einem Bier, er hat sechs Jahre hinter sich, keine Zeit zum Nachdenken, selbst wenn einer ein Hirn hat, ein gutes Gedächtnis, er kann sich erinnern an die Zeit, als seine Mutter ihr Kind aufs Wikkelbrett legte und das Windelpaket öffnete, drin war allerhand, so auch er, tausend Bücher hat er im Gefängnis lesen wollen, es wurde nur schmieriges Filzpapier draus, Witherbloom and Bleakengold, weißt du was der Judenwall ist? du weißt es nicht, aber ich! im zweiten Jahr hat er zu einem Wärter gesagt, er könne sich nur für weibliche Damen erwärmen, dafür haben die mich fast kastriert, sagt er, und ein paar andere Maßnahmen, sein Clan hat ihn gerettet, wer, nicht zu einem Clan gehört, geht drauf, er ist dabei, sich die Jahre abzugewöhnen, denk was du willst, im Judenwall gab es eine Türe aus Bronze, von dieser Bronzepforte hast du keine Ahnung, Alexander hat sie verschlossen und verriegelt, und weißt du auch, wann die beste Zeit ist für einen süßen Regen von Jahrtausenden? wenn wir alle schlafen wie tot.

Spinnflecken

In London weiß einer von einem Mädchen, das über und über von Pusteln bedeckt ist, und einer, der sich als ihr Onkel ausgibt, ein Mann mit kuriosen Kenntnissen, stellt das Mädchen jede Nacht nackt zur Schau, er zieht einen feinen schwarzen Kreis um eine der Pusteln, die zuvor ein durch das Los bestimmter Wettbruder nach einigem Herumfingern bestimmt hat, und hierauf nimmt der Onkel die Wetten entgegen, drauf öffnet er die Pustel mit einer feinen Goldnadel, und sogleich krabbeln winzigkleine schwarze Spinnchen heraus, scheinbar unzählige, doch fix wischt er das Gekrabbel mit einer Gänsefeder in ein Glas halbvoll hellrötlicher Flüssigkeit, und ist die Pustel leer, werden die Spinnlein gezählt, jedes einzelne hernach ein hingequetschter kleiner Fleck auf einem Bastband, Gewinner ist, wer mit seiner Schätzung der Anzahl der Spinnflecken am nähesten kommt oder sie gar trifft, der Onkel sieht zu, daß sich jeden Abend genügend reife Pusteln am Körper des Mädchens finden, er besorgt die Spinnenweibchen, er muß wissen, wann und wie oft er sie der Kleinen auf die Haut zu setzen hat, das Spiel, weiß mein Mann, sei in Indonesien üblich, dort müsse das Mädchen blind sein oder sonstwie behindert, und es obliege ihm, vor jedem Wettspektakel eine Puppe mit je zwei lebenden Schmetterlingen im hohlen Kopf und hohlen Bauch einige hundert Fuß weit im Meer draußen aufs Wasser zu legen, die Perlmuttaugen hinab in die Tiefe gerichtet, Puppenpost für irgendwelche unwissende Götter, von seinem Anteil am Wettgeld werde das Mädchen mit der Zeit so reich, daß man einen Ehemann für es zu finden hoffe, freilich sei das arme Geschöpf bis dahin oft dermaßen verunstaltet und siech, daß sich trotz der Mitgift keiner finde und man es drauf anlege, es sonstwie loszuwerden, von dem Mädchen in der Wardour Street heiße es, sagt der Mann, es sei gesund, aber in fünf sechs Monaten werde es vermutlich nicht mehr so munter sein oder für den Zweck gar nicht mehr zu gebrauchen, ich begleite Sie gern hin, Sir, Ihr spezielles Interesse vorausgesetzt, Sir.

Rushhour

Sich künstlich aufregen über einen Venezolaner, das kann sie, als hätte sie's geübt, das ist gut einstudiert, sie erinnert sich so heftig an ihn, daß es plätschert, der Mann hatte den irren Drang mir sein Leben zu verzapfen ganz von Anfang an durch alle Jahre und noch lange nicht fertig und Land und Leute nicht vergessen und rechnet mir die Vorzüge seines Landes vor als wär ich ein Länderhändler! sagt sie, eine Staatenschacherin! sie ist aus Niederösterreich, sie wirft die Arme in die Luft, der Venezolaner hat nämlich eigentlich seine eigenen Vorzüge gepriesen und redet und redete, als sie, eine Frau von zweiundzwanzig, schon lange keine Rede mehr will, ja! ja! hör jetzt auf mit deinen sonnigen Präliminarien! das Schicksal hat ihm einen Schuß Indioblut beschert, das regt sie an, der Indios besonders mächtige Gemächtigkeit, es macht sie lachen, und ihre Ausdauer, aber jetzt stell dir vor: erst sein Gequassel, dann ihm aufhelfen, und dann legt es ihn um und er heult sich aus bei mir, was für eine bin ich! Wie Gemecker, Ziegengemecker, und in seinem ausgewaschnen Blick nachher ein leichtes Schielen, wenn ein Soldat seinen Offizier mit so einem leichten Schielen anschaut, schaut der stabigste Offizier nach gewisser Zeit unweigerlich mit Krakelee im Blick zurück, das hat mir mein verstorbener Vater gesagt, daran habe ich mich erinnert in jenem Moment, halten Sie mich nicht für verrückt, ich finde dich vertrauenswürdig, ich geh nie mehr zurück, als Kind war ich gut zu Fuß, jetzt will ich Sie nicht länger aufhalten, sie löst die Bremse ihres altmodischen Rollstuhls, Rostflecken, wo die Vernickelung absprang, kräftig bewegt sie die kräftigen Arme, rollt weg, sie hat noch gesagt, sie habe entfernte Verwandte hier, mütterlicherseits, schon haben die Hastenden sie verdeckt, rushhour, Vorabend in London.

Der Vertreter

Ann Eibenbeers Lorgnonstiel ist aus Elfenbein, ihre Zigarettenspitze aus rotem Bernstein, die Perücke aus extrafeinem Nordlandmädchenhaar, wie schmeckt es Ihnen? Ann Eibenbeer ist von Kopf bis Fuß alte Lady, sie hat überlebt und lebt gut, und ihre Mädchen, mit Sorgfalt ausgesucht, haben allesamt den heißmachenden Blick, Ann ist ihnen eine gute Mutter, also ich muß wieder einmal sagen, ich habe schon besser gegessen, solange der Mensch die Eibenbeer und ihr Etablissement nicht kennt, muß er weiterreisen, das ist ein Sprichwort von mir, solange er nicht von ihr eingelassen worden ist, meine ich, Ann ist wählerisch, aber eine halbe oder noch besser eine ganze Eibenbeersche Nacht, hojaho! Mister Hubbard schnalzt, mich hat sie gefragt, sagt er, können Sie als weitgereister Mann, und das bin ich wirklich, können Sie als weitgereister Mann mir sagen, wie jener gefilte Bursche hieß, der sich einfach in den Styx stürzte, weil er das Fährgeld nicht hatte, das dieser Charon ihm abverlangte? das fragt die mich und ich habe keine Ahnung, er stürzt sich, sagt sie, keck in das traurige Wasser, mein Herr, er macht auf eigene Rechnung ans andere Ufer hinüber, denn ob Schwimmer oder Eisenstein, ihm kann nichts mehr passieren, nicht wahr, tot ist tot! und sie lacht diskret, Sie kennen seinen Namen nicht? fragt sie, nein, sage ich, sagt Mister Hubbard, und wir haben den Namen von dem toten Schwimmer im Styx bis jetzt noch nie herausgekriegt, die Eisenbahnfahrt zieht sich, er hat den Teller weggeschoben, den Zahnstocher geknickt, die Pfeife gestopft, ein Handelsvertreter, der den britischen Kolonialoffizier in zivil markiert, warum hat er sich, oh großer Stottervater! nicht an einen andern Tisch gesetzt! geflohener Ungare, anderen Namen angenommen, andere Frau, anderen Beruf, andere Sprache, und zieht seine Vorstellung von Major durch, mindestens Major, wenn nicht gar Oberst, scheint übersehen zu haben, daß der imperiale Selbstbedienungsladen pleite und bachab gegangen ist, weitgereist bin ich bei Gott, sagt er, seit fünfundzwanzig Jahren die ganze Insel hinauf und hinunter, ja, die alte Ann und ihr Plüschstall, sie hat heute noch die stärksten Pferdchen, das sage ich Ihnen! Sir Thomas fängt einen Rülpser ab, und nicht extrem teuer, oh nein, seit vielen Jahren Stammkunde, meine englische Lady hat's wohl nie gemerkt, es beißt mich nicht, sie ist jetzt tot, drei Jahre her, sechzehn Jahre verheiratet, so etwas! er gluckst, sein Bäuchlein ruckt.

Marilyn

Südlich von Madrid geriet ich in eine Stadt, seltsam, ich habe sie seither vergeblich gesucht, nie wiedergefunden, die Leute dort wollen dich nicht, sie wollen unter sich bleiben, sie verziehen sich, und zwar buchstäblich, buchstäblich wie? frage ich, buchstäblich buchstabengenau, sagt sie, sie arbeitet in einem Büro, heißt Marilyn, es ist schwer zu beschreiben, sie werden schief, lang, kurz, wie Schatten in wechselndem Licht, und weichen dir aus, sie verschwinden, du hörst Türen und Läden hinter dir zuschlagen und blickst zurück, jetzt werden die Häuser vor dir dichtgemacht, wenn du wieder nach vorn schaust, ist schon alles verschlossen, und jetzt verzieht sich die Stadt, die Häuser, die Straßen verschwinden, wo dein Blick gerade nicht hinfällt, versinkt alles oder löst sich auf oder fliegt fort, ich weiß nicht, ich weiß nur, daß man die Menschen dort und die Dinge nur mit den Augen festhalten kann, siehst du weg, sind sie auch weg, man geht schnell, man will nicht versinken, man beginnt zu laufen, Furcht packt dich, wie wenn die Erde bebt, plötzlich rennst du, du rennst und rennst! du mußt wissen, sagt sie, in der Stadt scheint fast alles aus Gold zu sein, beinah hätte ich das vergessen, es ist eine Goldstadt, sicher wollen sie darum niemand haben, was meinst du? Marilyn muß jeden Mittag fürs ganze Büro Brötchen, Saft und Obst einkaufen, Südlondon im Sommer, Ketchup, Fish n Chips und laue grüne Luft, wir stehen in der kurzen Schlange vor der Kasse, sie sei ein Springmädchen, sagt sie, ein Rennmädchen, ein Hüpfmädchen, hüpf doch mal zum Quick Snack hinüber! renn doch mal, Marilyn! spring mal, Marilyn! ich hab ja einen Namen erwischt, mein lieber blauer Mond! und dabei bin ich in Süddeutschland geboren, zur Schule gegangen, alles, und wie dieser Name, ich meine sie, wie diese Tote immer noch vermarktet wird, immer wieder neu, wo du hinsiehst muß sie herhalten, die könnte hundert Jahre tot sein, ganz verfault, Staub könnte sie sein, furztrockener Staub! sagt Marilyn, sie wird so oft verkocht, es fällt dauernd neues Fleisch von ihren Knochen, es wird soweit kommen, man möchte den sehen, der nichts mit ihr gehabt haben will.

Eine große Revuenummer

Auf einer Straße in Chelsea habe sie eine ältere Dame des
sehr gepflegten Typs plötzlich wie angenagelt stillstehn
und erstarren sehn, Hexenschuß! habe sie gedacht, denn
sie kennt das aus ihrem Dorf von einem alten Knaben
namens Gipser Hitz, der freiwillig in den Krieg gegangen
und nur aus russischer Gefangenschaft entkommen war,
weil er, ungewöhnlich genug, stricken konnte wie heutzutage die halbverheirateten Religionslehrer oder andere
Hanf-, Hasch- und Heilandtypen, bei seinen Schwestern
hatte es der Gipser Hitz als Dreikäsehoch gelernt und es
war ihm zugute gekommen, man hatte ihn die Wolle bald
sozusagen unbeaufsichtigt holen lassen, eine sibirische
Zweitagefahrt mit Roß und Wagen oder Schlitten vom
Lager zu irgendeinem Depot, und nachdem er alle Offi-
ziere bestrickt hatte mit Pullovern, Halsschärpen und so
weiter, war er auf so einer schwach bewachten, weil nicht
gerade schnapslosen Fahrt abgezwitschert und hatte es
sage und schreibe geschafft, sich nach Wochen irgendwo
über die russisch-persische Grenze zu retten, sie sagt,
halb und halb habe man ihm seine Geschichte geglaubt,
zum Schluß rief er immer: jetzt stellt euch vor, ich hätte
ihn schon damals gehabt, meinen verdammten Hexenschuß! ich wär ja wie angenagelt stehengeblieben, vielleicht noch vor Tyumen! wie der Floh im Habermus! man
kannte das, der Gipser Hitz stand pro Jahr drei bis vier
Mal plötzlich stocksteif still, sie habe ihn einmal, und
deshalb sei er ihr angesichts der älteren Dame eingefallen,
mitten auf dem Postplatz gleichsam vereisen sehen, drum
sei sie, in der Absicht, der offensichtlich blockierten Frau
zu helfen, zu ihr auf die Straße hinaus gegangen, doch es

ist nicht Hexenschuß, es ist ein Blattschuß, ich mag nicht mehr leben, sagt die Frau und zeigt mir ein Tabletten-röhrchen und zeigt mit einen scharfkantig gefalteten Brief, *Meine Ungeliebten, ihr wollt mich nicht, alle, die mich liebten, haben mich in den Jahren verlassen nach Krankheit oder Unfall oder eigenem Entschluß, ihr wollt nur meinen Besitz, nicht mich, ihr sollt ihn nicht haben und ich will euch auch nicht mehr!* ich setze mich, hat die duftende Dame zu ihr gesagt, dem Zufall aus, Sie sind mein Zufall, ich bin eine große Revuenummer, woher, glauben Sie, käme sonst mein ganzer Besitz! all die feinen Herren damals! sie versuchte Tanzschritte anzudeuten, schrecklich, versuchen Sie nichts, sagte sie, unternehmen Sie nichts, ich bin ein Reh mit einem Blattschuß, seit vier Tagen ist alles beschlossen, was halten Sie von dem Brief, das geht doch so, nicht wahr?

Knabenmesse

So ein schwabbliger kontinentaler Katholenpfaff, jawohl, dieses Wort nehme ich nicht zurück, was hätten erst die Eltern gesagt, wäre die Sache ans Licht gekommen, ich habe alles nur zufällig, aber aus nächster Nähe gesehen, er mit seinem Specknacken und der Quarkvisage, Schweiß um die Nase und Schmier im Schweinegesicht, so steht er im Halbdunkel unter dem Kirchenportal, eine Messe oder sowas für Schüler, für die Knaben der unter-sten Klassen, lauter Sieben-, Acht- oder Neunjährige, und da steht er hinter dem halb geöffneten Portal zwi-schen schweren hängenden Filzlappen und sie müssen sich draußen anstellen, Zweierkolonne, er grinst über die ganze Schmiere und fingert einen nach dem andern herein, patscht ihnen die Hände zusammen, patschpatsch! und wickelt schnell ein Schnürchen drumherum, damit die Händchen schön gefaltet bleiben, Bethändchen, damit sie nichts anderes tun als beten, so, der nächste, zeig her deine Händchen! ich habe eine Weile zugeschaut, es dauert, bis ich endlich begreife, da stelle ich mich hin vor den schwitzenden Mann, er ist gerade am Zuschnüren, und ich sage kein Wort, er läuft dunkelrot an, was wollen Sie? bitte was wünschen Sie? und ich kein Wort, ich schaue nur, da huscht er ab, ich habe den Knirpsen die Fesseln abgenommen und habe alle nach Hause geschickt, was sie drauf im Rathaus zu hören bekam, kann sie jetzt nicht mehr in Rage bringen, sehen Sie, Fräulein, äh, Selma Stachelstrauch, ein seltener Name, ja, sehen Sie, Fräulein Stachelstrauch, Sie sind fremd hier, auf der Durchreise, aus England, ja, wir sind immer bereit für unsere Gäste, wir tun viel, also sehen Sie, das ist eine heikle Sache, nicht ganz glaubhaft, bitte, sie sagt: Barbarswil vor zwanzig Jahren oder im letzten Herbst oder jetzt! und lacht trotzig.

Die Nachbarn

Ich zögerte, rief dann doch an, und sie sagte, sie sei erfreut und ich solle kommen oder wo sie mich abholen könne, die Freunde ihrer Freunde seien auch ihre Freunde, und sie hatte einen Mann, Paul, der zwar zufrieden mit seinem Job, und da waren drei Kinder, zwei

Mädchen, ein Sohn, aufgeweckt und quirlig, alle freundlich und munter und freuten sich sehr darüber, daß ich
gekommen war von nicht unweit her ausgerechnet zu
ihnen so unerwartet, die Welt ist klein, die Nachbarn zum
Beispiel sind nette Leute, nette ältere Leutchen, aber wie
das berühmte unbekannte Hundetier oben im Wald von
Atholl: tagsüber ein klein Vögelein, nachts ein trabender
Schatten, sie verwandeln sich und gehen um, jede Nacht
verwandeln sie sich und verwandeln die Nacht, Ehren-
wort, nicht wahr, Paul? in haarsträhnige Monster verwandeln sie sich, mit Klauen und Feueraugen und solchen
Zähnen, Zähne wie Messer, wie Dolche, sie gehen um
und wehe! aber niemandem nichts sagen, man weiß es
und schweigt und grüßt freundlich und schließt gut ab
und schützt sich and that's it! alle wissen es, doch wer
würde es glauben, wer? möchten Sie noch ein Glas? bitte,
es ist reichlich vorhanden, Paul, holst du uns noch Eis,
bitte, für unseren unverhofften Gast, du weißt wo es
ist.

Eine Heldin

Feuchter Abend in dunstigem Pub in Swansea, ein Mann
beginnt über die alte oder vielleicht nur alt aussehende
Frau zu reden, die betrunken neben ihm steht, Tränen
und Schleim triefen ihr ins Glas, sie hat beste Schulen,
sagt er, Justiz studiert, Edinburgh, sie ist Schottin, sie hat
beim Studieren einen Mann kennengelernt, ihr Unglück,
vierunddreißig, unbeweibt, Professor, zwei Kinder hat
der Kerl ihr gemacht, sie hat mit fünfundzwanzig alles am

Hals, Mann, Kinder, Haushalt, er ging immer früh zu Bett, wirft die Frau ein, jetzt rede ich! sagt er, also er ein Frühaufsteher und sie lag wach und las und neben ihr ein Schreibblock für Notizen, es ging ihr vieles durch den Kopf, stimmt's? ja, nickt sie, eben, sagt er, und eines Abends steht sie in der Küche, er hat sich, jetzt ist er siebenunddreißig, schon in die Koje geschlichen, sie flickt noch Kinderkleider, oder hast du gelesen? geflickt, sagt sie, sie hat also geflickt und jetzt löscht sie das Licht und guckt eine Zeitlang in den Mond, das tut sie auch jetzt noch oft, so war's doch, oder? sie sagt: mein Gesicht in seinem starken falben Schein, gut, sagt er, ihr Gesicht im Licht vom Mond, eine ganze Zeitlang, und dann schlüpft sie ins Schlafzimmer und knipst ihr Lämpchen an und jetzt erzähl du! die Frau sagt, sie habe sich ins Bett gelegt und wie üblich ein Buch zur Hand nehmen wollen, da sehe sie auf dem Notizblock, von seiner Hand geschrieben: fuck yourself! genau, fällt der Mann ein, und was tut sie? sie steht auf und schreibt darunter, was hast du darunter hingeschrieben? vita breve, sagt sie, genau, sagt er, schreibt's hin und packt sich was und haut ab, sie läßt den Professorpascha Abendschlaf hinter sich und die Kinder und das Haus, vita breve, sie hat in ihrem Leben ein großes Loch, sie weiß selber nicht wie groß, oder weißt du's jetzt? ja, nimm noch ein Glas, seit vorgestern vor drei Jahren bin ich jetzt ihr Mann, sie ist eine Heldin! er preist sie laut: eine wirkliche Heldin! hör auf zu heulen! das Glück tropft ihr vom Gesicht in den Gin, man sieht zwar nur an den Menschen hin und nicht in ihn hinein, aber sie ist eine Heldin! sagt er und schiebt seine Hand unter ihr Haar und legt die Hand um ihren Nacken, schaut sie euch an, Herrschaften!

Fröhlichkeit

Viele Säufer habe ich gesehen, wenige fröhliche, keiner
so fröhlich wie Max Nomensack, er war fröhlich am frühen Anfang und ist fröhlich, wenn es spät geworden ist
und Schluß, seine Frau war Lehrerin an einer gottbe-
rühmten Schule, doch dann, es hatte mit ihrer Familie zu
tun, sattelte sie um und versucht jetzt Irlands Trunklie-
bende mit heiliger Nüchternheit besoffen zu machen,
damit kommt sie bei Max Nomensack an den Richtigen,
ein Flaschenbaum war er, ihm ging es mies, er hatte keine
Fröhlichkeit mehr, auf dem Holperweg zu Pennern und
Aethyl war er, da kommt sie und verliebt sich, und er
liebt sie, auf geht neue Fröhlichkeit, ein Strahlen, sie wagt
sogar, als er mich zu ihr schleppt, ein kleines Schlückel-
chen und lächelt an, den sie liebt seit sechs Jahren, ihr
Wesen ist Freundlichkeit, Dankbarkeit, er züchtet Bienen,
König ist er über drei- oder vierhundert Völker, Bienen-
kaiser mit zerbrochenen Fingernägeln und jedes Volk eine
Lust und ein Leben auf Sonne steh still, ich war drauf und
dran ein Hühner- und Taschendieb zu werden, sozusagen,
lacht er, ich hatte den Unsinn des Lebens entdeckt, da half
nichts, nur sie! ja, sie macht wieder die Lehrerin, freilich
an einer ganz unberühmten Schule jetzt, wenn ich an
diese Figuren in den Schnapsläden denke, bin ich froh,
daß Emily mir den Schnaps kaufen geht, halber Witz,
uralt, er lacht, sie lacht ein wenig mit, vielleicht wird sie
irgendwann, vielleicht bald, ein plötzliches Gift, woher
wird sie es nehmen? in seine Flasche träufeln oder vielleicht in ihren Tee, Mister Nomensacks neue Fröhlichkeit
dauert seit seinem einunddreißigsten Jahr.

Die Frau aus dem Schlick

Daß ich Grund und Boden besaß und keinen zu fragen brauchte und meinen Kopf in beide Hände nahm, meinen Kopf gern betastete, dies uneben gerundete harte Gefäß, in welchem so unglaublich vieles sich tut, und wie gern ich den Torfleuten, die für mich stachen, einen doppelten Taglohn auswarf und eine Gallone dazustellte, und die seltsamen Wörter weltberüchtigt, Spitzhündigkeit, Beerwisch, so soll ein fast unbekanntes Volk irgendwo im Osten heißen, und wie ich angesichts der Frau meines Verwalters, die seit Jahren zu jeder Einladung mit aufgelöst fliegendem Haar dahergelodert kam, jedesmal an eine wohlgenährte galoppierende Shire-Stute gedacht hatte und zugleich an mein diffuses Bild von Lady Macbeth, ihre fliegenden Fesseln und das Haar wie Feuerzungen, daran erinnere ich mich, daß das und vieles mehr in meinem Kopf herumging, als mich die Flut überraschte und die Triele mich einfingen, ein Netz aus Wasser und ich ein Fisch ohne Kiemen, sind wir der Rosetta-Stein der Kosmischen? das Wasser strömte und stieß und riß und ich riß meine Knie hoch, die Füße aus dem Schlick, meine schweren Beine, immer höher und mächtiger das Wasser, mein Gekeuche und so weit ich sah: kein Mensch, alles flach, heiße kalte Panik, wiewohl ich wußte, daß ich viel mehr als die Flut diese meine Panik zu fürchten hatte, aber das Wasser unbändig und ich stecke fest, eingeschwemmt und komme um, es strömt und reißt, mein Schrei, mein rasender Schrei! laut schreit die kleine alte rotköpfige schmutzigschwarze Frau aus Deutschland mich an mitten in Dublin, niemand achtet auf sie, warum bleibe ich stehen? mit eingezogenem Kopf schnell weiter durch den dünnen Regen, an ihren blauen Lippen hängt ein glasiger Speichelfaden, so bin ich ertrunken, und fragen Sie mich nicht, wie ich hierherkomme jetzt, Sir, bitte mich nichts fragen bitte.

Pferdeverstand

In pintenlistig wacher Stehrunde in Kilkenny, Ireland, ein Mann aus Turku, Suomi, ein ehemaliger Seemann, wie es heißt, dem jedermann seinen Namen glaubt, ohne noch den Versuch zu machen, ihn aussprechen zu wollen, hier heißt er Finn, ist Mister Finn, ein von Natur aus eigentümlich pferdeverständiger, drum mit halber Scheu respektierter Mann, ein Stallmeister, Zureiter, doch an dem Abend verstummen die Stimmen nach und nach nicht deshalb, weil er aus dem Stall zu plaudern beginnt, er plaudert aus der Flasche, daß er nämlich einmal habe wissen wollen, wie die Beichte funktioniere, mit eingezogenem Kopf sei er in Cork in einen Beichtstuhl hinein und habe dem guten Priester gesagt: Father, langlang ist es her, entschuldigen Sie, ich habe die Regieanweisungen vergessen, mit Genauigkeiten will ich Ihnen auch nicht kommen, tue zu wissen: ich habe einen Pferdefuß und auf dem Gewissen sieben Menschenleben, Raub und Lust, Father, das Geld und die Sexualität, die schweren Triebe, nach wann und wie und wo wollen Sie, wie gesagt, lieber nicht fragen, drei einsame alte Männer und vier unglückliche Frauen, die Absolution bitte, und verzeihen Sie, aber was ich durch das Gitter zu Ihnen hinüberschiebe, ist eine scharfgeschliffene Stahlnadel, zur Sicher-

heit voll Pfeilgift, Urari, auch Kurare genannt, ich bin ein
Seemann, Sie überleben die geringste Verletzung keine
dreißig Sekunden, Father, sprechen Sie mich los, bringen
wir es hinter uns, da hat er was geröchelt und zwei Finger
bewegt und das war's, krampfhaft zwei Finger und das
war alles! der Finne verzieht sein straffhäutiges Gesicht,
was wäre noch zu sagen in diesem verstummten verstei-
nerten kleinen Ausschank? alle haben ihn im Blick, eine
kleingewachsene magere Frau sagt endlich: wenn Ihnen
unsere Pferde nicht genügen, Herr Finn, und bricht ab,
und ihr Blick bleibt stahlnadelhart auf den pferdeverstän-
digen Mann aus Finnland gerichtet, auf dessen Gesicht
alles flach wird, another pint? fragt der Mann zwischen
den drei Drafthebeln und den halsunten hängenden Flaschen, einer zündet seine Pfeife an, langsam verschwebt
der Rauch hinauf zum Qualm unter der Decke, yes one
more please, und nach und nach finden andere Stimmen
andere Wörter.

Wind und Wahn

Eine Frau aus der Schweiz hinter flechtenfleckig wie mit
Schwären und Schorf bedeckten Zinnen eines mittelalter-
lich befestigten Rundhügels, dreißig, fünfzig Meilen von
Londonderry, ein windiger Ort, die Wolken rollen, hier
kann sie leben, weite Sicht, sehen Sie, keine Menschenseele, es ist noch nicht lange her, daß hier Männer mit
Spießen und plumpen Schwertern aufeinander losge-
stürmt sind, kleine Jahrhunderte, ich spüre hier, daß die
Zeit nicht mit uns rechnet, sie möchte mit einem Aero-

plan, der diese Bezeichnung verdient, mit einer elastisch vibrierenden Flugmaschine, die so sensibel in der Luft liegt wie eine Dohle, möchte sie bei absoluter Windstille einen riesig hoch aufschießenden Springbrunnenstrahl, in Genf gibt es das, in aufsteigender Spirale umfliegen und vom stillestehenden Aeroplan aus zuschauen, wie die Wasserblüte sich öffnet, wie sie lautlos auseinanderquillt, ohne sich an irgendwas zu stoßen, und hinabwelkt, still und schnell zerfällt, in der Tiefe nichts als Fall, Sturzstaub, sehen, was niemand so sehen kann, es müßte ein Fluggerät sein, das in Lüften geräuschlos stillstehen kann, wenn man will, kein donnerndes Feuerrohr, Helikoptergeschwirre auch nicht, eine stille geflügelte Schwebe, leichtnerviges Wunderwesen, davon träumt sie, ins Auge eines Wirbelsturmes möchte sie tauchen, Leuchtkugeln würde ich hinabwerfen, flüstert sie, hinab in den Trichterschlund farbig platzende Lichtkugeln, Vulvagina der Windsbraut, das Wort Windhose ist schlüpfrig verschämt, der Wind bläst ihr die Wörter von den Lippen, ihr Vater war ein Lambert oder Lamberg, ihr Großvater hatte mit der legendären frühen Fliegerei zu tun, gelegentlich ein Satz, das Kind ist untergewichtig, bleichsüchtig, dem Kind fehlen Calcium, Phosphor, geben Sie ihm Fleisch, Fisch, Gemüse, Eier, viel frische Milch, gute Luft! mein Papa hat mich früh verlassen, Petersburg, Berlin, die Schweiz, Paris, London, und meine Mutter auch, oh wenn sie hätten wissen können, was die Pflegemutter in den Jahren alles mit mir anstellte, meine Angstschreie, das Entsetzen, der scharfgezackte Schmerz, meine Lust, meine Verwirrung, ein magerer Haken mit Hasenzähnen! sie würde ihr die Scham ausbrennen, mit einem großen scharfschartigen Messer die Brüste abschneiden, vergessen wir's, sie ist hoffentlich krepiert, sagt sie überlaut, der Wind zieht ihr eine Haarsträhne zwischen die Lippen, stellen Sie sich vor: über dieser ruhigen Landschaft in diesen bewegten Lüften ein Aeroplan schwebend von Schicht zu Schicht, und ich drin in der Flugmaschine, ein Fest! ein Wunder! sie wirft die Arme hoch, ihre dünnen weißen Handgelenke, zwei rötliche Narbenwülstchen, bläuliche Adern.

Von der Vierten Reise

Die Nachtwächter – Film läuft – Mehr als Schehrezad – Mateo Jiménez – Die Frauen von Sevilla – Stimmchen – Don Eugenio – Gwynn – Der Neger von Marseille – BelugaTrasimenoGrimm – Schwebend in Gleißlicht – Dom Alirio – Eine Phäakanakin – Trictrac – In Casablanca – Tapfer wie keiner – In Isebars Gärten – Künstliche Kinder – Haussmann-Hamelin-Quarantequatre – Der Spiegel der Kassandra – Ein Verführter – Gesicht aus Asche – Der Kraken – Menschen zum Vergessen – Die schrecklichen Dinge – Klein oder Zuntz in Tumbuktu – Altchinesische Milde – Die Wolken von gestern – Zeit – In diesem verschissenen Hühnerhof – Djibouti mon amour! – Der Goldbaum auf Socotra – Der Schiffsbohrwurm – Sansibar

Die Nachtwächter

Die schwer vergitterten Fenster des Hauses, in welchem der General Urgando Quijada gestorben sein soll, weshalb sein neben dem Eingang angebrachter Steinkopf zur Bar gegenüber hinstarrt, wo der Kellner schon lange gelb gähnt und die Frau an der Kasse bleich äugt, endlich haben die letzten beiden ausgetrunken, sie schlurfen hinaus, und Rolladen und Scherengitter rasseln hinter ihnen zu, die Leuchtschrift fällt zusammen, die Buchstaben brennen schwarze Schnörkel in die Dunkelheit, die beiden stehen und reden weiter, ein beharrliches Wechselgerede wie Brunnengeplätscher, der in drei vier Stunden heraufziehende Tag ist zu besprechen Schritt um Schritt und, stillestehend nach jedem zweiten, auch das ewige Los der Menschen, vergiftet von Sterblichkeit, an der Mauer hinter den beiden Männern die weißliche Kalkschrift Kilroy was here! und weiter ein Plakat mit einer Reihe an Pfähle Gefesselter, krumme Schatten, denen man die abgehackten Köpfe vor dem Photographieren zwischen die Füße gestellt hat, siehst du, die Menschen haben die gräuliche Substanz selten in der Birne, alle haben sie weiter unten, ja, sie wedeln in Rudeln, sagt der andere, der Mensch plädiert mit vielen Wörtern und tausend Theorien auf Schwachsinn, unermüdlich! sie lachen, sie sorgen nächtens fürs Gedächtnis, für das Fortkommen der Welt, es helfen ihnen dabei jene griechischen Mönche, von denen der eine eben in einem Bericht gelesen hat: jeder Atemzug, selbst im Schlaf, gerät ihnen zum Gebet, so opfern sie sich und ihren Geist, sie verflüstern ihr ganzes Leben, siehst du dort, fragt er in die Stille, siehst du die drei Mädchen dort? für eine wackere Stange Geld wird sich

jede mit echt gespielter Inbrunst eine kleine Unsterblichkeit erwerben, von uns beiden alten Nachtwächtern aber,
was wird bleiben?

Film läuft

Ich saß vor dem Café du Croix Blanc und beobachtete eine
nervöse junge Frau, ein Mädchen, das irgend etwas beobachtete, auf das ich kam, als ich in ihrer Blickrichtung
suchte, es war ein Kerl, der in der engen Gasse auf der
anderen Seite des kleinen Platzes behende ein Ablaufrohr
hochkletterte und im zweiten Stock mit einem riskanten
Schwung durch ein Fenster verschwand, ich verhielt mich
gleichgültig, nach genau sieben Minuten sah ich ihn wieder aussteigen, das Mädchen war immer zappeliger geworden, hatte sich kaum noch beherrschen können, er
schwang sich hinüber und klebte am Rohr, ich beobachtete die junge Frau, ihre atemlose Nervosität, und in
diesem Augenblick sprang sie auf, ihr Glas kippte, rollte,
fiel, es klirrte, sie rannte los, ich habe den Kerl nicht
fallen sehen, alles lief hin, ich sah ihn auf dem Kopfstein-
pflaster liegen, und oben die herabhängende geknickte
Blechröhre, das Mädchen kniete neben ihm, tief hinabge-
beugt, sie schluchzte, er lag still, die Polizei kam angerast,
ein Krankenwagen, da saß ich schon wieder vor dem Café
und beobachtete die redenden Gruppen, anderntags eine
kleine Notiz: *Einsteiger verunfallt am Tatort und stirbt*,
man las von Schädelbruch und inneren Verletzungen,
und Tage später sehe ich jene junge Frau, sie war höchstens zweiundzwanzig, lachend in Gesellschaft einiger

Jüngelchen, denen jeder Blinde die Ganoven ansah, soweit die Haut sie bedeckte, in Genf war das, erzählte mir in Ronda im Süden von Spanien eine Reisende aus Needledwell in Blarney County, Irland, sie saß rechts, ihre Freundin links von mir in schmalem Schatten, ihre schwarzen Sonnenbrillengläser spiegelblinkten, sie hatte vor Jahren bei den Vereinten Nationen mit wenig Aufwand viel Geld gemacht, und ebenfalls in Genf habe sie an einem Regentag ein junges Pärchen auf einem Platz beobachtet, das sich unter dem Regenschirm in einen Streit hineingestikuliert hatte, in kürzester Zeit das wildeste Geschrei, plötzlich habe der Mann den Schirm an einem zementenen Zierblumenbecken zu Fetzen zerschlagen und sei nach einem letzten lauten Zorngebrüll weggestampft, es war wie im Film, sagte die Irin, die Frau stand reglos im Regen, reglos im Straßenrummel, ein Tram rollte daher, fuhr vorüber, eine Automeute, die Frau unbewegt neben den Zierblumen und vor ihr der zerfetzte Schirm, es kam das nächste Tram und noch eins, und da ist es plötzlich geschehen, Geklingel und Bremsgeknirsche, der Film war gerissen, die Frau unter dem Tramwagen, zerfetzt, ich hätte mich in ihr Leben einmischen sollen, sagte sie, zu ihr hin laufen, statt neugierig einem Film zuzuschauen, einige Jahre später beobachtete ich in Kopenhagen die Wiederholung derselben Szene, unter einem Schirm plötzlich großer Streit und ich weiß alles, Film läuft, der Mann stampft wild auf und schreit die Frau an und läuft wild weg, die Frau steht erstarrt, es verschlug mir den Atem, sagte sie, ich wußte, was geschehen würde, ich mußte etwas tun, aber da begann die Frau langsam zu gehen, mit unbewegtem Gesicht folgt sie dem Mann und ich folge ihr und sehe etwa zweihundert

Schritt weiter vorn den Mann, die junge Frau behält ihn im Auge, nach einer Zeit verlangsamt er seinen Schritt, sie geht hinter ihm her, er bleibt stehn, sie geht auf ihn zu, er wendet sich um, er kehrt um, sie gehen einander entgegen, sie erreichen einander und sie faßt ihn bei der Hand, wortlos gehen sie nebeneinander, sie kommen auf mich zu und gehen an mir vorbei, ich habe mich gefreut wie ein Kind, sagte die Irin, was meinen Sie, ob die jungen Leute in diesen Zeiten gescheiter werden? ihre Freundin zu meiner Linken flüstert mir zu, es sei alles gelogen, sie lügt unheimlich gern, Geschichten! lauter Geschichten! merken Sie das nicht? sie braucht mich, ohne mich geht es nicht, zum Zuhören und weil sie blind ist, alles gelogen!

Mehr als Schehrezad

Der Mond ist der Zorn Gottes und ich bin Ibn Abu Ajub, ein Sohn des letzten Gefährten Mohammeds bevor der Prophet zur Hölle ging sie ist sein Paradies ich bin der ewige Arab, gib mir Geld Zornschaum vom Mundwinkel Allahs sieh meine leere Klaue ich habe deine Welt erfunden und du kennst mich nicht ich habe bessere Geschichten als tschihr-āsād Señor gib Geld in meine Hand ich mache dich glücklicher als jener König war in den tausend Nächten und wenn du mich riechst so riecht deine Zeit nicht meine, deine Zeit Señor, in einem Gewölbe unterhalb des Torre de Siete Suelos hat der Velludo seinen Stall das Roß des Teufels von dort jagt es mit den sieben Hunden nach Mitternacht bis zum Ende der Nacht durch

Granada, du weißt es nicht, aus seinen Hufen spritzen Funken sein Geschnaube ist Feuersprüh, du weißt es nicht, die Meute ist Wolf und Hyäne lachend kläfft sie und die Lichter flackern durch die Nacht, in Luftbuchten segelt der Zornbronzemond es ist die Nacht des zottigen Höllengauls und der fletschenden Köter, du weißt es nicht, ich habe noch mehr für dich, viel mehr als Schehrezad, gib Geld in meine Hand Señor!

Mateo Jiménez

Und anderntags Mateo Jiménez, der so beiläufig, beiläufiger geht's nicht, von seinem Urgroßvater anfängt, der mit José Corrado auf See gewesen sein soll, da sei in malayischen Gewässern, wo sonst! aufgefallen, daß ein junger Offizier von Tag zu Tag blasser wurde, fahrig, vom Kapitän oder vom Ersten Steuermann zur Rede gestellt, habe er endlich zugegeben, jede Nacht von einer Frau besucht zu werden, sie schwäche ihn Mal über Mal, drauf hat die Mannschaft sich auf die Lauer gelegt, der werden wir was stoßen, was! und tatsächlich huscht nach Mitternacht etwas wie Alabaster und Seideglanz über Deck und schwebt über eine Treppe hinab unter Deck und alle kommen hervorgekrochen aus ihren Verstecken und man tigert hinterdrein und da liegen die beiden in Hitze ganz verschlungen, ein paar Kerle greifen zu, halten aber, nachdem man Licht gebracht hat, nur sogleich zerschwebende, nicht zerfallende, zerschwebend sich auflösende Fetzen in Händen und halten sie schon nicht mehr, es ist wie Dunst fortgehaucht, aber an ihren Fingern ekle Krü-

mel und Staub, daß es sie schaudert, den sehr geschwäch-
ten Mann habe man im nächsten Hafen, Dili oder Ocussi,
von Bord bringen müssen, machen Sie nichts draus, Sir,
bitte machen Sie nichts draus! mit diesen Worten habe er
sich verabschiedet wie im Fieber, vielleicht wirklich fie-
bernd, sicher, sagt Jiménez, er kaut Tabak, ein pickliger
buckliger Freibeuter, schnelles Messer aus wer weiß welcher Zeit, welchem Jahr und welcher Rechnung, soso du
bist auf einer Reise, weißt du, daß die Reisen durch den
Kopf die schnellsten sind? sie führen am weitesten und im
Kreis und manchmal zurück, aber wer weiß wo das ist?
Mateo Jiménez feixt und kaut.

Die Frauen von Sevilla

In Sevilla die hohe Zeit der Vögel gegen Abend zwischen
fünf und acht oder neun je nach Sonne und Wetterwärme
im Spätfrühling Frühsommer und wieder im Herbst die
täglichen Schlenderstündchen der mit modisch bemalten
Fassaden und gängigen Tüchern dekorierten Brüste Bäu-
che Backen Schenkel bronzeäugiger Frauen sie verstopfen
die Gassen sie schwätzen die Straßen voll ihre sprudeln-
den Rotlippen und wissen angeblich nichts, als ob ihre
Gockel zu dieser Stund nicht telefonierten kreuz und
überquer ein Spinnweb stadtweit hin und her voll alter
Maitressen junger Mädchen teurer Gelegenheiten auch
lässigschöner Knaben in Sevilla die hohe Zeit vermischter
Farbenspiele Koseworte in welche die Sonne versinkt und
die Frauen gehen und schwatzen und tun so als ob und
wünschen sich Witwe zu sein damit sie die harten Glas-

blicke der Jünglinge jungen Männer nicht länger verachten nicht mehr meiden müssen ihre wildgestaute Hitze hinter Türen tragen ausstoßen dürfen die Maske zerfließt sie verströmen verbrennen und ihn auch den sie allezeit suchen ungestillt Nichtigkeiten beredend mit heißem Parfum oh Sonne sink nicht sei verflucht sinke in Asche deck grau die Glut diese Glut seid verflucht ihr Jahr um Jahre all die jungen Mädchen schändlich hüpfend prallvoll Lüsternheit oh Gott ohne Scham was ist das für eine Zeit wieso habe ich Töchter gezogen nicht starkes junges Fleisch für mich oh! oh! doch unerschöpflich von den Lippen dieser Frauen kollert Klatsch, als ob heroisch geschwätzige Nüchternheit ihr Leben sei, und es ist ihr Leben, sie wissen es, sie tun als ob, ihr Geschwätz ist ein Japsen nach Lebensluft, töricht, gefesselt, hilflos.

Stimmchen

Die Kühle einer Kathedrale, das gedämpfte Hochsommerlicht und die Stille des Steins, die hart knarrenden, ächzenden Schuhe eines Soutanenmanns, er kommt näher, entschuldigen Sie, dear Monsieur, hören Sie diesen ruhigen Akkord? graue Bartstoppeln und Furchen in seinem Gesicht, diesen ungeheuer großen, diesen endlosen ruhigen Akkord weit hinten? und davor ein paar Piepsstimmchen, eher Gewimmer als Gesang, hören Sie? seine Hände zittern, er führt die Rechte hinter sein rechtes Ohr, reckt den Kopf, den sehnigen faltigen Altmännerhals, reckt ihn aus dem viel zu weiten, dem schmutzrandigen Steifkragenweiß, kastrierte Knäblein, müssen Sie

wissen, in früheren Zeiten in osmanischen Ländern zu-
sammengeraubt, auf den Märkten gekauft, eine Eisen-
hand, ein eiserner Griff, ein scharfer Schnitt, schauen Sie
nicht hin, dear Monsieur, schnell heißes Öl auf die
Wunde, verstopfen Sie Ihre Ohren, einige überleben es,
hören Sie die Stimmchen nicht? er lauscht, und es rüttelt
plötzlich ein Zittern an ihm, als gehe ein Wind durch ihn
hindurch.

Don Eugenio

Mit Fächern ließ sich viel sagen: Dann und dann wollen
wir einander sehen dort und dort, Ich werde pünktlich
sein, Nein in diesen Tagen geht's nicht, alles von Belang
konnte man mit dem Fächer sagen, stimmt's Eugenio?
draußen ein Fest für Tausende, Don Eugenios schwerbu-
sige Frau, das große strohblonde Dunkel in seinem Leben,
stahlgehärtete Augen, schmale Lippen aus Livland, wo
zum Getreidedrusch Verführung und Paarung gehören,
na, jetzt vielleicht auch nicht mehr, also wir waren damals
zwanzig Mann, er erinnert sich wieder an sein Land, se-
kundengenau: die Belagerung dauerte neunzehn Stunden, von morgens vier bis nachts um elf, in der ersten
Dämmerung, ich mag's nicht Morgengrauen nennen,
fetzt der erste Schuß durch die Stille, der erste Schuß ist
immer eine Gotteslästerung, eine Menschenverachtung,
ein obszöner Knall, schamlos hüpft er von Stein zu Stein,
über Felsen und Flanken, sind Sie jemals gefährlich angeschossen worden? bei einem Schuß in den Bauch ist es so,
als ob Sie von der Kugel, die Sie nicht als solche, sondern

als gewaltigen flachen Schlag empfinden, einfach weggefegt werden, zehn Zentimeter über dem Boden sausen Sie in zwei Sekunden zehntausend Meter weit, so ein Schock ist diese kleine Kugel, Sie sausen selbstverständlich überhaupt nicht, Sie klappen an Ort und Stelle zusammen, dieser erste knallige Schuß damals genau um vier hat mich daran erinnert, er fegte alles weit weg, der erste Schuß lähmt immer alles, sonst würden die Männer aufstehen und aus der Deckung hinausgehen hüben und drüben und die Waffen wegwerfen, sie würden aufstehen und weggehen, mit so einer gefräßigen dreckigen Hure will keiner was zu tun haben, der Knall hüpft davon, endlos, wir sind nur noch zwanzig Mann, haben das MG-Nest eingekreist, rundum Steine, vorbei jene goldene Zeit, Sie wissen: Whatever happens we have got the Maxim-Gun and they have not, leider ganz im Gegenteil, wir kriechen langsam, jeder Brocken schützt Ihren Kopf, vorausgesetzt Sie ducken Ihren Kopf, sie haben sehr sparsam geschossen, wir auch, Don Eugenios Frau kennt die Belagerungsgeschichte, sie stellt ihren Busen aufs marmorne Fenstersims, ihre Hand bewegt einen fein bemalten Fächer, das Fest draußen auf dem Platz, Köpfe, Gesichter, Lärm, Tanz, Don Eugenio hat vierzehn Mann verloren, aber das verfluchte MG-Nest schließlich genommen, drei noch fast halbwüchsige Burschen waren drin, ziemlich zerfetzt, Handgranaten, er hat ihnen, nun ja, die Köpfe absäbeln lassen, nein, er schämt sich jenes ersten Ordens nicht, läßt ihn aber lieber in der Schatulle, in die Musik draußen schreit ein Sänger, Trommeln knattern, *Morgen wenn sie mich töten Weine nicht Geh und ruf es laut Ich bin der Wind Mein Sturm fegt Eines Tages alle weg!*

Gwynn

Mai in Gibraltar, schellendes Grün und der Kobalthimmel hart und strotzend, ein etwa sechzigjähriger, sehr beleibter Mann aus Holland, Zement ist sein Geschäft, schäkert mit seiner sehr jungen Frau herum, sie trägt ein überaus durchsichtiges Fähnchen, der Holländer muß schwachgesichtig sein, er erzählt vom Bahnhof St. Pancraz in London, wo er auf einen Zug gewartet hatte, als der heranrollte, habe man schon von weitem einen jungen Mann sich geradezu kindisch weit zum Fenster hinauslehnen sehen, und plötzlich habe er wie närrisch gewunken und einen Namen gerufen und auf einmal sich hochgestemmt und sei hinausgesprungen, dabei prallte er, sagt der Holländer, keine zehn Schritt vor mir gegen einen eisernen Träger, man glaubt nicht, welche Wucht in einem ausrollenden Zug drin steckt, ich seh ihn noch, er wird herumgerissen und dann schlägt es ihn hin, einzelne Wartende weichen mit Geschrei zurück, andere eilen hin, durch Körper und Glieder des jungen Mannes läuft ein Zittern wie bei einem auszuckenden Fisch, und dann regt er sich nicht mehr, der Zug ist mit einem kleinen Ruck zum Stehen gekommen, die Türen klappen auf, Volk und Gedränge, da stürzt ein junges Mädchen heran und schreit schrill auf, jetzt weiß man, wem er gewunken hat, das weiß man jetzt, und wem er entgegengesprungen ist, Gwynn, sagt ernst und leise die sehr junge Frau des beleibten Mannes aus Holland, mein Name ist Gwynn, und er macht Fischaugen und nickt ihr grinsend zu, er nickt und nickt.

Der Neger von Marseille

Vor Jahren beobachtete sie am schmutzigen alten Hafen von Marseille einen Neger mit halboffenem Hemd, über die wunderbraune Brust des Negers lief ein goldenes Blitzgliederkettchen, und er war dauernd am Schreiben, er saß und schrieb, sie trat nach einer Zeit zu ihm hin, ich weiß, daß es mich nichts angeht, verzeihen Sie meine Neugier, ich frage mich seit einer Viertelstunde oder länger, was Sie wohl so eifrig aufschreiben, entschuldigen Sie, ich möchte nicht stören, der Dunkelbraune hat aufgeschaut, bitte, natürlich stören Sie, und da haben Sie es schon, genau das ist es ja, alles stört, die ganze Welt lauter Störungen, seit ich denken kann, das ist es, was ich aufschreibe, etwas anderes gibt es überhaupt nicht, Schwärme von Störungen, ich weiß nicht, ob Sie das verstehen, Sie denken weiß, sagt er, und eine Zeitlang haben wir, sagt sie, so hin und her geredet, Selena Brooks in Cadiz, eine schöne Stadt und sie eine ruhige schöne Frau, schließlich fragte ich ihn, sagt sie, ob ihn Anekdoten auch störten, zum Beispiel die Anekdote von Garibaldis vielen Dienstmädchen, die jedes Jahr ihren Kopf herhalten mußten, damit es nach seinem Tod genügend Locken vom Haupt des Helden gab, jedem Veteran und jeder Verehrerin ein ewiges Andenken, es sind sogar Schafe geschoren worden, wie finden Sie das? das Übliche, sagte er, dazu sind sie da, aber es ist eine schöne Störung, und begann zu reden: ich erzähle Ihnen auch etwas, der Mensch nimmt ein Ding zur Hand, preist es und gibt es nur her mit Gewalt, dann ist Mord und Krieg, oder er gibt es her für Geld, das sind Geschäfte, zum Beispiel der Kurator eines reichgesegneten Völkerkindermuseums fährt nach

Zentralafrika und kauft alles, was ihm in die Hände kommt, zurückgekehrt gibt er die Stücke auf eine Auktion und sieht zu, daß er über einen Mittelsmann alles für sein Museum ersteigert, Geld spielt keine Rolle und spielt in diesem Spiel doch die einzige Rolle, und hierauf, sagt Selena, ich stand völlig verständnislos, hat er sich wieder ans Schreiben gemacht, ganz so, als gebe es mich nicht und auch nicht das ganze Hin und Her um ihn herum.

BelugaTrasimenoGrimm

Er heiße Enrique Beluga, könnte aber auch Alessandro Trasimeno heißen oder William Grimm, sagte er, BelugaTrasimenoGrimm, ich nehme an, er hatte die Namen aus dem Radio geschnappt, oder vielleicht konnte er lesen, er sagte, zwei Mal in seinem Leben sei er in der großen Stadt gewesen, er meinte nicht Porto oder Lissabon, Coimbra war groß genug, zwei Mal und jedesmal einen Fehler gemacht, wahrhaftig die Fehler seines Lebens! zum ersten Mal, als jenes Mädchen, das ihn, als junge Hure getarnt, eingeweiht habe, ja, kaum achtzehn sei er gewesen, und es sei ihm erst Stunden später aufgegangen: das ist sie! ich habe sie gesucht nächtelang und nicht mehr gefunden, ich hätte sie jahrelang suchen müssen, warum hab ich nicht! und mit vierzig setzte ich mich auf irgendeiner plaça vor einer Bar neben das schönste Mädchen der Welt und ich habe es nicht angesprochen, es hatte mir den Atem verschlagen, er sagte: vierzig und keine Luft mehr, zu sehr verheiratet, zu sehr was weiß ich, sie war nicht die Schönste, aber sie war es, es war sie! verstehen Sie? und sie wußte es und ohne hinzusehen wußte ich, daß sie es wußte, aber das Gegengewicht, die andere Seite von mir, es würgte sich hervor, natürlich das Falsche, Sie haben ein Problem, sagte ich zu ihr, denn ich roch es, ich erschnupperte es und ich konnte meiner anderen Stimme zuhören, wie sie diesen Schwachsinn redete, sie sagte: Sie haben ein Problem und Ihr Problem ist mein Problem, weiß der totgeschlagene Hund wieso mir diese Bohnensuppe über die Lippen kollerte! sie sieht mich an und hunderttausend Jahre Ablaß sind in ihrem Blick, ich hätte sie umfangen müssen und nur atmen, ihr Blick und mein Blick, wir sagten kein Wort, zwanzig lange Jahre dazwischen und ihr Verstehen in ihren jungen Augen, ich mache mir immer vor, nach diesem Blick sei unser Leben für immer ineinander hineinversunken, es mußte nichts mehr angefangen, nichts ausgelebt werden, verstehen Sie? meine Entschuldigung, sagte er, vielleicht hat sie jetzt Mann und Kinder, ich habe Frau und Kinder, aber sie! ha! er war etwa siebzig und war mir aufgefallen, weil er sich jeden Abend von einem Kleinen aus der Gasse heraus an eine Ecke führen ließ, dort stellte er ein Klappstühlchen hin und setzte sich drauf und der Kleine setzte sich neben ihn in den Staub, zwei geflickte Figuren, die Augen des Alten waren trüb, er sah schlecht, aber er schaute sich um wie ein Junger beim Vorübergehen der Mädchen, er straffte sich, er sagte: besser eine Lüge auslassen oder einen Mord, niemals eine Liebe, und wenn Sie draufgehen, mein Herr, was wollen Sie, mein Freund, was gibt es Besseres?

Schwebend in Gleißlicht

Wo Sie waren, bin auch ich gewesen, natürlich sieht jeder jedes Ding anders, und dann die Zeit, was bleibt sich gleich? Miss Coriolynn Malvagarba spricht wie aus Büchern, ein gescheites Mädchen, angeschmiegt an blanken warmen Fels, sonngolden Haut und Haar, liegt sie am unbewegten flachen Meer, das Wasser ist hier durchsichtig bis zum hellgrünlichen Grund, dann dunkler und tiefer draußen und verschwimmt in helle Bläue und weißen Dunst, ich kann Ihnen sagen, was gleich bleibt, sagt sie, zum Beispiel der alte Mann irgendwo neben dir oder vor oder hinter dir in der Arena, wenn Sie zum Stierkampf hinüberfahren nach Huelva oder Sevilla, und wissen Sie, was er tut? er spuckt etwa alle zwei Minuten vor sich hin, er spuckt zwischen seine Knie hinab, leicht schräg nach rechts, und stellt sofort seinen rechten Fuß drauf, dieser Alte stirbt nie, er macht mich jedesmal rasend und manchmal kann ich nicht anders, ich schreie ihn an, du Schwein! hör endlich auf! Miss Coriolynn Malvagarba blinzelt, wissen Sie, was sich auch gleich bleibt? die Todesangst am Anfang in den Gesichtern der jungen Matadores, ein leichtes Olivgrün hinter der Sonnenbräune, das ist das Zeichen, ich muß den Burschen immer in die Gesichter sehen, wenn sie hereinkommen, jedes Gesicht eine Totenmaske, schweißüberzogen, und unter der Maske olivgrün die Todesangst, Miss Coriolynn Malvagarba wälzt sich auf den Rücken, legt Arme und Beine aus, in Cordoba, zur Zeit der Siesta in den menschenleeren Gassen, ist ihr vor einem Jahr ein kleiner bleicher Alter nachgestiegen, schwarzer Anzug, ein schäbiges schwarzes Ledermäppchen unter den Arm geklemmt, sie machte keine Faxen, was wollen Sie? Sie gehen hinter mir her, Sie verfolgen mich! er nimmt sein Französisch zusammen, ach Mademoiselle, bitte, nehmen Sie bitte diese Mappe, sie ist voll Sand, ich habe sie mit heißem Sand gefüllt, so ist meine Liebe für Sie, ich habe keine Hoffnung, Mademoiselle, und drückt ihr die Mappe in die Arme, was soll sie tun? und geht schnell weg, das Gewicht des Mäppchens, sie ist perplex, reißt sie beinah vornüber, der Alte ist schon verschwunden, sie stellt das Ding ab und schaut sich um, öffnet die Mappe, und da ist wahrhaftig nichts als Sand drin bis obenhin und ein Zettel, *Liebstes Fräulein, Sie machen mich verrückt, Ihre Erscheinung, wie Sie gehen, ich befehle Ihnen, heute abend um halb sechs legen Sie sich auf Ihr Bett und denken Sie an mich, meine Seele wird zu gleicher Zeit in Verbundenheit dasselbe tun,* Miss Malvagarba wälzt sich auf den Bauch, was glauben Sie? glauben Sie, daß der Mensch eine Seele hat? zum Beispiel ich und eine Seele? was ist das eigentlich? gesalzener Schleim? die Sonne gleißt und der Atlantik liegt ruhig an diesem Tag, schwebend in Gleißlicht.

Dom Alirio

Einer, der vom hohen Mondgebirge, von den riesigen Mondbergen erzählt, als lägen sie ihm zu Füßen, fängt in dem Küstennest südwestlich von Cercal in Portugal von Tisch zu Tischchen zu reden an, er bestreitet leichterdings das meiste, was landläufig ist, etwa: wenn die Erde eine Kugel sei, wolle er Kaiser Larifarfalla oder Fanfarrona heißen, die Erde, von und aus der wir kommen, sei eine Zwetschge, bestenfalls, als welches man grad drum in gewissen Barbarensprachen oder primitiven Halbidiomen auch das Allerweiblichste bezeichne, und dies sei in einem Verfassung und Zustand der ewig rammelnden, kreissenden Welt, aus gelblicher Meerschaumpfeife mit Bernsteinmundstück suckelt er sich sein Räuchlein, Alirio Lerer, Dom Alirio, er trägt, sagt er, seinen stets papstweißen Fez aus Prinzip und aus Protest, die Menschen müssen sich wundern können! seine Mutter sei eine Mischfrau gewesen, halb Eskimoweib, halb Indianersquaw, Athabasca, Tlingit, überaus lebenstüchtige Stämme, in denen es großartiger Brauch war, alle zwei, drei, vier Jahre zum Beweis des großen angehäuften Reichtums ebendiesen wie verdrießlichen Ballast abzuwerfen anläßlich wochenlanger Feste, die sie Potlatch nannten, so feierlich wie lässig verschenkten sie alles bis aufs letzte Messer, kurz nach dem Tod ihres Mannes, der in zwanzig mittelamerikanischen Kaffee-, Kakao- und Kardamomjahren reich und in seinem portugiesischen Dorf dann wieder heimisch geworden war, erklärte Dom Alirios Mutter ihrem Sohn, nun wolle sie zu ihren Leuten zurück, dorthin, woher sie gekommen war, und sie geht an den Strand und schwimmt westwärts und wird nie mehr gesehen, er hat ihr nachgeschaut, bis der Sonnenglast ihm die Sicht verwischte, es besteht kein Zweifel, daß sie wohlbehalten drüben angekommen ist, sämtliche Bedingungen waren erfüllt, doch hätte sie es auch unter widrigsten Umständen geschafft, sie war bereit, sie wollte es, *und die Mischweiber des hohen amerikanischen Nordens sind zäher als die besten Männer des Eisernen Zeitalters, auch dieses lehrt, so man sie kennt und sie nicht zu lesen*

scheut, die richtige Menschengeschichte, Dom Alirio
spricht leise, aber mit der Überzeugung eines fünfund-
fünfzigjährigen, gut gepolsterten Mannes, der sich seiner
Lebtag nie irrte und sich niemals irren wird, nicht in der
Stunde und nicht in der Farbe und auch nicht beim Heben
seines Vermögens und beim Pflegen seiner Gelüste.

Ein Phäakanakin

Sag und frage nichts! sie sieht ausgemergelt aus, eines
Tages ist sie des Zerrens und Ziehens müde gewesen, da
blieb sie, wo sie war und wollte nichts mehr, sie fragte,
sagt sie, um ein Bett unter einem Dach und um ein wenig
Boden und Wasser, Bescheidenheit ist keine Zier, sie habe
alles, was sie noch hatte, dafür hergegeben, das Schiff und
alles was gleißte und schön funkelte, und das werde mir
auch einmal blühen, red immerzu Sibylle, ich mag nicht
mehr wandern, sagte die von der Schnappfalle erwischte
Ratte, und da bin ich geblieben und die Erde war schwarz
und schwer nach dem Regen und dampfte Geruch und
war hell und leicht, wenn ein Wind ging, soso, naja Alte,
muß weiter, da sagt sie: ich bin eine klassisch Ausgeris-
sene, ich schrieb auf einen Zettel *Entschuldigt ich muß
weg habe Bauchkrebs*, das hieß Magenverschluß damals
oder Leberzirrhose, so bin ich ab, noch vor dreißig,
mit einer Freundin eine Zeitlang, meine Familie, du große Gitterpflanze! ein Fischbeinverein, eine verdammte
Bande! von mir hat man sagen können, sagt sie, wenn sie
sich heimlich im Spiegel besah, nackt von Kopf bis Fuß,
zitterte sie vor Stolz, und Schweiß brach ihr aus, so ein

großes starkes Weib! und sah in den Kleidern, die sie ihr gaben, aus wie ein Schulmädchen, so wollten sie mich haben, sie vor allen, vielleicht bin ich wirklich ihren Eingeweiden entschlüpft, es hieß, sie sei meine Mutter, sie sagte zu mir: gehört also Stundenmädcherei zu deinem Studium? das Dienstmädchen wurde sofort entlassen, was Vater hieß oder Onkel war, stand stumm, jetzt kann sie lachen, lacht sich einen Husten, Krebs ist natürlich nicht wahr gewesen, oder jeder hat Krebs, diesen schlechten Scherz, die krumme Ausrede, nadanix! hohi! japst sie, mein ganzes Leben! und schluchzt plötzlich, heult Töne, krampft Gelächter hinein und heraus, lacht steil auf, und nichts mehr jetzt, sie schweigt, sitzt wie betäubt, es ist eine der wenigen wirklich alten ewigen Geschichten immer wieder, hör zu und bleibe still wie jedesmal, sie braucht nur dein Ohr und daß du eine Weile bleibst und ruhig weiteratmest, sie versinkt in sich auf sechzehn Grad nördlicher Breite knapp bei dreiundzwanzig Grad westlicher Länge, eine Phäakanakin, hatte man mir gesagt, ich lasse ihr zwei Flaschen, sie hat sich eingerollt in ihren Kummer, vor dem Morgen mache ich leis und ohne Blick zurück auf mein Schiff.

Trictrac

In Finnland hat er angefangen, sagt er, Sohn eines ehrenwerten Mannes, der bei internationalen Organisationen mit Umsicht, Ehrgeiz, Ausdauer das schändliche Chaos der Welt zu überholen und von vorn zu packen, zurechtzudrehen versucht mit Vorschlägen für mehr Gerechtigkeit, weniger Elend, höhere Lebenserwartung, er entwirft, revidiert, bringt à jour und einmal mehr zu Papier und dem und jenem Macht und Verantwortung habenden Gremium in jedesmal von neuem bewunderter freier Rede eindringlich zu Gehör und sonst gar nichts, wofür er allerhand Geld nimmt und sonst gar nichts, die Macht und Verantwortung Habenden sehen seit langem ein, daß sie sich solch unermüdlich reibendes schlechtes Gewissen leisten und etwas kosten lassen müssen und sonst gar nichts, es ist zum Geifern, sagt er, von Finnland aus unbeaufsichtigt durch Rußland, Beziehungen und Protektion glätten die Wege, tägliche Maximalstrecke fünfhundert Kilometer, kaum je auf Hauptstraßen, was heißt Hauptstraßen! unten in einer Schleife über Rumänien, Bulgarien, Jugoslawien, Albanien nach Griechenland, diese Armut in Rußland abseits der Landstraße draußen auf den Dörfern, paar Hütten und sonst gar nichts, unvorstellbar! unbeschreiblich! stöhnt er, Armut nach unserer Maßgabe natürlich, wenn man das mit eigenen Augen gesehen hat! er weiß nicht weiter, die Folgerung stellt sich nicht ein, sein Vater, als er ihm davon erzählte, hantierte gerade mit einem neuen Fernrohr, ich weiß, mein Sohn, mir bleibt zur Erholung auch nur der Blick in die Gestirne, man wird Sternseher, der Sohn wartet nun in Tanger auf den monatlichen Scheck, die Folgerung hat sich noch immer nicht eingestellt, den Satz, die schimmernden Organisationen der Habenden, als da sind Ehrenwerte Gesellschaften, die gewissen Clubs, die Banken, Parteien, Kirchen, Armeen, die Regierungen, eigentlich die Staaten selbst, Leviathan! sie brächten und hielten das Übel in Gang und Schwang, diesen Satz hat er als zu einfach, weil allzu einleuchtend verworfen, die geheime

Absprache der Macht, die Verschwörung der Habenden, welchem verhungernden Kind, welchem verkauften Mädchen, welchem verheizten Soldaten, welchem Krepierenden wäre geholfen, deckte man diese Verschwörung auf, stellte man den giftigen Unrat unter all dem ehrenwerten Gehabe und Gebaren bloß? der Sohn weiß es nicht, er wartet ruhelos und sucht Partner zum Trictracspielen, die findet er am ausgefransten Rand der Kasba und anderswo zu jeder Stunde bei Tag und bei Nacht.

In Casablanca

Casablanca mag ein magisches Wort sein, ich kenne Casablanca als Stadt, in der sich leicht markten, leicht leben läßt, Touristen sind zum Erleichtern da, sagt Ezra Eliot, man schlägt sich durch, nur ein wenig Geduld von Geschäft zu Geschäft, eine Französin erzählte ihm, einer ihrer Verwandten, weitgereist und jahrelang im Ausland, habe die Kriegszeit in Rumänien verbracht, im Winter drei- oder vierundvierzig seien die Wölfe bis nach Bukarest hereingekommen, die Deutschen hätten die Juden mit Stricken gebunden, ihre Häuser und Geschäfte geplündert, auf den größeren Plätzen den Plunder zuhauf und die Juden dazu und Sprit und Petrol über die ganzen riesigen Stöße und ein Feuer hinein, der Verwandte der Französin habe die Menschen in dem Geloder schreien hören furchtbar und nichts tun können, gar nichts, hatte sie erzählt, eine schöne Frau, wendig, sie duftete, in meiner Nase, sagte Eliot, war ein heller heiterer Duft, ich hätte die Frau gern umarmt, wir kommen zum Geschäft, nein, es ging nicht um Kamel-

wolle in größeren Quantitäten oder dergleichen in regel-
mäßigen Lieferungen, sie hatte mich am Abend zuvor mit
einem für einflußreich geltenden Mann schwatzen, rau-
chen, trinken sehen, sie glaubte, meinen Preis zu kennen,
meinen Preis! großer Gott, meine Dame, gute Nacht,
sweet Madame, gute Nacht.

Tapfer wie keiner

Er ist ein dürrer alter Mann, weißhaarig, weiß seine Bart-
fetzen, ein hochgeehrter Mann in dem Dorf bei Mascara,
junge Männer tragen ihn auf einem geflochtenen Stuhl
aus dem Haus in den Schatten zu anderen Männern, die
schwatzen, jetzt schweigen und nicken, ehrfürchtig heben
sie ihre Gesichter, sorgsam helfen die jungen Männer
dem Alten vom Stuhl auf die Matten und Teppiche, er
ruckt nieder in seinem weißen Tuch auf die sattfarbigen
Muster, ein Krüppel, Fingerstummel, zerscheffelte
Nase, Narbenknorpel statt Ohren, die Lippen geschlitzt
und die rechte Augenhöhle verklebt, die Füße und die
Knie zerhackt, er hat keine Wörter mehr, aber es sieht
nur so aus, als ob er mit seinen Gedanken nicht Schritt
halten könne, einst sprach er wie alle, und Französisch
auch, seine kleine Stimme krächzt leise, nur kurz, sie
heben einen Napf an seinen verzerrten Mund, man hatte
ihn an eine gekalkte Wand gestellt, die war blutver-
striemt, schwarzstrielig, er ein Rebell damals, er wußte
viele Namen und anderes, drei Nächte und zwei Tage lang
haben sie ihn ohne Pause behandelt und später wieder,
während Monaten, schau ihn an, sie haben nichts von

ihm bekommen, vorher war er ein Geringer, niemand wußte wie tapfer, tapfer wie keiner, sein Vater war ein alter Narr, nichtsnutziger alter Narr, hat nichts gehabt als einen langen Schwanz, so lang und dick wie bei den Eselhengsten, auf dem Kamelmarkt hockte er auf einem Schemel und hat sich entblößt, für Geld, es kamen Touristen, ihre aufkreischenden Weiber, das war sein Vater, schamlos, und er der Würdigste, sie haben ihm die Zunge herausgerissen und ihn vor die Stadt geworfen

In Isebars Gärten

Noch nicht recht angekommen in Kairo bei meinem Freund Isebar mit seinem unentwegt lächelnden Gesicht, hier ist er zu Hause, in wasserdurchsprudelten Gärten inmitten knochendürrer Armut, erschöpft werde ich der seltsamen Kraftlosigkeit meiner Glieder gewahr, beim Einsaugen strotzender Fruchtgetränke lerne ich eine Frau aus Estland kennen, Isebar ist Herbergsfreund vieler, in seine Tür sind dankbare Bettlerzinken gekerbt, die Frau aus Estland war Krankenschwester, hatte zuvor eine Zeitlang studiert, doch was schrieb Docteur Destouches? *Ich habe nicht immer die Medizin ausgeübt, diese Scheiße!* große Vögel sind mir aufgefallen, sie flügelten hoch über den Häusern herbei und begannen zu kreisen, im Aufwind ein sich hochschraubender Wirbel, über Gedröhn, Gestank und Dunst scheren sie aus, driften ab, sind bald außer Sicht, seltsam diese Möwen über Kairo, sagt die Frau aus Estland, sie kommt jetzt aus dem Sudan, vor einigen Jahren, sagt sie, ich war noch nicht alt, habe ich plötzlich eine gewisse Verweichlichung meiner Hände festgestellt, jedes Dörnchen ritzte meine Hand, jeder Stein schindete sie, dem mußte abgeholfen werden, mit nichts auf und fort, sagt sie, verweichlichte Händchen wie fast hundert Prozent unserer Zivilisationsgenossen, das paßt zur ewigen Lebensangst, getragen von Angst habe sie jedes Steinchen gefürchtet, jeden Dorn, und sich Panzerung geschaffen ringsum, Sicherheit, Stabilität, und hoffentlich ist Gott mit uns, sonst platzt vielleicht der ganze Zauberkleister! gut so, sagt sie, es geschieht allen recht, mir auch, ich habe nichts mehr gegen niemand, die Menschen ekeln mich nicht mehr, niemand und nichts soll mich stören, jeder soll seinen Nabel hätscheln, ich habe mir gesagt, jetzt mache ich mich, ich bin mein eigener Vulkan, jedermanns einziger schrecklicher Luxus ist ja nicht der Tod, sondern das Leben, sagt sie, das unerbittliche Älterwerden, oh, wenn man das auf einmal begriffen hat! und lacht trocken, unter ihrem losen leichten weißen Gewand ein braunhäutiger Leib voller Narben, und zwischen ihren Schenkeln die Feuchtigkeit des Lehms.

Künstliche Kinder

Du weißt gar nichts, rein gar nichts, es ist nicht damit getan, dem einen Palm- oder Kaktusstacheln in die Augen zu stecken und dem andern die Fußsohlen zu schlitzen und ein Gewöll von Hundshaaren hineinzustopfen oder ein Roßhaar und dann mit Salzbinden zuzukleben, oder CocaCola-Flaschen mit abgebrochenem Hals hineinrammen, den Frauen und den Männern, und nicht auf das Gebrüll achten oder mitjaulen zum Spaß, wenn es spritzt und quillt, du weißt gar nichts, rein gar nichts! wie man Brustwarzen abschneidet oder sonst etwas ein wenig und noch ein wenig, das ist eine Kunst, oder mit dem Rasiermesser die Lippen entfernen oder die Beine längslang auf und Sand hinein, oder Hoden schlitzen, oder Finger spitzen, daß die Nägel fortschnellen wie Bleistiftspäne, das ist noch gar nichts, ich sage dir, du weißt nichts! ein schnell hineingestoßener steifer Draht, fein gespitzt und die Spitze genau gesetzt und jetzt in den Nabel und mit einem Ruck ganz durch und hinten die Spitze leicht biegen und jetzt den Draht wieder nach vorn durchreißen, da kannst du hören, was Menschenmonstergeheul ist, du weißt nichts, sage ich, du kennst Kühlschrank und Telefon und Lippenstift und Eismaschinen und Whisky und Automobile und nichts, geh in die wirklich heißen Zonen, du weißt nicht was der Mensch ist, du lernst es nie, du gehst in Schuhen und schläfst in Betten und ißt aus einem Teller, du weißt nicht, wie wirksam Messer und Gabel sind, sogar Löffel, sage ich dir, Löffelstiele oder Löffel mit scharfgeschliffenem Rand, solchen Menschen, wie du einer bist, wird schlecht, du und deinesgleichen, ha! und eure Hotels und Bürohäuser, eure lächerlichen Städte, eure Weiber, eure künstlichen Kinder!

Haussmann-Hamelin-Quarantequatre

Er spricht feines Französisch, sagt: ich habe echten alten maurischen Schmuck in Silber anzubieten und etliche Stücke in Gold, etruskische und römische Ware, hervorragend gefälscht, kein Experte, der sich nicht wundern würde, käme er überhaupt so weit, er ist ein wohlausstaffierter Mann, nennt sich Haussmann-Hamelin-Quarantequatre, sagt: da habe ich eine Visitenkarte, nur Straße und Nummer, hab ich mir stecken lassen in Oran für eine Anzahlung von fünfzig Perzent einer gewissen Summe, Vertrauen gegen Vorsicht gegen Bargeld, ich klopfe drei Mal, viermal, man macht auf, es kommt eine Deutsche hinter dem Kärtchen hervor, hat mich zuvor beobachtet, das ist normal in dem Geschäft, ich vermute sogleich, daß sie eine Deutsche ist, keinen Namen, Madame X, aber ihr Akzent, sie prüft das Mitgebrachte, ihre leicht knotigen Hände, Stechaugen, starkfadiges graues Haar, ihr verstorbner Mann sei eine Koryphäe gewesen, ich weiß, keinen Namen bitte, sie hat bei ihm gelernt, Stück um Stück, sie nimmt sich Zeit, uns ist mehrmals die Existenz weggeschwemmt worden, Sauriel geht immer um und um, wir wurden zwar rechtzeitig gewarnt, doch kein größeres Entsetzen als Telefongeklingel grad vor Morgengrauen, ich will Sie nicht beschwatzen, Ihr Angebot, selbst das Gold, trefflich! ihre Kunden, vermute ich, sind die üblichen unbescholtenen Bürger, Südafrika, Schweiz, USA, sie läßt Tee bereiten, serviert ihn selbst, ich bekomme nur sie zur Gesicht, wird wohl um die siebzig sein, vielleicht älter, Sie können die restlichen fünfzig Perzent überweisen, ich nehme alles, am meisten schmerzen die kleinen Lücken, drum desto blinder selbst der kundige Sammler, ein seltsamer Effekt, man muß diesen Leuten zu helfen wissen, sagt sie, hält ihr Gesicht hinter Untertasse, Täßchen und Knotenhänden versteckt, das nenne ich, sagt Haussmann-Hamelin, ein viel offeneres Geschäft als alles, was uns die sogenannte freie Marktwirtschaft selbst hier, nicht wahr, unter die Nase reibt und in die Augen streuen will, er verzieht sein glattrasiertes Gesicht, schlürft aus kobaltblauem Gläschen, schmatzt diskret.

Der Spiegel der Kassandra

Zu Dodona von weitem ein immer wieder aufzuckender Sonnenblitz zwischen den Sträuchern und Steinen des Hangs hervor, und nachdem ich hinaufgeschnauft bin, lohende Glastwände, Hitzemauern durchstoßend, umwallt von scharfem Rosmarinruch, sitzt da ein kleiner mürrischer Mann, seine erdstaubigen, krummzehigen Füße wie von Katzenleder, und schleift und reibt und poliert die merkwürdig blanke Klinge seines großen Messers, von der die Blitze springen, Spiegel der Kassandra, sagt er und grinst schlau, ein Zwittergötterstreich, man schaut hinein und sieht ein Gesicht, man sieht alles, was kommt und ist, reiben und polieren, damit die Klinge alles spiegelt und der Spiegel alles schneidet, der kleine Mann zwinkert ernst, früher habe er sich mit dem Gedanken getröstet, alle Maulhelden und Strohköpfe werde er überleben, die Schlaumeier, die Schieber, die Halsabschneider jedweder Richtung, deren Lebensunart ihnen nicht nur in den blind beifälligen Augen vieler, sondern überhaupt Recht gebe, ihm aber, dem wirklich Blinden, das Leben salzig mache, er werde einfach langsam, viel langsamer älter werden als dieses lumpige Gesocks, noch da sein werde er, wenn sie allesamt verfault seien, das habe er gedacht und sich damit getröstet, aber es sei ein

Denkfehler gewesen, falscher Trost, er sei jetzt auch alt und werde immer älter, immer älter, und Halsabschneiderei, Gerissenheit, blöde Brutalität gehörten durch und durch zum Wesen der Menschenwelt, das ist mir aufgegangen, sagt er und schweigt und verharrt, vor uns alte Steine, das Tal, das Orakel mit dem Loch, Schoß der Erde, sagt man, zweitausend Jahr lang habe der Eichbaum des Zeus daneben gestanden, vom Wind jetzt bewegt hell blühendes Gesträuch, hinter uns zwischen Steinen das leise gläserne Geklirre der Holzkohle, die fein zerspringt über der schwarz zugedeckten Glut im Topf, die langsam sinkende Sonne steht zitternd auf der blanken Klinge in der Hand des alten Mannes, scharf gleißende Speerspitze unzählbarer Tage.

Ein Verführter

Nach vierzehn Jahren noch gelingt es Mr. Lawrence, wütend den Verführten zu spielen, hat doch diese Pfeife mich die ganze Reise planen lassen, London, Athen, quer durch Griechenland und zurück, unterwegs soll ich ihm Orangenschnitze zwischen die Lippen schieben, noch vor Brindisi die Pfeife ausblasen, ich bin siebzehn, er neunundzwanzig, er hat Geld, der Wagen ist sein Wagen, jede Nacht ein einziger Abwehrkampf, was hat man nur gedacht bei mir zu Hause damals! wie haben die mich mit dem Knaben ziehen lassen können! er ist ihm irgendwo davongeschwommen, eine Insel, Felsenklippen, eine Höhle, tauchen, sich verstecken, mit dem geklauten Geld entschlüpfen, die hätten mich tagelang gesucht, hätt ich nicht einem Kellner Geld gegeben, damit er etwas später telefoniert, hierauf Abbruch der Suche nach meiner Leiche, wir haben einander vor zwei Jahren wiedergesehen, halb Zufall, halb nicht, er ist glatzköpfig geworden und scheu, wenn du ihn so siehst, und zudringlich in seinen Augen, wenn er dich schnell mal anschaut, daß wir Freunde geblieben sind, nun, wäre ich ein Weib, könnte ich das sagen, Mr. Lawrence versucht ein Lachen, seit jener Reise kommt er bei Frauen leicht ins Beben, aber er muß immer wieder zu Frauen und immer wieder nach Griechenland, seine Schwester, älter als er, begleitet ihn, sie schält sich, schnupft und trinkt, eine pralle Blutorange mit unbestimmtem Beruf, durchschnittlichem Salär und offenbar unsicherer Stellung, wohingegen sein Job einigermaßen stabil ist, Speditionsfachleute sind zwar auch nicht rar, werden aber gebraucht, Schwierigkeit hat er, sich damit abzufinden, daß er ein Bastard ist, das Wort liegt ihm unbequem im Mund, springt immer wieder heraus, mein Vater starb plötzlich, leider keine Zeit, mich zu legitimieren, oder meiner Mutter die Wahl seines Namens, oder mir seinen Namen, mir! no hiding place, seufzt er.

Gesicht aus Asche

Auf der kleinen Insel ein Mann aus Deutschland, gedrungen, sein Gesicht aus Asche, drin Feuerflecken, er erklärt mir, was ein Stahl- und Walzwerk ist, es ist die anerkannte Dreck- und Hitzehölle, furchtbar, Stahl ist weitaus schlimmer als Kohle, fürchterlich, Dreischichtbetrieb, zwei bis zehn, zehn bis sechs, sechs bis zwei, Schichtwechsel jede Woche, ihn hat fertiggemacht die Arbeit bei Nacht und dann der Morgen, nach der Nacht der Morgen, er kommt kaputt nach Haus, halb sieben, alles grau, er sieht nichts, hört nichts, drückt was hinunter, haut sich hin, jetzt geht der Hausfrauenalltag los, sie wälzt sich neben ihm empor, sie schleicht sich in die Küche, da rumort sie, klappert sie, er hört sie mit sich reden, sie klagt, bejammert ihr Los, er macht Unordnung in der Küche jeden Morgen, er haut sich hin, wenn sie auf muß, er sollt' sich besser waschen im Werk, er beschmutzt die Laken, er stinkt, sie macht Abwaschgeschepper, damit weckt sie die Kinder, dreie sind's und sollen stille sein, laut sagt sie's, Vater schläft, andere gehn vom Werk direkt in den Schrebergarten, tun was für die Familie, kommen von Mai bis Oktober um zehne elfe mit vollem Gemüsenetz nach Haus, billig, gesund, dann ist der Haushalt in aller Ruhe gemacht, hat man Aufräumen Auslüften Staubsaugen Staubwischen ungestört hinter sich, jetzt sputet euch, höchste Zeit, Tür auf, Kinder raus, Türe zu und wieder Geseufze, Klagegemurmel, Stuhl- und Tischrücken, da steh ich auf, ich geh in den Garten, sagt er, das ist eine neue Variante, er läßt Gedöns und Kinder, loslassen, alles loslassen! er geht, ist alt und härmt sich, ein stiller Mann, Jahre ist's her, er möchte nichts wissen, nur manchmal, was aus den Kindern geworden ist, ich red ja sonst selten, sagt er, ich rede mit keinem.

Der Kraken

Oh! oh! ruft das Garküchenmädchen und hüpft wie auf heißen Steinen, fort! es ist fort! nämlich das Tier, der kleine Kraken, den sie schlug und schlug, mit einem handlichen Lattenstück weichgeschlagen hat auf steinharter Unterlage, und in den Topf damit, hinein ins siedende Wasser und das Holz quer über das Gebrodel gelegt, kein besser bannender Zauber, dennoch ist der Kraken weg, hat sich herausgehangelt mit seinen kriechenden Armen, ist weg, überall ist er jetzt! ruft sie, überall jetzt dieses Tier! auch in meinen Träumen, ein Fluch! ein Unglück! entsetzt hält sie inne, niemand kann ihr helfen, solch starken Zauber gibt es nicht, kennt man nicht mehr.

Menschen zum Vergessen

Auf der Heimreise von Larisa demolieren die Anhänger der geschlagenen Fußballmannschaft einen Bahnwagen und machen Feuer, ein zehnjähriges Mädchen kommt um in dem Qualm, was einen besoffenen Sprüchereißer zu dem seltsam verdrehten Ausspruch verleitet, mit zehn Jahren habe man weder was im Stadion zu suchen noch was im Stadion verloren, schon gar nicht als Mädchen, der Mann ist etwa dreißig Jahre alt, ein Verwachsener, geduldet, niemand mag ihn recht, man schämt sich seines schiefen Mauls, man fürchtet seinen Blick, ich habe nicht herausfinden können, wovon er lebte, eine Frau sagt, er sei böse, aber man müsse mit ihm leben, einen Tag nach seinem Spruch zum Tod des kleinen Mädchens treibt er im Hafen, kopfunten, kieloben mit seinem Buckel im schwimmenden Unrat zwischen den Booten, es findet ihn einer frühmorgens, zu Tode gekommen kurz nach Mitternacht, stellt ein Arzt fest, Tod durch Ertrinken, die Beamten nicken, im Suff danebengetreten, es gibt nur diese eine Version, nur wenige gehen zur Beerdigung, er war einer von denen, die in einem talwärts rasenden Bus, dessen Bremsen versagen, nur diesen Gedanken haben: jetzt ist Schluß und in dieser gottverdammten Kiste ist es nur um einen wirklich schade: um mich! so einer, verstehen Sie, sein Vater ein Seemann, man weiß wenig, auch von seiner Mutter nicht viel, Menschen zum Vergessen, sagt die Frau zum zufällig anwesenden Fremden.

Die schrecklichen Dinge

Mir hat mal einer weismachen wollen, nicht die sogenannten schrecklichen Dinge seien die wirklich schrecklichen, schreckliche Dinge durch und durch seien die scheinbar gewöhnlichen Dinge, das hat der mir weismachen wollen! Walter Rothspan schnaubt und verklemmt sich ein aufspringendes Gelächter, es bläht seine Nase, also beispielsweise sei ein Badezimmer ein Ort voller Schrecken, diese abweisende tödliche Härte der Armaturen und der gekachelten Wände und so weiter, wissen Sie, was ich dem Mann gesagt habe? ich habe ihm gesagt: du bist doch eine ziemlich scharf belichtete Platte, nicht wahr? ob ein Badezimmer schrecklich ist, hängt nicht davon ab, wie es in dem Badezimmer, sondern wie es in deiner hoffentlich hellen Birne aussieht! Kerle mit Badezimmerschreck in den Knochen ängstigen sich vor dem, was hinter den Kacheln sein könnte, sie haben Angst vor den Wasserhähnen, es ist ihnen schrecklich, nicht zu wissen, aus welch tiefem Dunkel das klare Wasser ans Badezimmerlicht schießt, wo's dann wieder durch ein dunkles Loch in die Tiefe hinab verschwindet, man kann ihnen den Schreck nicht nehmen, es geht nicht, sagt Rothspan, ein Veteran, sie sind noch nie in Minenwerferfeuer hineingeraten, nie sind sie in einem brennenden Haus erwacht, ihnen ist nie bei Tempo hundertzwanzig ein Vorderreifen in der Kurve geplatzt, und dazu Schnellfeuer von beiden Seiten, noch nie haben diese Kerle geschrien, daß ihre Lippen platzten, meine Güte! stöhnt Rothspan, sechsunddreißig, Kriegsheld, eine Hand zerfetzt, beide Beine amputiert, meine Güte! ich schwöre dir, es bleibt dir keine Tausendstelsekunde, dran zu denken, wie groß dein Schreck sei, wie wirklich er ist und wo er ist, in deiner Birne oder weiß der Teufel wo, er ist überall, ein gewaltiges Entsetzen, und du bist das Ziel und du explodierst, du mußt, alles explodiert! nein, sagt er, sie finden nie aus ihrem schrecklichen Badezimmer hinaus, in ihrem klugen Kopf sind alle Abflußlöcher verstopft mit Finsternis, ist das nicht schrecklich, Mann! ganz fürchterlich schrecklich! oh einzig wirklicher echter Schreck laß nach! laß ab! sie ersaufen drin! greint Walter Rothspan, er schnauft, Schweiß rollt über sein Gesicht.

Klein oder Zuntz in Timbuktu

Man kann, tun Sie's nur! sich in Timbuktu nach einem Mann namens Klein oder Zuntz erkundigen, man braucht nicht lange auf Auskunft zu warten, er ist bekannt wie nur einer, sieht aus wie sonst keiner, strähnige Weißhaarperücke und Nickelzwicker, er handelt mit allem, was den Niger heraufkommt und hinuntergeht, wenn es denn sein muß, können Sie bei Zuntz Condommes mit aufgedruckter Micky-Mouse oder weißer Taube, einen Nachdruck der Gutenbergbibel, echten Cheddar Cheese, allerlei Scharfes und jede Droge, die Bücher I Ging, Henoch und Mormon, Handfeuerwaffen und was weiß die große grüne Göttin der Finsternis nicht alles haben, Lahara heißt sie, sogar Eisklötze gibt's oder kann Klein beschaffen, das meiste ohne jede Vorbestellung, er hat in seinem Laden und in den weitläufigen Lagern alles Wünschenswerte, allen Ramsch der Welt und alle Güter Afrikas, einiges geht übern Ladentisch, der Rest unten- oder hintendurch, er nimmt harte Währungen, Gold und gute Steine, manchmal auch Zinn, Kupfer, legierte Buntmetalle, er spricht etliche Sprachen und Dialekte, kann sich ohne weiteres mit jedermann verständigen, woher jener auch immer komme, fragen Sie ihn aber nie nach Touristenart, wie und wann es ihn ausgerechnet nach Timbuktu verschlagen habe, er wird Ihnen, falls überhaupt, nur antworten, eigentlich wisse er nicht recht, ob er bleiben wolle, eigentlich sei er nur auf Durchreise, es gebe Städte, die dem reisenden Weißen nicht gut bekämen, über Nacht angeschwemmte Leichen, den Kopf abgeschnitten, man stößt sie mit Stangen zurück, in die Strömung hinaus, ein Teller Hirse ist voll Feuer, das durch die Därme harkt, eine harmlose kleine Schale Kaffee, und man schlürft rasenden Wahnsinn oder Verblödung, der Kopf plötzlich ein Windei, man vergißt seinen Namen, man vergißt sogar, sich seines Namens erinnern zu wollen, man kann froh sein, wenn ein Alter, ein Bettler einen am Strick auf die Dörfer hinaus führt zum Begaffen oder Possenmachen, noch immer eine Attraktion, so ein nackter, dreckiger, hellhäutiger Halbaffe mit verfilztem Bart und den ungeschnittenen Klauen eines vielheischenden Fetisch, krumm und lang wie Hornspäne, das wird Zuntz Ihnen sagen, und Timbuktu sei nun eben so eine seltsame Stadt, und wenn Sie ihm nicht glauben wollen: er weiß, wovon er spricht.

Altchinesische Milde

Der amerikanische Korrespondent sitzt und schwitzt, es ist in Libreville, er schwitzt und trinkt Bier, Abe Levi, freut mich! und plauscht über Chicago und New York, gehst du in eine New Yorker Bar, vergiß nicht das Messer, Feuerspritze wär noch besser, steck das Messer am besten gleich ins Holz, und neben das Messer stell dein Glas, das ist's, was du brauchst in New York und in Chicago auch, Waffe und Booze und beides griffbereit, es gibt dort solch schlaue Geldmacher, die dir Zeitungen verkaufen, die einen gewissen Schutz vor verirrten Kugeln gewähren sollen, man trage sie einfach mehrfach gefaltet in der Innentasche der Jacke, vor Herz und Lunge, und für Leute, die zurückschießen wollen, gibt es mittlerweile den nach vorn detonierenden Krawattenknopf, er hat die Wirkung einer kleinen Defensiv-Stahlmantelhandgranate, ja, und jetzt Schluß mit Quatsch, sagt er, ich will Ihnen von einer Begegnung oben in Tamanar, Marokko, erzählen, es kommt mir ein seltsames Gerücht zu Ohren, ein gut dotierter Knabe von eher mehr als sechzig Lenzen nimmt sich ein fünfzehnjähriges Bräutchen, eine Woche drauf gibt es einen sozusagen unterirdischen Krach, Sie wissen: Agadir ist nicht weit, eine erdbebenartige Erschütterung also, und hierauf wird das Bräutchen gemäß Übereinkunft jener, die in Tamanar das Sagen haben, auch der Brautvater und der Brautkäufer gehören dazu, eines Nachts hinausgeführt und hingerichtet, jawohl, hingerichtet, halb geschächtet, halb geköpft, in Sure hundertelf heißt es: *Was zu tun ist, tue schnell!* ihre Art des Beischlafs sei die unersättliche gewesen, die unartig erfinderische, der frischgebackene alte Knabe von Ehemann habe nicht mehr gewußt, wo ihm der Kopf stehe, sie ist also eine Teufelin, ich frage mich durch, sagt der Amerikaner, Dollars sind besser als Francs, zwei hier, drei dort, und stehe endlich vor dem reichen Burschen, ein mildes Männchen, sozusagen altchinesisch mild, sozusagen so weich vor Milde, daß ich denke, sicher ist er ausbündig hinterhältig, ich habe ihn geradeheraus gefragt, sagt Abe Levi, aber er zupft nur an seinem Fadenbart und vergeht vor Milde, und erst jetzt begreife ich, verstehen Sie? ich meine, verstehen Sie wirklich? erkundigt sich Mr. Levi, kommen Sie drauf? nein.

Die Wolken von gestern

Miss Jule entrückt den, mit dem sie spricht, in einer Hitzeblase vom Kongo zu den Elchen im Norden, den Prachtsungetümen, die alles Lügen strafen, was vom Hörensagen kommt, Miss Jule ist Jägerin und sie weiß die Formeln für Drall und Geschwindigkeit ihrer Geschosse, aber es knallt nicht mehr, es klickt nur leer, es gibt hier nichts, man muß träumen, um hierher zu kommen, in die trägen weißen Morgennebel der Tropen, unter den weißglastigen Himmel der immergleichen Tage, Miss Jule ist Träumerin, sie hat einen Wolkenguckerklub gegründet fürs himmlische Kulissenlesen und Figurenschieben, Miss Jule träumt stundenlang wolkenwärts, der Wind wälzt und schiebt ihre Träume, Miss Jule streichelt gern Borstenhaar, ihr Mann war ein Borstentier aus Skandinavien, jäh überzuckt es ihr Gesicht, ein starker Borstenbart war er, am Fluß Kwango steht ein Baum, so breit und hoch wie keiner, man erzählt von Frau Jules Mann und ihrem Kind, sie selbst sagt darüber kein Wort, es muß ihr ein Loch gebrannt haben, eine schmerzgeränderte Leere, an den Daumen aufgehängt hing ihr Mann und kopfunten hing da auch ihr kleines Kind und sie lag mit gebrochenen Gliedern in ihrem Elend und konnte nichts tun, nicht auf und nicht hinauf und schier wäre sie verschmachtet, in dieser Gegend sterben viele jung, aber dennoch ist es jedesmal ein ganzes Leben, es kommt ein Wort aus Europa, es heißt obszön, aber beinah anderthalbmal so viele Jahre zu haben wie die Lebenserwartung vieler Leute hier, ist nicht obszön und ist nicht ein zweites Leben und es ist kein Geschenk, ich weiß nur, ich werde älter und der Terror in mir wächst und der Tod ist ein weißer Mann, über und über mit Salz bestreut, so ist es, Miss Jule spricht Englisch und Schwedisch und noch eine Sprache, Dialekte, ihr Vater war ein Chinese und wohlhabend, er jagte mit berühmt-berüchtigten Jägern, mit Corbett, mit Hunter, sie gilt als gute Führerin, wenn es ihr gut geht, keine Frau des Glücks, eine verläßliche Frau, es heißt, sie bemale sich manchmal über und über, sie trotte nachts als kichernde Hyäne, manchmal als augenlichternde Löwin, oder hangle im Affenpelz lange faul und plötzlich behende in Astgabeln herum, das kommt alles vom Hörensagen, einige haben den Baum gesehen, riesig und leer am Fluß bei Bandundu, man hat auf Brusthöhe Borke und Splint axttief herausgehackt, er ist verdorrt, was hast du? fragt Miss Jule, kein Geld? nicht genug? sie lacht ein wenig, das macht nichts, das ist nichts, nicht einmal wie der Wind vom letzten Jahr! nicht einmal wie die Wolken von gestern! geh zu den Leuten hier, sprich mit ihnen, laß sie reden.

Zeit

Edmond Weill am Aequator bei Mbandaka hat auf dem Mond ein tiefes Tal voll riesiger Brocken, Quader, Trümmer entdeckt, zuhauf geworfene, labyrinthisch gestapelte Zeit, die in Träumen vergeudet wurde, Weill hat eine Erbschaft gemacht, er hat zu leben, lebt allein, braucht wenig, quasi niente, diese italienischen Wörter gefallen ihm, seine Frau ließ sich vor Jahren von ihm scheiden, er war Bankangestellter in Paris, mittleres Kader, Wertschriftenverwaltung, Paris ist eine total aggressive böse Stadt, es gibt in ganz Deutschland nicht so viele sales boches wie in Paris, meine Tochter lebt dort, eine Ungezieferstadt! er wünscht ihr die Krabbenpest, nicht zu verwechseln mit der Beulenpest, die heutzutage nur tödlich ist, wenn man sie falsch behandelt, weil man sie mit der Krabbenpest verwechselt, die immer tödlich ist, im Hof seiner Quetsche hat Edmond Weill seine Arbeit unterbrochen und verschwatzt ein paar Minuten, wie sozusagen alle Menschen habe er nie seine Hausaufgaben wirklich ernst genommen, eigentlich nie gemacht, Buchhalter ohne von Buchhaltung eine tiefere Ahnung, aber eine Zeitlang nur, oder habe über Bücher geredet, ohne sie recht gelesen, ohne sie überhaupt gelesen zu haben, über das Leben habe er geredet, ohne es gekannt zu haben, doch eines Tages mußte er, mußte er sich einfach den verdrängten Fragen stellen: lebe ich eigentlich? gibt es mich überhaupt? die meisten wagen solche Fragen nie oder nur wie nebenbei, folgenlos, ich fürchte nichts, weder Fragen noch die Tsetse, er nimmt seine Arbeit wieder auf, klopft brüchige helle Steine, die er aus der Nähe herankarrt, er klopft die Steine zu Steinchen und die reibt er zu Sand zu Pulver zu Staub, das ist Zeit, sagt er, dieses Pulver hier, Monsieur, was Sie hier sehen, ist Zeit, sehen Sie die Haufen? Zeithaufen, nehmen Sie eine Handvoll, sehr fein, Zeit, ich mache sie, ich vergeude sie nicht mit Träumen, mein Herr.

In diesem verschissenen Hühnerhof

Wir sitzen hier so herum, diesen Anschein macht es doch, oder nicht? ihr Burschen habt es einfach, wir haben hier Haus und Land und unser Business, wir sind nicht so mobil wie ihr, und jeden Tag kann es losgehen jetzt, jeden Tag, wir gehören zu denen, die ihre längst gepackten Koffer nur unter dem Bett hervorzureißen brauchen, eine Nation für sich, überall auf der Welt immer wieder, Koffer hervor und Geldgürtel unters Hemd und die Pistole durchladen und los zum Flugplatz, auf Helikopter wartest du vergeblich, wenn es hier losgeht, Flugplatz oder aus und Schluß, unsere Häuser stehen alle in gesunder Nähe zur Piste, darauf haben wir geachtet, das ganze Dörfchen hier, so scheinbar friedlich hingeduckt unter Palmen, der Weg zum Flugplatz ist in jedem Fall zu lang, wir schwitzen schon im Traum und hinter jeder Ecke eine MP und auf jedem Dach ein MG und vielleicht ist der Flughafen schon genommen und die letzte Maschine in Brand geschossen oder sie rollt eben an und du mit deinen verdammten Koffern rennst wie verrückt und brüllst und läßt die Koffer sausen und rennst und das Flugzeug rollt davon und hebt ab und aus den Büschen gackern die Gewehre, das hörst du erst später, das Flugzeug zieht die Beine ein und donnert in den Himmel, schon nur noch ein Punkt, und du mitten im MG-Gegacker in diesem verschissenen Hühnerhof, da kommst du nicht mehr raus, jetzt geht's los mein Lieber, jetzt versuch mal, in Deckung zu kommen und Freunde zu finden, great fun mein Lieber, big bullshit! wir fressen eure Scheiße aus, yes Sir, so ist das nämlich, genau so, ihr verdammt gescheiten Spezialtarifflugtouristenschafsköpfe, ihr Obergescheiten mit euren Zeitungen voll gescheiter Journalistenberichte!

Djibouti mon amour!

Djibouti mon amour! der Traum ein köternder Hund, eine graue Katze! und ich bin einmal an einem kleinen Ort ganz anderswo als hier, weit im Norden, an Land gegangen, eine weiße Stadt, eine weißgelbe Sonne, in den Gassen am Hafen hinter den alten Leuten, wenn die von früher erzählten, haben da auf einmal Kinder lautlos herumgespielt, man konnte sie deutlich sehen, immer deutlicher, sie waren wie die alten Leute in ihrer Jugendzeit, und während die Alten erzählten, wuchsen sie hinten als lautlos spielende Kinder heran, jedes Wort ein Tag, und kamen hervor, immer näher, je mehr die Alten erzählten, sie liefen durch das Leben der Alten, Worte für Jahre, kamen nah heran, wurden langsam schattiger, den Alten immer ähnlicher, und wenn die müde geworden waren, nicht mehr erzählen mochten, wenn sie alles erzählt hatten, standen die Schatten müd und alt hinter ihnen und waren die Alten selbst, sie sanken über sie her und sanken in sie hinein, Jean Glogg hieß der Mann, der von diesen Schatten erzählte, ein Abgesägter, randvoll Durst und Cafard, der Traum ist ein Hund ist eine graue Katze und ich fang die Katz und bring sie um, aber dann die Flucht, immer dieses Fliehen und kein richtiges Wegkommen, sich nicht wehren können, das ist es, sagte er, und dann wieder: Djibouti mon amour! von seiner Zigarette fiel Asche ab, er senkte den Kopf auf die Brust und versank mitten im Gedröhne und Geschubse der rauchrotlichten Hinterbude.

Der Goldbaum auf Socotra

Auf der Insel Socotra hinter einem breiten weißen, niedrig hingebauten Lehmhaus ein riesiger Baum, das Haus gewaltig überragend und weit überdachend, ein Goldbaum, der einzige, man benennt ihn nach den goldenen Fäden, die aus seinem langarmigen Geäst lang und fein herabhängen wie Sonn- oder Mondfrauenhaar, und unten an jedem Ende eine kleine Puppe, keine Handbreit groß, jede an ihrem Goldfaden aufgehängt, kindergesichtig, jedes Lüftchen bewegt sie, tändelt mit ihnen herum, so leicht sind sie, und man kann sehen, wie Methusalem als Kind aussah, sechs oder acht Jahre alt, wie das Kind des Suddhodana und der Mahamaya ausgesehen hat, oder Moses mit zwei Jahren, Ali Baba, Mohammed, Herodot, die Königin von Saba, Balor mit dem bösen Blick, Flimmerik, Odysseus, die drei Söhne des Milesius, Jesus Nazareth, Susan Eisenleib, die schöne Unbekannte, Hieronymus vom Block, Rosskamm Seraph Hammerstern, man kann sehen, wen man will, wie kommen sie nur hierher? ausgerechnet hierher? ist man auf Socotra oder anderswo, vielleicht in Costaguana? man findet jeden, man sieht Kind um Kind unter Abertausenden an seinem Goldfädelchen hängen und erkennt jedes sogleich, das Häuschen unter dem riesigen Baum ist als Museum eingerichtet, die flachen Räume übervoll kleiner Portraitzeichnungen, in Schränken und Zettelkästen Millionen Skizzen und Fotografien älter gewordener Gesichter, die Kinder als Erwachsene, man geht durch die Räume, schaut und stöbert ein wenig und ist am Ende froh, aus der kalkweißen Kühle wieder ins strahlende Freie zu kommen zu den leicht von einem leisen Windchen bewegten, von hoch oben tief herab hängenden Kinderpüppchen an ihren langen feinen goldenen Haarfäden.

Der Schiffsbohrwurm

Monsieur Clairs Dschunke ist im Hafen von Fort Dauphin auf den Hund gekommen, das heißt: vor den Wurm, Teredo navalis, gegangen, während er als Mechaniker Geld verdient, um Holz für neue Planken zu kaufen, denn er will weiter- und fortkommen, sagt er, Monsieur Clair kennt einen Einheimischen, der zu viele Filme von Laurel und Hardy gesehen und jetzt einen Spleen hat, der Mann träumte von einem dicken Weißen im Frack, der ihn aufforderte, in einem großen Saal ein Klavierrezital zu geben, er sagte zu und war froh und alsbald todunglücklich, denn er hatte noch nie auch nur eine Klaviertaste berührt, schweißnaß erwachte er in dem Moment, als Laurel und Hardy ihn aus den Vorhängen zum Flügel aufs Podium hinausstießen, und der große Saal war gefüllt bis auf den hintersten letzten Platz, seit damals träumte er diesen Traum so lange Nacht für Nacht, bis er eines Tages, nachdem ihn im Morgengrauen eine Idee wie ein Donner gerührt hatte, sich entschloß, das Konzert endlich zu geben, er nahm sein ganzes Geld und pumpte Geld und mietete einen Flügel und einen Bruchbudesaal und ließ Zettel drucken: *Freitagabend Klavierkonzert Eintritt frei für alle*, er mietete einen Frack, er erbrach sich vor Aufregung, die Lichter in der Bude gehen aus, er schwankt aufs Podium hinaus, als ginge es zum Schafott, schwankt zum Flügel, ein altes Ding, aber tropenfest und fleckweise sogar auf Hochglanz, er spricht zum grinsenden Publikum: liebe Leute es tut mir leid jedes Klavier kann sicher besser singen als ich spielen kann aber was ist dieser Flügel hier ohne mich? ein stummer Kasten jetzt soll er zum letzten Mal Musik machen so eine Musik habt ihr noch nie gehört! worauf er zum Schrecken jener, die ihm Geld geliehen haben, und zum Ergötzen aller andern einen langstieligen schweren Hammer hervorholt und den Flügel in zwei drei Minuten vollständig demoliert, kein größeres Gaudi! der Saal hüpft vor Vergnügen, aber seit einiger Zeit hat der Mann jetzt einen neuen Traum: hochgemut geht er hinaus, der Flügel steht glanzschwarz in der Helle, er geht an die Rampe, liebe Leute es tut mir leid aber euch wird's nicht leid tun! und will auch schon den Hammer hervornehmen, aber er findet ihn nicht, und seine Qual beginnt, der Flügel steht unzerstörbar und sperrt sein Maul auf, weiße Zähne, schwarze Zähne, das Flügelmaul frißt den Mann Nacht für Nacht, er arbeitet am Tag, zahlt Schulden ab und macht sich mit seinem Traum verrückt! Monsieur Clair lacht, ja und Ihre Dschunke, Monsieur? ah, meine Dschunke! sagt er, meine gute alte Dschunke! Monsieur Clair kommt aus Belgien, man erzählt, er habe dort alles verkauft, um die Dschunke kaufen zu können in Rangoon oder Hong-kong, die verdammten Würmer! sagt er, war ein braves Schiff.

Sansibar

Der stolze Zwanzigjährige auf Sansibar am Strand bei Chwaka ist so stolz, weil er einen jungen Hund hat, der ein Dobermann sein soll, Champion ruft er ihn, er hat weiß Wischnu wieviele CocaCola-Flaschen gesammelt, hat tausend Bücklinge gemacht vor Sonnenbrillenladies und Sonnenbrandgentlemen an den Stränden bis hinauf nach Mombasa, frische Früchte, kalte Drinks, er hat Schuhe geputzt, sein freundlichstes Gesicht fürs kleinste Trinkgeld, so heißt es, aber niemand weiß wirklich wie er's schaffte, nur dieses: er hatte immerzu den Hund im Kopf, Dobermann, wie ist er nur auf solchen Hund gekommen? wie kommt so ein Köter hierher? er führt ihn an einer langen Schnur, gibt Kommandos, hilft mit schneller Hand nach, der Hund setzt sich, legt sich, stolz blickt der Stolze strandaufwärts, strandab, Sand Sand Sand und Meer und Meer

Von der Fünften Reise

Deutsch – Lächeln in New York – Der Zwillingsbruder – Schuhe – Leben – Berühre meinen Buckel und lauf! – Rat einer Studienrätin – Ein Wiener in New Orleans – Yoknapatawpha County – Katzen – Wege und Ziele – Am North Platte – Stille – Der Goldstrand von Nome – Cash – Girls and Boys – Die Malcolm-Töchter – Früher – Holz – Der Prediger – Terztöne, Lichtstiche – Das Glück versuchen – Ein Tauschgeschäft – Das Gesicht – Ein Adler wartet – Der gute Geist von letzter Woche – Klapperschlangen – Eckbar, El Paso – Der Stadtrat – Das Haus im Sand – Der Bienenkönig – Der Lügner – Unter dem Vulkan – Die Magier – Christen – Das leise Gelächter der Messieurs de Lesseps – Gerimson – Der Comandante – Narr aus Schweden – Der gern gewährte Luxus – In Tampico bei den Schiffen – Ein Lebensgeheimnis

Deutsch

Wiscasset, Lincoln County, ein schmaler Uralter, aber so alt ist er gar nicht, erklärt mir, was Whirligigs sind, windrädchengetriebenes zahnradverwinkeltes Kinderspielzeugs aus Holz und Draht, bunt und scheckig angemalt, anno fünfundvierzig kroch er in vormals polnischem Gebiet nach mehr als vier Jahren als ein Hungergreis von sag und schreibe fünfundzwanzig Jahren aus einer Erdhöhle empor, zusammen mit anderen hatte er dort zumeist in tiefer Finsternis die finstere Zeit überlebt, doch darüber mag er an diesem sonnigen Sommertag nicht viel reden, er sitzt neben mir unter Bäumen am Wasser, sieht vor sich hin, sagt lange nichts, erst nach einer Zeit dies und das, und ich gebe ihm Antwort, wir unterhalten uns freundlich, plötzlich aber ruft er: was! deine Sprache ist Deutsch! die Verfluchten! die Mörder! ihr Steppenhunde! habt die Welt ruiniert! seine schrillen Augen und die porzellanweißen Zähne in seinem Mund, aus dem Speichel spritzt, Daß die Erde euch austrockne! daß sie verschlucke! sein fleckiges Hemd, die derben Schuhe, Feuer falle auf euch Bastarde! flatternde Hände und Lippen, und seine Augen gellen, Fluch und Verachtung! er springt auf und geht schnell weg, verschwindet zwischen Bäumen und hellen Häusern, in der Nähe die taube weiße Kuppel eines Atommeilers, acht Meilen nördlich ein Ort namens Dresden, im Westen Sagadahoc County.

Lächeln in New York

Blut ist Geld und wenn ich einmal gar kein Geld mehr
habe gehe ich ins Spital, sagt das Mädchen, das soeben bei
einem Kerl, den ich kenne, nebenan hinter dünner Wand
gelegen hat, er stöhnte, hat immer lauter gestöhnt, jetzt
nippelt er Whisky und grinst mich an, er kennt sie seit
zwei drei Wochen, sie sitzt in seinem Bademantel auf
einem meiner Stühle, einen Fuß auf der Kante, ihr Bein,
ihr Knie, sie ist zu Hause abgehauen, Kunststück! am
Finstern der Welt und stupide Alte, jetzt steht ihr, sagt er,
die klassische New Yorker Karriere für Hinterwäldler bevor, nichts Schlaues gelernt, trollt herum, rollt mit jedem, kriegt die ersten Kicks, kommt in ein paar Monaten
nicht mehr los und noch weniger draus, hängt immer
spitzer, lauter Nadeln und kein Zwirn, Blut ist Geld, so
sieht sie aus, und fängt noch einen Bauch ein, jede Wette,
neunzehn jetzt und spätestens mit einundzwanzig Ab-
dankung in der Anatomie, aber nur, wenn sie Schwein
hat, keine Illusionen, eh! sagt er und gibt ihr, die jung
und freundlich daneben sitzt und lächelt und bleich und
blond ist und meine und seine Sprache nicht versteht,
euer komisches Schwedisch, sagt sie, er gibt ihr einen
dicken Schmatz in den Nacken, das kitzelt, eh! du bist ein
gutes Mädchen, keine Frage, good girl, und zieht den Bademantel auseinander, good pussy, eh! ihre schmalen
Schenkel, ihr helles Schamhaar, er zupft dran, sie läßt es
zu, lächelt, nice pussycat, eh! ihre Augen erschießen, zer-
fetzen ihn, ihre Zähne sind hellgelb, sie lächelt unver-
wandt.

Der Zwillingsbruder

In der siebenten Avenue hält auf Höhe der vierundfünf-
zigsten Straße vor roter Ampel ein Taxi, kaum steht der
gelbe Wagen, fliegen die Schläge auf und zwei Negerbur-
schen witschen heraus und sausen ab in federleichtem
Spurt, der Taxifahrer wälzt sich hervor, Schadenfreude
springt auf ringsum, auch in der blockierten Spur wird
gegrinst, der alte Trick ist kapiert worden, drum voll auf
die Hupe, aber jetzt soll er wieder einsteigen und weiter-
fahren, statt hinter den beiden her zu schreien, grünes
Licht, Joe! und die fixen Lümmel haben ja schon ausge-
spurtet, vergiß es! fahr weiter! es war ein Vergnügen,
sich mal von einem dicken weißen Sack durch halb Manhattan chauffieren zu lassen, ja, war es, aber jetzt trauert
Josh Jackson um seinen Zwillingsbruder Milt, wir hätten
nicht zurücklachen sollen, zweieinhalb Jahre ist es her,
dieser verrückte Taximann! bei der Polizei hat er darauf
bestanden, daß sie seine eigentlichen Namen ins Proto-
koll schrieben, seine eigentlichen Namen! Heinrich der
Stänker, zehnneununddreißig bis elfelf, Ivan Grausam,
Jack der Riesentöter, Josh weiß, daß der Verrückte längst
wieder Taxi fährt, ewiger Vorteil des Mörders gegenüber
dem Opfer, dieser schießwütige Idiot! ich sag's noch einmal: wir hätten nicht zurücklachen sollen, wir haben
nicht gesehen, daß er plötzlich mit einer Pistole fuchtelte,
wie die Luchse wären wir weitergerannt! Josh Jackson
wartet darauf, von hinten angeschossen zu werden wie
sein Bruder, er war wie ich, sagt er, genau wie ich, vier
Tage lang elend verrecken, vier ganze Tage lang! Milton
Jackson, neunzehndreiundsechzig bis zweiundachtzig.

Schuhe

Er liegt abseits der Leuchtreklamen im Halbdunkel auf dem Asphalt, fährt halb hoch, geifert mich von unten an, du gottverdammter Bastard! ich bin über seine Füße gestolpert, er hat wohl geschlafen, ein Schwarzer mit gräulicher Haut, jetzt seh ich's genauer, flechtenbedeckte Haut, pardon me, ich hab Sie nicht bemerkt! und jetzt kommt eine Geschichte, sagt er, paß auf: er brummelt was, ich bleibe noch stehen, sehe sein fleckiges Gesicht, er kratzt ein paar Wörter zusammen, und ich habe das Gefühl, er wäre froh darüber, wenn ihm mal wieder einer zuhören würde, war ein langer Weg? frage ich, ja, bei Gott! sagt er, großer grauer Gott! drunten in Kentucky ist er aufgewachsen, eine gute Mutter und der Vater auch gut, in Threeforks bei Bowling Green, Mann was für eine schöne Gegend! ich gäbe viel, wäre ich dort! mit der Schule ist nie viel los gewesen, aber er hat gelernt, Schuhe zu flicken, Schuhe zu machen, Schuhe aus echtem Leder, und du stolperst ausgerechnet über meine Füße! sieh dir meine Schuhe an, sieh sie dir an! ich halte sie in gutem Zustand, erstklassige Schuhe! sein Vater ist Sägereiarbeiter gewesen, Vorarbeiter sogar, der Dollar war noch was wert, die Mutter hat ein Stück Land gehabt und hat Gemüse gepflanzt, am Sonntag saßen wir alle draußen, und das Gemüse stand im Saft und der Mais auch, es war eine gute goldgrüne Zeit, er ist mit siebzehn nach Bowling Green gegangen, dann nach Cincinnati, Ohio, hat bei einem guten Italiener viel Geld verdient, teure handgemachte Schuhe für die feinen reichen Ladies, der Italiener hat ihm viel beigebracht, ich war auch mal ein armer Bastard, ich helf dir hoch, und er hat ihn hochgebracht, mit dreißig kann er sich sehen lassen, hat ein schönes gutes Mädchen und anständige Wohnung und diesen phantastisch guten Job bei dem Italiener, der beste Mann nördlich von Kentucky, sein großer Freund, aber da ist dieses kleine fette Abruzzenschwein auf meine Freundin, verstehst du, Mann! sie hat Angst, sich zu wehren, und ich hab geschuftet wie ein Ochse, und sie findet es immer besser, sie haben wie die Affen, zwei Jahre lang, und ich kann es nicht glauben, es ist dreizehn Jahre her, dreizehn Jahre, Mann! er sieht aus wie sechzig, komm, gib mir was Grünes, was ist ein Dollar heut noch wert! seine Wohnung hat er tief unter der Stadt, Röhren und Schächte, du hast keine Ahnung! wenn du krank wirst, kommst du nicht mehr raus, die gottverdammten Ratten! plötzlich platzt mir sein Gelächter stiebend ins Gesicht, du gottverdammter Bastard! glaubst du das wirklich! Threeforks, Kentucky, Cincinnati! seine wie ein Fisch hüpfende klumpige Zunge, die brandig verkrusteten Lippen in seinem wilden Gesicht, ja, sagt er, das hab ich erlebt, New York.

Leben

Wo kommt es her? wie kommt es hierher? was hat so ein Vögelchen, kleiner geht's kaum, ganz allein auf gequollen heißem, beinah fließendem Asphalt um zwei Uhr nachmittags Ende Juli in der Cain Street mitten in Atlanta hinter sich zu bringen? was, wenn nicht unser aller einsames, immer von Unheil, Schreck und Tod begleitetes, ganz normale schwierige Gemühle des Lebens?

frag mich doch noch etwas, Kleiner! er lachte und trat den piepsenden Jungvogel in den Asphalt, es knirschte unter seiner Sohle, er kam aus Swan River, Saskatchewan, Canada, schon erledigt, sagte er, hat wenig Glück gehabt! ein kleiner nervöser Gimpel war er, einer mit aufgeworfenen Lippen und kaugummibewegtem Kiefer.

Berühre meinen Buckel und lauf!

Jeremy auf Key West ist aus dem europäischen Nordosten und auf der Flucht damals mit sechzehn, siebzehn zu seinem Namen gekommen, oder war es sein Vater? er erzählt von dem buckligen Günter Griesch, dem zischgescheiten Zwerg mit Rasiermesserzunge, lebte von nichts und Büchern sonder Zahl und wußte was: Dionysos der Thraker, Heraklits Wassersucht, die Päpstin Jochananita, Linnés Jungferntabak, spröder Stahl und Federstahl, Gezeiten und Gestirne und wer da alles die Welt wie und warum hatte zurechtstutzen wollen, die Alten müssen verzweifelt sein ob alledem, was sie ahnten und nicht klären konnten, sie waren vermutlich, also soll Griesch gesprochen haben, noch im Sterben lebendiger als wir sogenannten Aufgeklärten mitten im Leben, es lag ihnen alles auf der Zunge, aber sie konnten's nicht gackern, das verfluchte Ei nicht legen, na, nahmen sie halt noch n Schluck, und dann kamen ja wir Christen mit unserem Docht aus altem Zwirn und tauchten ihn ins mesopotamischaegyptischjüdischgriechische Uraltöl und machten ein neues Licht, und es blakte und rauchte und wurde finster! Grieschs Gekicher labte sich an jederart Unter-

leiblichkeit, es sind gegeben alle sogenannten Intimsphä-
rereien, und nicht lustig sein und lachen ist die erste und
letzte Sünde, alle müssen uns reiten, kennst du die Geschichte von dem verzweifelten Bauern, mein Sohn? es
regnet nicht es will nicht regnen es ist große Dürre, nichts
kommt auf und der Wind glüht und das Korn verdirbt,
eine rasende Wut treibt am Abend den Bauern mit dem
Pflug übers Feld er reißt die Erde auf daß es staubt, er
treibt die Ochsen er verwüstet den fruchtlosen Acker und
flucht und peitscht und schwört, wie es auch donnert auf
einmal und regnet er ist in seinem Zorn und wütet weiter
und weiter, du siehst ihn nicht mehr so dicht fällt der
Regen und er ward nie mehr gesehen, nimm einen neuen
Namen nimm Jeremias mein Sohn, es kommt ein neuer
Sturm du sollst nicht klagen du sollst laufen, berühre
meinen Buckel und lauf! so sprach Herr Günter Griesch
zu mir und ich lief, erzählt Jeremy, er hat mich gerettet,
vielleicht war's sein Vater, in London, sagt er, sah ich ihn
wieder, keine feste Adresse, und später in Chicago, er
war, wie immer als phönizische Büchermade getarnt, in
allerlei Geschäften und lebte ganz gut, vielleicht lebt er
noch, sicher.

Rat einer Studienrätin

Im Hafen von Woodford auf Grenada, nach St. George's,
einen stillen Tagtörn im Süden, der zweitbeste Hafen
über dem Wind, lag er Planke an Planke mit irgendeiner
Dorado VII oder XII, Chef an Bord war eine deutsche
Studienrätin, eine mit Sondergenehmigung auf Zweijah-

resurlaub, er sagte: ein Geographiegenie! und er meinte es so ernst wie irgend, er sagte, es komme vor, daß ihm irgendwer Dinge erkläre, die er besser kenne als irgendwer, weil er sie nämlich erfunden habe, aber gerade deshalb lausche er immer sehr aufmerksam, er sagte: am Anfang weiß man nie, ob das Huhn vielleicht nicht jenes sagenhafte ganz und gar blinde ist, das vielleicht sieht, was du vielleicht übersehen hast, man muß jedem eine Chance geben! die Studienrätin riet ihm zuzusehen, schnell wieder wegzukommen, hören Sie mir zu, sagte sie, ich selbst mache in die Bahamas hinauf und stoße dort gelegentlich ab, ich gebe Ihnen einen guten Rat! sie gab dauernd guten Rat, New Mexico, sagte sie, das wär eine Gegend für Sie, jaja, gehn Sie da nur hin, kein schöner Land, Traum und Albtraum, die Kühe keine Kühe, sondern Milchmaschinen, vorn Spezialsuperkraftfutter rein, halb hinten Saugschläuche, ganz hinten Superspezialkraftdüngerscheiße raus, sechshundert Stück eingepfercht auf hundert mal hundert Meter, Trampelboden im Sommer und Winter, die Sonne scheint, trockene Luft, der Besitzer ein ausgeflippter Städtebauer, ich schreibe Ihnen seinen Namen auf, ein Infrastrukturalist, nie losgegangene große Kanone, ich sage Ihnen, sagte sie zu ihm, das sollte man den Kühen sagen, Sie glauben mir nicht? fragte sie, oh, mit so einer Riesenklistierspritze jeden Tag jeder Kuh eine Antibiotikakakapsel, dies Wort erinnerte sie an Rokokokokotte, eine Antibiotikakakapsel, groß wie eine Fledermaus, hinein und hinab in den Schlund, mit solcher Dosis könnte ein Spital voll Lahmer Galopp lernen, zweimal täglich bimmelt die Milkbell, was Kuh ist, trabt kuhdumm an, zwei illegale Mexikaner setzen die erwähnten Absaugglupscher, plopp! an die Euterzapfzitzen, und los bricht der Strom, oben lauter Chromnickelgerohre, Pumpen, Drosselklappen, Druckventile, in zwei Stunden lassen die beiden Brüder die ganzen sechshundert Einheiten mühelos durch, zweimal pro Woche kommt die Tankwagenkolonne von der Zentrale dahergewalzt, es wird mit Druck abgenutscht, und ab geht die Brause, die machen Grünzeug draus oder Chemie oder vielleicht gar Frischmilch! sagte sie, was meinen Sie? oder einfach Käse, Hauptsache: weg geht der Saft, herein rollt der Dollar, ich sage Ihnen, dieser ausgeflippte Planer hat's erfaßt, Cowboy plus Kühe plus Kraftfutter plus Pharma gleich glückliche Kohlen! ja, und aus den Viechern, hat er da zu ihr gesagt, wenn die am Ende sind, macht die Verwertung zum prächtigen Schluß prächtigen Fleischmampf oder Futter oder Dünger oder wie anno achtzehneinunddreißig die Virginier aus Nat Turners Leiche erstklassige Kernseife! da staunte sie, sagt er, wußte aber sonst wirklich immer Rat und auch sonst allerhand.

Ein Wiener in New Orleans

Es bleibt ihm eh nix, als sich an früher zu erinnern, eigentlich ist er ein Musiker, und zwar aus Wien, abgesetzt hat ihn das Schicksal hier in New Orleans, wer findet's komisch? ein alter Mann mit Braunhautglatze und weißer Fliege unter kleiner Knollennase ist er, und in seinen jungen Jahren als Pianist hat er den damals gängigen Gassenhauern beim Five o'clock tea eigene Texte untergeschoben, saufts nu zua obar laßts mir ma Ruah ihr oltan

Weibar brauchts n Steigar! oder als sein Vater, der ein Wirt war, das alte Klavier für zehn oder fuffzehn Kronen frei Hinterhof verscheuerte, es stand im oberen Saale, und die paar Kreuzer Trägerlohn, es hinunterzuschaffen, waren ihm zu kompliziert, er stellt lieber den Radfahrerverein an, die Sauf- und Raufbruderschaft Velociped, ist das Klavier aufm Hof, kommt ein Fäßchen Bier aufn Tisch! das sind die Bedingungen, und die Bande steigt die Treppe hinauf und der Vater in den Keller hinab, er kommt mit dem Faßl herauf, das Klavier liegt im Hof, er sagte: am Hof, sie haben es oben zum Saalfenster hinausgestemmt, ist es drunten am Hof oder ist es nicht? da ist nix zu machen, und der Vater muß dem Käufer erst noch die Anzahlung zurückgeben und ein Reuegeld draufzahlen, nimm alles nur in allem, sagt der Mann, er ist Baumwollhändler geworden und Amerikaner und dreißig Jahre lang ohne Klavier in der Baumwolle geblieben, die hier haben eh besser Piano gespielt, halt ganz anders, und dem Hitler haben sie auch den Meister gezeigt, das kann nicht jeder sagen, aber man erinnert sich halt gern, ja, bleibt einem sonst eh nix.

Yoknapatawpha County

Eine niedrige Bretterbude mit rostigem Wellblechdach, der Anstrich Schicht über Schicht abblätternde Schuppen, im Fenster links vom leeren schwarzen Türloch hängt ein zerschlissenes Fliegengitter, das Fenster rechts ist blind, mit Kistenbrettern vernagelt, auf der Veranda ein schiefer Schaukelstuhl und ein Autosessel, aus dem die Seegraspolsterung hervorquillt, vergessenes Gerümpel daneben und tief im Gras ein altes Blechfaß, das Holzgeländer der Veranda hängt herab, es ist schwellender Frühling, die Luft wabert und summt, in der Nacht ist das Kind gekommen, und bald wird jetzt der Major heranreiten und absteigen und hineingehen und nachschauen, was ihm die Tochter seines Saufkollegen geboren hat, endlich einen Jungen, einen Erben für ihn, oder nur ein Mädchen, nichts von Belang, mach dein Glück, Kleine! und weil er verächtlich über dem Kind schnauben und die Tochter des Wash Jones nicht weiter beachten wird, nimmt sein Saufgenosse eine Sense zur Hand, und mit der Sense hackt er auf den enttäuschten, verärgerten, verächtlich weggehenden Major ein, er scheucht das Pferd fort, jagt es zurück, dann warten, stundenlang auf der Veranda, und ringsum Gesumse, er reicht ihr Wasser, sie kost das schlafende Kindlein, schläft ein, die Stunden brüten, stehen, im hohen Gras der Vater des Kindes, Major de Spain, ausgeblutet, von gierigen Fliegen umschwärmt, von schillerndem Gekrabbel bedeckt seine Wunden, endlich Dämmerung, die Dunkelheit kommt, Moskitos steigen aus dem Kraut, später kommen die Lichter daher, die Männer, Foto aus Yoknapatawpha County, Mississippi, sie stolpern über die Leiche und ducken sich zurück und Wash Jones nimmt das verborgene Messer aus dem Kamin, er beugt sich über seine Tochter und tut den letzten scharfen Schnitt so schnell, sie spürt ihn nicht, drauf ein allerletzter und kein Laut, derweil sie draußen rufen, he Wash! Wash Jones! komm heraus! gib auf! er schraubt den Verschluß des Petrolkanisters auf, he Wash! langsam geht er mit dem Kanister den Wänden der Bretterbude entlang, er läßt es plätschern und sagt kein Wort, Jones komm heraus! wir geben dir noch zehn Sekunden! er dreht den Deckel auf den leeren Kanister, Washington Jones! noch fünf Sekunden! und reißt ein Zündholz an

Katzen

Der klevere Bursche aus Thessaloniki hat es in windy City Chicago in nicht ganz dreißig Jahren zum Zwanzigfachen gebracht und seiner alten Mutter, die nicht nachziehen wollte, in Athen eine Wohnung gekauft, jetzt ist die gute Mutter tot und die Wohnung voll Katzen, ja, voller Katzen, er liebt Katzen, seine Mutter hat Katzen heiß geliebt, die Haushälterin seiner Mama kümmert sich um die lieben Tiere, lauter Abkömmlinge jenes ersten lieben Katzenpärchens, das er nach Vaters allzu frühem Heimgang samt Wohnung seiner lieben Mutter schenkte, genau achtundzwanzig Katzen sind's, sie tun seiner Seele wohl, jede Woche telefoniert er, er will genau wissen in Chicago, wie es ihnen geht in Athen, er kennt ihre Namen, er hat Fotos von ihnen, er fliegt jedes Jahr zweidreimal hin, er streichelt sie, ihr Fell, ihr Geschnurre, ihr Geruch, fünfzehnhundert Dollars im Monat, sagt er, kostet ihn der Spaß und ist doch kein Spaß, er kann sich's leisten, und wenn Mutters alternde Haushälterin krank werden sollte, wird er für seine Katzen eine andere gute Frau finden, andere reiche Männer halten sich rotgeschminkte Weiber und gehen dabei drauf oder sammeln halbverrückte Kunst und werden selber auch, da kann er nur sagen: jeder nach seiner Fasson! bitte sehr, sagt er, so verrückt bin ich nicht, bin ich hoffentlich noch lange nicht!

Wege und Ziele

Angesichts all dessen, was ich zu tun hätte, ach weißt du, es schwindelt mir, ich fange lieber gar nicht an, zum Beispiel all die nicht gemachten Reisen, die nie gesehenen Landschaften, das Meer, die Inseln, die Küsten, die nie bestiegenen Berge, all die Millionen Menschen, deren Augen deine Augen begegnen müßten, du siehst sie dein Leben lang nie, warum? sie fragt mich, eigentlich sich, ihr Name ist Giuditta La Pinta, aufgewachsen auf Pantelleria, sie behauptet, die Natur selbst, zum Beispiel allein schon die Kürze der Tage, gebe ihr recht, sie kann sich nicht vorstellen, daß beispielsweise Dante oder Shakespeare oder Cervantes nicht wie andere Menschen, etwa der Steuermann der Pinta, bitte sehr, Cristobal Garcia Sarmiento, oder wie irgendein beliebiger Jack oder Jim ihren Schlaf brauchten, also dem kurzatmigen Rhythmus der Menschennatur unterlagen und drum mehr oder weniger regelmäßig vielerlei verschlafen haben, jeder Mensch ein Erdentier, was er tut, ist Stückwerk, Bruch, er schafft es nie, nicht der einzelne und nicht alle zusammen, selbst wenn die ganze Menschheit nur ein einziges Ziel und nur einen einzigen Weg zu diesem Ziel hätte statt Abertausender, und über deren Sinn wollen wir nicht reden, sie schafft es nicht! und heiße mich jetzt nicht im Sommer nach Alaska gehen und im Winter nach Feuerland, sagt sie, ich brauche keinen Rundum-Tag, um die Kerze an beiden Enden anzuzünden, aber will ich das? will ich nicht zum Beispiel einfach nichts mehr lesen? vielleicht gerade deshalb, weil so viel zu lesen ist? ich will nicht resignieren, nein, aber vielleicht möchte ich einfach mal Ruhe haben, was meinst du? Giuditta La Pinta, Judy, erwartet keine Antwort, seit einigen Jahren heißt sie Mrs. Albert Kimmel und ist Bibliothekarin in Umaha, Nebraska, Giuditta mit ihrer zuweilen lauten scharfen Stimme.

Am North Platte

Frag mich nach Sam Wade dem Foreman, am North Platte vor Laramie, dem berühmten Flecken, lag er mit seinen Leuten, zwölf Mann, und mit seiner Herde, dreitausend Stück, ihm ging der Fluß zu hoch, drum lag er und wartete und ließ hin und her weiden schon seit drei Tagen, da kam eine andere Herde herauf, Mexico-Vieh, und der Foreman hieß Flint, kam herüber und sagte, man solle gemeinsam versuchen, den Fluß zu queren, denn ob das Wasser falle, wisse man nicht, eher könnte es in dieser Jahreszeit noch steigen, Wade zögerte, er entschloß sich erst, nachdem Flints Herde hinübergegangen war, seine Leute hatten Flints Leuten dabei geholfen, nun halfen Flints Männer ihm und seinen Leuten, und alles ging gut, nur daß sein Pferd im Wasser plötzlich scheute und sich überrollte, er blieb im Bügel hängen, alles gischtete und strudelte und wurde schwarz, und er ertrank, sie haben ihn am Tag drauf bei einer Insel gefunden, in Treibholz verfangen, das Gesicht nach unten, und in seinen Papieren ein verwaschener Brief seiner Mutter, *hüte dich vor Wasser!* sie hatte schon zwei Söhne verloren, beide weiter südlich ertrunken im Red River, *sei vorsichtig Sohn wenn du Flüsse queren mußt!* sein Freund Carlson, der segundo, wußte es genau, und ich auch, ich bin nämlich Samuel Lorraine Wade, müssen Sie wissen! aha, soso, sage ich, und wann war das denn? Ends letztes Jahrhundert, nicht? er sagt: achtzehnhundertzweiundachtzig, an dieser Uferstelle, genau wo wir jetzt stehen, haben wir die Herde in den Fluß getrieben! wirklich? frage ich, sind Sie sicher? und er ist plötzlich nicht mehr da, vor mir die leichte Böschung, das Wasser des Platte, hinter mir ein alter Achtzylinder, einsteigen, anspringen lassen, abfahren, weiter.

Stille

In seinem Blockhaus hebt er die Gußeisenplatte auf dem aus Stein gebauten Herd leicht an, unter der Platte ein Eisenrost und drunter eine Gasflasche, er dreht den Hahn auf und stupst mit einem brennenden Streichholz unter die Platte, die Flammen fächern grünlich und blau in die Breite, sobald ihn dünkt, die Platte sei warm genug, dreht er den Hahn zu, die Flammen lassen einen kleinen Knall, ehe sie ganz verschwinden, noch einmal prüft er mit Fingerspitzen zuerst, dann mit flacher Hand die Temperatur der aufgeheizten Platte, bevor er sich jetzt auf sie setzt, möge das Schicksal alle Gefängnisse, Zuchthäuser und Anstalten der Welt vor mir verschlossen halten! sagt er, es sind neunzehn Jahre vergangen, seit er als blutjunger Kerl ausgebrochen und über Frankreich nach Kanada entkommen ist, Ideen sind immer Totschläger, sagt er, ob sie das Paradies im Himmel versprechen oder hier aus der Erde stampfen wollen, meine Liste ist lang, bei seinem Dorf, wenn da die Bäume krachten im Oktober, November, daß es hallte, als sei jemand mit Axt und Eisenkeilen im Holz, sagten die Leute, man solle nichts reden und nicht in den Wald gehen, *still vorbeigehen, sich nicht umschauen, sie sind am Holzmachen, man muß sie in Ruhe lassen, es bringt Unglück, jetzt kommt bald der Schnee, die lange Zeit,* nicht weit von seinem Blockhaus leben in versenkten Zelten und steilgiebelig überdachten Flachschächten Leute, die jedes Jahr ein Fest machen, eine Art Zeremonie, sagt er, es sind freie Wilde, im Sommer braucht er vier Tagesmärsche bis zu ihrer Siedlung, er geht seit acht Jahren hin, immer zur Sonnwende für zwei Wochen, und manchmal komme eine Frau mit ihm zurück und bleibe den Winter über bei ihm, und er habe auch sonst noch Freunde, sie versorgten ihn dann und wann mit Dingen, die er eigentlich nicht mehr brauche, eine Gasflasche ist ein erheiternder Luxus, alle zwei drei Jahre, sagt er, auch Munition, er braucht die Stille, die großen leisen Geräusche, er sagt: Gruben, Astgitterfallen, Pfeile, das Messer, die Augen und die Ohren sind still, du bist der erste jetzt seit langem, das Gebiet hier gilt als unbewohnt und menschenleer, weißt du das?

Der Goldstrand von Nome

Des alten Dänen Vitus Bering kaltgradige Wasser and the grey and golden sands of Nome und Evelynn hat vom Land Pangaea gelesen, dort möchte sie hin, Evelynn mit dem langen schmalen Leib, sie liebte die Liebe, oft und oft kam sie zu Knut Ströming, er ist ihr davongelaufen, Evelynn möchte auch das Urmeer Tethis befahren, sie möchte das Land Laurasia bewandern und den riesengroßen Süden Gondwanaland, Ströming wäscht Gold aus dem Sand, Ende Mai trieben noch Eisberge vorbei, nah und groß wie das ferne Manhattan, absolut majestätisch, sagte sie, sie wollte schon immer alle großen Bücher der Welt analysieren, sie hatte eine Liste aufgesetzt, ihre sogenannten Hundertundein Bücher der Wunder, aber was sind Wunder? alles liegen und stehen lassen und sich nur hinsetzen endlich und diese Bücher analysieren! rechne für jede Woche mit einem Buch, im Jahr fünfzig Wunder, der Mensch lebt siebzig Jahre, sagen wir sechzig, also bringt er es auf *höchstens dreitausend Bücher, alle sind geschrieben gelesen vergessen*, er braucht nur hundert, aber finde die mal! es brachte sie zum Schreien, sie hatte die Kraft, sich hinzusetzen, war alsbald von Spinnweb umschleiert, ihr ging die Kraft nicht aus, aber plötzlich will sie nach Rio reisen und dann auch irgendwo unter feuchter Sonne Tabak anpflanzen, jede Woche ein neues Leben, Evelynn war eine starke Frau, eine von zehntausenden, es hat aufreibende Kämpfe gegeben, *am einen Ende der Himmelsleiter die Hölle, und wie man es anstellt, immer steigt man jenem verfluchten Ende zu! Knut Ströming möchte endlich den als Wahrheit daherkommenden Irrtum sehen, der keiner ist*, er beruhigt sich und seinen wilden Bart am langen schmalen Strand von Nome, er hat einen Traum gehabt, es beugte sich einer zu ihm herab und sagte, er solle sich nicht wundern, *es ist dir alles vergönnt, wird dir alles gegeben, Tagträume auswaschen, bis Gold hervorkommt und immer wieder nachwächst, Ströming, hartkörnig gediegen!* manchmal holt er in zwölf Stunden eine Unze heraus, meist weniger, er schläft wieder besser als noch vor zwei Monaten, er wohnt jetzt bei Pat Ellenstine, auch sie wäscht Gold, spätestens im September will Ströming abziehen, ob Pat nicht mitzieht oder doch, ist ungewiß, ihm soll Evelynn den Buckel runterrutschen, rotblondes Haar hatte sie, feste Brüste, und schwatzte und schlief wie's kam, durchnäßt und schwitzend steht Strömung an der Waschbox, fünfzig Meter südwärts arbeitet Pat, bald ist September und hoffentlich hört der Regen auf und der Wind, hoffentlich viele goldene Unzen!

Cash

Ann Prati, die Tochter eines aus Italien eingewanderten Mannes, der mit sechsundvierzig gestorben war, und ihre Mutter hatte drauf einen Mann aus St. Louis ins Haus gebracht, seit acht Monaten betreibt Ann in Fox bei Fairbanks einen General Store, gäb's hier Vieh, im Winter würde es im Stehen erfrieren, sagt sie, erfrieren und stehenbleiben, monatelang, zuvor hatte sie sich eine Zeitlang in Port Gibson herumgetrieben, ein paar tausend Meilen von hier, hoffentlich genug weit weg, Gibson liegt dort, wo der Jagdmessermann Resin Bowie begraben wurde, und weiter südlich im Schwemmland beim Old River Lake war sie auch, ich kaufe Zündhölzer, Tabak, eine Zeitung, Bier und Milch, und Ann Prati erzählt, sie sei in Bessemer bei Birmingham, Alabama, von Freunden zu einem Mondscheinpicknick eingeladen worden, vier Wagen voll aufgeräumten Jungvolks, man sei in die Büsche hinausgefahren, wo andere einen Ring aus Holzkohleglut bereitgemacht hatten, man habe die Picknickkörbe ausgeladen und Decken ausgelegt, dabei sei sie von mehreren Burschen ergriffen und an einen Baum gebunden worden, sie gingen unwiderstehlich sanft mit mir um, sagt sie, Gegenwehr hätte diese Buben vor Tollheit überschnappen lassen, ich bemerkte plötzlich einen jungen Schwarzen, sie hatten ihn an den Armen aufgehängt, seine Füße baumelten über dem Boden, es waren viele kräftige Hände, sie banden mich an den Baum und fragten: willst du, daß wir zuerst den Nigger drannehmen oder zuerst dich? Ann fragt: was sollte ich tun! was sollte ich sagen! am anderen Morgen habe sie ihrer Mutter die Schmuckschatulle geklaut und ihrem neuen Vater vierhundert Dollars und den Wagen, und für alles das hier schuldest du mir fünfzehn Dollar cash, wärst du ein Golddigger, nähme ich Gold, jetzt wo nichts mehr sicher ist, keine Distanz, kein Wort, nicht einmal die Sonne.

Girls and Boys

Am Tanana River eine Schar junger Leute, fünf Girls und zwei Boys, alle um die zwanzig, der eine Boy rothaarig und eher klein, der andere ein unglaublich dicker, etwas dumm dreinblickender riesiger Mensch, unsere Sommerknaben, sagt ein Mädchen, der Kleine organisiert alles, was es zu organisieren gibt, tagsüber trinken wir eisgekühlten Cognac, nachts Whisky aus heißgemachten Gläsern, er ist unser Semesterferienboy, und der andere ist unser Holydaygrizzly, ein Weltrekordler, Inhaber des Großen Horns, gewaltig! seine zweihundertachtzig Pfund verschlagen dir den Atem, er nagelt dich fest und fährt ein, er spießt dich auf, es macht dich wieder gläubig, du stirbst und fährst in den Himmel ein übers andere

Mal, wir haben einen genauen Plan, keine kommt zu kurz, ich hatte ihn vorgestern, heute ist Paula dran, übermorgen wieder ich, Jenny setzt aus, Paula ist die dort mit der Nickelbrille, siehst du, schon ganz aufgeregt.

Die Malcolm-Töchter

Du hast doch die Riesenbäume oben an der Main Street gesehen, es sind sieben, vier auf der einen Seite vom alten Metzgerladen, drei auf der andern, von diesen sieben Bäumen heißt es zum einen, sie seien ursprünglich benannt nach den Plejaden, aber das ging vergessen, was sollen die Bürger dieser dynamisch aufqualmenden Stadt mit Plejaden und Bäumen des Lebens, die jetzt absterben, Ast um Ast lieber tot als grün in diesem Industriegetrümmer, andererseits sagt man, und das wissen alle, die Bäume erinnerten an Fleischer Malcolms sieben Töchter, für einen Sohn hätte er seine Seele gegeben, sie sind an einem Samstag vor Mitternacht, als die Stadt noch keine war, viel kleiner war, nichts als ein Nest namens Gaspool damals, da sind die sieben Malcolm-Töchter, besiegt und befeuert von Alkohol und Einsamkeit und wer weiß welch wilder Krankheit, du weißt schon, in die ausgeräumten Schaufenster gesprungen, drei ins eine, vier ins andere, auf grellt die geilste Gasbeleuchtung der Welt, und wo sonst totes Fleisch kalt ausliegt, tanzt jetzt nacktes sich in Hitze, und es kommen die Kunden, die Mädchen reißen Steaks aus Vaters Eiskammer, und Leber, Niere, Herz, schmücke dich mein Busen! Vater ist ein guter Schlachter, Wurst ist Bock! so etwas hat Gaspool nie gesehen, Enochville, so heißen wir heute, wird ewiglich drauf warten, seit Jahrzehnten die berühmteste Tanzstunde weit und breit, aber es heißt, seither sterben die Bäume ab, Sequoia sempervirens, blödsinniger Aberglaube, unsere nimmermüden Bet- und Bibelschwestern, du weißt schon, was die Bäume kaputtmacht, ist der Dreck in der Luft, fällen kann man sie nicht, die Liegenschaft gehört noch immer den sieben Schwestern und die sind übern ganzen Kontinent verstoben, verheiratet, geschieden, verwitwet, jedenfalls alt geworden, einmal im Leben ausgetanzt, und der alte Malcolm mitten in der knopfäugigen Menge, wortlos besoffen, seiner Jahre sozusagen ganz enthoben, bin ich jetzt plötzlich wieder in der Hurenstraße von Klondike City, Dawson oder Circle am Yukon? er war so besoffen, nicht eine von seinen sieben Töchtern hat er erkannt.

Früher

Er sei enttäuscht, schwer enttäuscht von seinem jüngsten Sohn, der versprochen hatte, Medizin zu studieren, um hinter die Krankheit zu kommen, Joe Henderson meint die Krankheit seiner Frau, vom vierten Kind an hat man es gemerkt, erste Anzeichen, ein Rätsel, eine Krankheit im Herzen, sagt er, und im Kopf, die Frau immer öfter und jedesmal länger ins Hospital, ins Irrenhaus, daß ich's nur unmißverständlich, man hat Schulden machen müssen, er ist Arbeiter gewesen, selten unter zwölf Stunden täglich, es hat nie gereicht, sechs Kinder, später haben die beiden ältesten mitgeholfen, dann eben der Jüngste, er will dahinterkommen, eine löbliche Absicht, alle legen Geld auf den Tisch, Mutter ist zwar nicht mehr zu helfen, aber ist nicht die Absicht desto löblicher, hab ich recht? sie selbst wäre zwar dagegen gewesen, spart das Geld! hätte sie gesagt, wäre sie dazu in der Lage gewesen, aber das will nichts besagen, was weiß sie denn! vor genau drei Wochen und zwei Tagen aber, an jenem Sonntag, hat die Zweitjüngste, sie besorgt ihm den Haushalt, hat ihm schonend, wie man sagt, beigebracht, daß der Löbliche seit mehr als einem halben Jahr, zu der Zeit hat der Mount St. Helens wieder zu spucken angefangen, nicht mehr Medizin, sondern einen ordinären Job, Geld und Weiber, natürlich! immer dasselbe! einen fetten Job, Makler oder sowas, unehrliches Geld, wie kann einer nur von der Medizin über seines Vaters Kopf hinweg in so etwas verkommen! der Junge scheffelt Grünes und alle sind einverstanden, natürlich! er ist tief enttäuscht, nicht nur vom Jüngsten, sie wäre auch tief enttäuscht, seit einem Jahr reagiert sie auf nichts mehr, und ist ein heiteres wunderschönes Mädchen gewesen, kerngesund, aus Coos Bay unten an der Küste, ein Apfel zum Anbeißen! Joe Henderson nötigt mich in sein Häuschen, Schluck Kaffee, Fotografien, die Frau, die Kinder, damals, früher.

Holz

Sam Goodwin sagt, an die sogenannten großen Sachen, die astigen Rätsel des Lebens und so, wolle er sich lieber nicht heranmachen, Wald und Holz gäben ihm, der in Astoria, weit oben in Oregon, Holzhandel treibt, gerade genug Rätsel auf, er sagt, ihm habe einmal eine junge Frau eines der größten Rätsel erklären wollen, Selma Snell, eine von diesen guten Feen aus der Gegend von Big Sur, Rock selbst gewoben, Haare selbst gefärbt, Farbe selbst gekocht, Kind selbst gemacht und so weiter, Selma Snell sagt zu Samuel Goodwin, weshalb die Juden sich damals nicht gewehrt haben in Europa, Auschwitz und so weiter, das will ich Ihnen erklären, sie dachten: nun ist eben dieses unser Leben so wie es ist so grausam und so ist es gewollt, das haben die gedacht und darum sich nicht gewehrt! und ich, sagt Sam Goodwin, ich mich zuerst auch nicht, ich habe ihr zugehört, sie war nicht übel, eine kleine Augenweide, schönes Gesicht und so weiter, da habe ich dann nicht mehr zugehört, und sie war ja auch nicht aus Holz, echte Rätsel sollen bleiben was man Rätsel nennt, ich zum Beispiel, sagt er, lebe vom Handel mit Holz, Holz wächst im Wald und aus dem Wald kommt es her, man sollte oben im kanadischen Nordwesten sein, dort bringt der Liard River jedes Jahr zweimal jede Menge Holz, du brauchst es nur herauszuholen, aber dann fangen deine Probleme an, verstehen Sie, immer da, wo man ist, Transportwege, Umtriebe, Verhandlungen, Preise, der Markt, immer hin und her und auf und ab und so weiter, das ist Holz und das ist mir immer wieder ein Rätsel: wie ich's geschafft habe und immer wieder schaffe, es ist mir grad genug, verstehen Sie?

Der Prediger

Der Prediger meint, man könne heutzutage Hitler endlich als das sehen, was er gewesen sei, ein Werkzeug, ohne Zweifel gottgesandt, Verhängnis hin oder her, denn nichts geschieht ohne Ihn unter Seiner Sonne! gottgewolltes Drittes Reich, den Menschen den Übermut zu nehmen und heilsame Schrecken zu lehren und Sein Volk, dies vor allem, vor der ganzen Welt in neue Ordnung zu bringen, kein Spatz fällt vom Dach! den Gottesbeweis oder Ihn Selbst in der Natur, etwa im Grand Canyon oder im Yellowstone oder drüben im Himalaja oder in den Alpen gesucht zu sehen, sei Ihm allzu kindlich, Er belächle es mild, denn allein in den Menschen stecke Sein Plan, am Beispiel Seiner Geißel Adolf H, diesem so willensstarken wie willfährigen Werkzeug, von Ihm für Sich Selbst für Seine, den Menschen schwer oder gar nicht verständlichen Zwecke gemacht, lasse solches sich fürwahr sehr schön erläutern, der geschminkte Prediger mit steifem Kragen und Krawatte schwitzt und zieht allerlei Gesichter auf und bittet um Spenden, seine Sendung verschlinge Sonntag für Sonntag viel Geld.

Terztöne, Lichtstiche

Im steinheißen wüsten Land zwischen Tonopah und Beatty auf einmal zwei grelle Paralleltöne, unvermittelt, nicht mählich anhebend, ganz ohne Ansatz laut und hell ziehen sie, eine kleine Terz voneinander, eine spiralig verzogene Halbkreisbahn in den reinen Himmel, die Konstellation gelb vor blau stellt sich ein, weit oben im gläsernen Glast erreichen die beiden Töne den sirrenden Scheitelpunkt ihres Laufs und ziehen wieder erdwärts, weit voraus, noch hoch über dem Horizont, brechen sie plötzlich ab, beide zugleich, Stille wieder, und so weit das Auge reicht nirgends Bewegung, mitten durch die Reglosigkeit pfeilt die schwarze Autostraße, begleitet von Bells grätigen Telefonmasten voll leichtgespannter Drähte – acht Stunden später ist es heiße Nacht, hoch oben zieht ein Flugzeug vorbei, seine Lichter blinken Stich um Stich zwischen den Sternen schnurgerade den Kurs an den myriadenfach sternstichigen Himmel, als hätten sie eine Naht zu nähen, hinterdrein Triebwerkgerolle, es verebbt gegen die Excelsior Mountains, ein breithin wallender Schleier, eine luftleichte Schleppe.

Das Glück versuchen

In einer Frühstückbude eine Frau, die selbst noch ein Kind ist, mit zwei Kindern, was vielleicht ein Glück für die Kinder ist, denn es heißt: Kinder von Kindern sind Glückskinder, sie erzählt von sechs Tagen im Bus, quer durch die Staaten, sechs Tage und sechs Nächte mit den Kindern unterwegs, das Mädchen vierjährig, der Kleine acht Monate, ja, exakt sechs Tage, aber von Zeit zu Zeit sei sie ausgestiegen, ein bißchen Suppe, man ißt Früchte, die Kinder brauchen das, nicht wahr, und ich auch, sie lacht, trinkt Eiswasser, der Kleine döst, sie hat ein Versicherungspapier von zu Hause mitgenommen, das will sie verpfänden und mit dem Geld will sie spielen, wozu sonst reist man nach Las Vegas! wieder lacht sie, you better go home, sagt ein Bursche zu ihr, you better go back home, sie lacht ihn an, hellwach lacht sie in die Frühstückbude hinaus, oh nein! sie will ihr Glück versuchen, wie sie es anfangen wird, weiß sie noch nicht recht, zuerst ein wenig in der Sonne liegen, dann wird sie's vielleicht wissen, einfach mal in die Stadt, Downtown, das Lebensversicherungspapier, die Kinder werden mir Glück bringen, I think you better go back home, sagt jetzt auch der andere Bursche, aber sie lacht nur, und bald drauf geht sie mit ihren beiden Kindern, der Kleine döst weiter, good luck, sagt der eine Bursche, take care, sagt der andere, sie nickt und lacht und geht aus der kühlklimatisierten Frühstückbude hinaus an die trockene heiße Juliluft, Lord! Lord! my God! sagt, als die Tür sich hinter ihr und ihren Kindern geschlossen hat, einer der beiden Burschen, der andere sagt nichts, draußen geht sie, noch im Schlagschatten und nach ein paar Schritt schon im Sonnenlicht, lächelnd vorbei und winkt, durch die bläulich getönten Scheibenwände staunen sie ihr nach.

Ein Tauschgeschäft

Und bin einem begegnet, der behauptete, er habe zwölf Menschen umgebracht, ich bin ihm begegnet zur Sommerzeit in der Hitzeflimmerluft zwischen Empalme und Ciudad Obregon, Provinz Sonora, eine Gangstergegend, sagt man, Staub und Dürre, der Mann hat gesagt, es ist alles Fiktion, ich, du, der Schatten auf meinem Gesicht,

alles, auch meine Machete und mein Hieb und die Klaff-
wunde am Hals, zum Beispiel in deinem Nacken, nichts
als Fiktion, das Herz pumpt das Blut heraus, die Lunge
macht ein Geräusch, und wie sie umfallen mit verdrehten
Augen und wie das Leben aus ihnen fährt, alles Fiktion,
Coronas de flores para los muertos, der Mann stand in
Lumpen, er zitterte, er sagte, er sei mit einem Schleier
über dem Gesicht geboren worden, darum könne er alles
sehen, Geister, die Zukunft, das Unheil, alles Vergangene, alle Fiktionen, du siehst meine Augen, meine
Zunge, meine Beine, ich sehe, ich rede, ich stehe, ich gehe
und du solltest mir alles schenken, was du bei dir hast, leg
alles hier auf den Stein und wir machen einen Tausch, wir
machen ein Geschäft, meine schöne alte Machete, möchtest du?

Das Gesicht

Am blaulichten Himmel Wolken wie König Wasas Schiffe
vor dem Wind, über grünen Bergen ein Kopf aus Gold,
eine kupferne Stimme, Augen aus blankgekratztem Blei,
die Frau zerteilt die Zeit, in der Zeit hatte ihr Vater ein
Gesicht: er, der nie das Reservat verließ und nicht wußte,
wie eine Kathedrale aussieht, sah sich in einem großen
Dom, Steine, Säulen, Statuen, hohe graue strenge Kälte,
er war ein tapferer Mann, doch sein Herz trommelte und
sein Atem gefror, denn es verhielt fünf Schritt vor ihm
der größte Wolf, den er je gesehen, und er war ohne
Waffen, er hatte sie abgelegt, da sprang in sein Gesicht die
Erinnerung an einen weißen Mann, den er nie zuvor ge-

sehen, der weiße Mann stand in Stiefeln und einem langen Mantel mit breitem Kragen und hatte einen dunklen Hut auf, und der Wolf war hinter diesem Manne her, in seinem Gesicht begriff der Vater der Frau, daß jener Mann irgendwo im Dom versteckt war, der Wolf schien ihn zu wittern, seine Augen suchten umher und fanden ihn nicht, und plötzlich schnellte er, sagt sie, vor meinem Vater vorbei und durch eine halboffene Tür und schnellte wild wieder zurück, und in diesem Augenblick streckte ein Schuß ihn nieder, und er zerstob, in seinem Gesicht, dessen Ende der Vater kommen fühlte, denn die Erschöpfung begann ihm kreisende Kringel vor die Augen zu treiben, versuchte er herauszufinden, wo der Mann mit dem Gewehr sich versteckt hielt, es war wieder Stille nach dem dröhnenden Knall und es rührte sich nichts, nur die Kringel rasten, der Vater lichterte mit Wolfaugen, doch er fand den Mann nicht, erst im Auftauchen aus dem Gesicht dunkelte hinter ihm wie ein Schatten eine Vermutung, und dann blitzte ihm grellicht auf, der Mann habe sich, das Gewehr die ganze Zeit im Anschlag, als eine Statue auf einem Sockel hingestellt, dergestalt sei es ihm gelungen, den Wolf zu verwirren und auch des Vaters Wolfsblick zu täuschen, die Frau schweigt eine Weile, Kopf aus Gold, Augen aus blankgekratztem Blei, durch ihre Finger laufen blaue Perlen, und als viele Jahre später mein junger Bruder sich gemeldet hatte und mit den Soldaten in den Krieg gezogen war, hatte mein Vater wieder ein Gesicht, an dem Tag verlangte er ein Bild des Mannes zu sehen, der den Krieg gebracht hatte, und als sie ihm den Mann in einer Zeitung zeigten, sagte er: dies ist der falsche Jäger und heute hat er meinen Sohn getäuscht, der Große Wolf ist tot! so war es, sagt sie, mein junger Bruder starb vor einer Stadt in Deutschland, die Detmold heißt, sie schweigt und sieht den Wolkenschiffen nach.

Ein Adler wartet

Recht hoch in der Luft einer, der im Sprung über Adobe-mauern von Haus zu Haus setzt, geräuschlos, nur wenn er sich ankrallt und hochzieht, hört man sein Keuchen, ein Verrückter vom Stamm der Navajo, sagen die einen, nein! ein Mischblut von weiter nördlich, Ouray und Uin-tah! ein dritter ruft: ach wo! ein Yaqui aus dem Süden ist er! nanana, wenn nicht gar ein Osage aus dem Ohosten oder ein Ponca oder Meti, hört doch auf! er ist der Sprin-ger von Santa Fé, das ist er, der Flieger von Santa Fé, in seiner Seele ein eingesperrter Adler, schlimmer als im Zoo, und wartet wütend drauf, daß er stürzt und stirbt!

Der gute Geist von letzter Woche

Ein weitläufiges Haus weit draußen im Land südlich von Amarillo, ein kühles Haus, flach und weiß in einem gro-ßen grünen Park mit zwei Dutzend halbhohen Bäumen, eine künstliche Oase, alle zehn Schritt zucken Rasen-sprinkler, kickerigickelnde Wasserhähne, jedem sein Re-vier, das Land ringsum knochentrocken ausgedörrt, die Wüste nah, es war flirrend heiß, kein Lüftchen, der Wind hatte wechseln wollen und war zum Stehen gekommen, tagelang sirrende Schwüle, und jetzt erinnert sie sich an jenen Morgen nach einer schweißfeuchten Nacht, als sie im Swimmingpool Lachsseiten entdeckte am himmelblauen Grunde, sie rief ihren Freund, Jess hieß er, Jess komm mal her! ein lieber Bursche, Geld und Geist, aber irgendwie gestört, das weiß sie, obwohl Jess Horn und sie nur kurze Zeit miteinander gegangen sind, Jess komm endlich her! sie stand verdutzt am Rand des Beckens, das sieht doch wie Lachsseiten aus, wie Lachsfilets, nicht? er nickte ernst, ja, von frischen Lachsen, die Flossen ab und hinein damit! Fischleichen! da gehören sie hin! da habe sie sich bereitgemacht und sei bei nächster Gelegenheit, noch am selben Vormittag, heimlich verduftet, die halbe Nacht, müssen Sie wissen, habe ich ihn in den Zimmern rings um mein Zimmer herumtigern hören, ich bin verschwunden wie ein Wiedertäufer! sie lacht, ich bin ihm entwischt, verstehen Sie? entgangen! Cowboys lieben fette Kälber, sagt man, mein guter Geist hat mich bewahrt, mein guter Geist von letzter Woche!

Klapperschlangen

In Texas, Nähe Luckenburg, Fredericksville, Kerrbach, singt ein Mann aus Bonn von Trophäen, Trophäen von einer Größe, man glaubt es kaum, Weltmeistertrophäen wachsen hier! er spreitet, klaftert die Arme, zwei Wochen lang macht er für sein gutes teuerdeutsches Geld Jagd auf alles, was Toptrophäen trägt, leider gibt's auch Klapperschlangen, er hat von zwei Fängern gehört, die fahrlässigerweise eine betäubte, in einen Stoffsack gesteckte

Schlange in den Kofferraum ihres Wagens warfen, zu den Bierdosen in die Eisbox, damit das Biest kalt werde und stillhalte, es hält so still, daß die beiden gegen Abend nicht mehr dran denken, und schon hat einer das Gift direkt im Hals, als er, sich hineinbeugend, zwei Dosen herausholen will, es gibt nichts mehr zu tun, mal wieder kein Serum, das ist die eigentliche Fahrlässigkeit, und der nächste Arzt meilenweit, mal abgesehen davon, daß Hals sowieso hoffnungslos ist, sagt der Jägersmann aus Deutschland, trostlos, nichts zu machen, diese Dose hier wird wohl mein letztes Bierchen sein, sagte der Mann mit dem Biß, sag meiner Frau das und das und den Kindern das und das, ich leg mich jetzt besser auf den hinteren Sitz, so haben wir es leichter, na, hätte er brüllen sollen? ein paar Minuten später ist er tot, oder die beiden Buben, zehnjährig, hier im Land geboren und aufgewachsen, sie hätten es wissen müssen, gehn zum Fischen an den Bach und erwischen schöne große Köder im Ufergeröll, kriegen sie aber noch nicht mal richtig an die Angelhaken, nebeneinander hingekippt auf den Steinen, wie schlafend, so sehen tote Kinder ja immer aus, paar kleine Stiche in den Fingern, kaum zu sehen, so findet man sie spätabends, und neben den Angeln die fingerlangen Klapperdingelchen, haben ausgezappelt, es heißt, je kleiner desto giftiger, und das stimmt, weiß der Mann aus Bonn.

Eckbar, El Paso

Und später, wieder an der Grenze, in El Paso, die große dunkle Eckbar, noch immer gab's den gekachelten Abfluß zu Füßen der Trinker, damit niemand hinauszugehen brauchte zum Urinieren, er komme jedes Jahr, erläuterte ungefragt ein hagerer Mann aus dem Norden, wo ich herkomme, sagt er, ist Whizzard Island und Phantom Shipyard, und im Winter ist es so, daß man an hellen Tagen die Gegend mit dem Fernglas absucht, und man denkt: oh! endlich ein Mensch dort weit draußen! und dann ist es ein Baumstumpf, den man bisher übersehen hat, er fragte sich und mich, was von dieser Geschichte zu halten sei: ein Mann fährt mit seiner Frau von Mandan bei Bismarck in North Dakota in die Wüste nach Nevada und wirft die Frau bei den Humboldt-Salzsümpfen aus dem Wagen und haut ab nach California, einfach mal angenommen, sagt er, und einige Jahre später haut er in L. A. eine etwas ausgeblasene Straßenflöte an und sie sagt: Gott helfe dir! ihm fallen die Augen aus dem Kopf und er erkennt sie, es ist seine Frau, stellen Sie sich das vor! der Mann aus dem Norden weiß nicht, was er von dieser wahren Geschichte halten soll, er stiert eine Weile, der Ventilator flügelt, ich glaub nicht, daß sie ihn erkannt hat, nonono! sie muß einen religiösen Knax abbekommen haben, das passiert ja seit jeher in der Wüste, oder sie gehen drauf, und drum werden solche Gebiete jetzt von Helikopterpatrouillen überwacht, wieder stiert er, schnauft, bläst durch die Nase, nirgendwo sonst, hebt er wieder an, ist das Saufen so billig und nirgends sind die Mädchen so lieb zu meinem Fleisch, auflachend spuckt er eine glanzrotweiße Zahnprothese in seine langfingerige Hand, er lacht laut, kindisch, seine Backenbeutel flattern, ein alter Narr vormittags um halb elf im aufgewärmten Suff von gestern, und nirgends sonst auf der Welt, japst er albern, kosten Zähne so wenig, und sie machen sie dir im Handumdrehn!

Der Stadtrat

Der Stadtrat aus Nantes konnte es nicht lassen, schon
bald nach der Grenze seine japanische Kamera zu zücken,
das Tempo seines amerikanischen Wagens zu drosseln
und ein paar Schüsse zu schnappen, er rühmte mir, erzählt Georges Thévècque, abends beim Bier in Hermosillo
seine mexikanischen Fototrophäen und wollte mich aus-
nehmen, ich sei doch schon lange im Lande, nicht wahr,
wo man denn hier die allerschärfsten Ecken finde, fragt
er, pummelt mich an, weil ich zufällig ein Landsmann
bin, ähnliches sei ihm einmal in Italien vorgekommen,
sagt er, auch dort von Stein zu Kilometerstein Straßen-
huren, und wenn das Wetter kalt wird, halten sie ihre
Knochen an einem Feuerlein warm, im Sommer zeigen
sie Brust, meist gut abgehangene Jahrgänge, da will
Thévècque dem Landsmann blank in die Geile gesagt haben, er kenne viele Striche, wo die Huren nicht auf
Meilensteinen, wo sie und ihre Söhne eng aufeinander
hockten in feinen Häusern voll dezenter Innenarchitek-
tur, er will ihn gefragt haben: wie ist Ihre Adresse, Monsieur le Syndic? die Welt dreht sich und vielleicht kommt
wieder einmal la doulce France an mir vorbei und ich
kann mich des Privilegs nicht entblöden, mir Ihre Dienste
zu kaufen, cher Monsieur!

Das Haus im Sand

Ein Cliché, ein Abziehbild, und man tritt trockenen Fußes
hinein in Xaragua, Janahica, Chiriqui, Ciamba: die Bret-
terwand ist hoch und sehr lang und stabil, sie steht gut,

man sieht sie überall, es ist immer die gleiche, man hat sie mit Plakaten vollgeklebt, viele lachende Gesichter, es sind zukunftsfreudige Männer, und einige ernste Gesichter, das sind die besorgten Männer, einige grimmige Gesichter, die Beschützer, lauter große Männer und immer wieder dasselbe Gesichtichtichticht, berühmte Männer, im Radio wird viel von ihnen geredet oder sie reden selber, auch im Fernsehen zeigen sie ihre Gesichter und reden, und vor einer Cantina pinkeln ein paar Indiobüblein ein Haus in den Staub, im roten Staub Wände, das Dach, eine Tür, sie beeilen sich, schnell noch ein Fenster, sie pressen den letzten Tropfen heraus, sind braunschmutzig und fröhlich, in den Alpenländern schreiben die Burschen so ihren Namen oder den Namen ihres Mädchens oder sonstwas im Winter nach ein paar Bier und Schnäpsen in den Schnee am Wegrand, wenn sie sich unbeobachtet glauben, und lachen dazu, das Haus hier ist viel größer als unser Haus! rufen die Bübchen und kichern und freuen sich und treten mit urinbespritzten Füßen vorsichtig in ihr großes Sandhaus im rotgelblichen Staub.

Der Bienenkönig

Eine dicke junge Indio auf einer Bank an einem Tisch säugt ihr Kind und schiebt der Musikbox etwas in den Schlitz und wiegt das Kind in Schlaf zu der Musik, die schwer aus dem Kasten stampft, und als eine Art Bourdon plärrt sie mit, sie nimmt nur jeden zweiten Schlag als Takt, probier ihr das mal nachzumachen, sagt ein eulenäugiger dürrer Kerl mit roten Haaren an den Unterarmen zu seiner Hühnerwadenmolly, die sagt lange nichts, Touristen aus dem Norden, Amerikaner, Kanadier, die Musik trottet fort in weite Ferne, die dicke Indiofrau summt leise, der Kasten knackt, kleine Pause, da kommt es tranig über die roten Lippen der Frau: mach du mir erst was, Peanut! und aus ihren Kugelaugen schießt neongrell Haß, in einer Fettspalte am Hals, schweißig schimmernd, ein feines Goldkettchen und dran ein kleines Kreuz, in ihrer Schlotterbluse baumeln, kollern Birnbrüste, er kaut weiter, putzt den Teller auf, ein geschäftiger Bienenkönig, quetscht etwas hervor, schlürft, mampft, jetzt wieder Gehämmer aus dem Kasten, du wirst mich nicht überleben, nein, du nicht!

Der Lügner

Dem gelbhäutigen Alten sind nur wenige Zähne geblieben und er hat kein Gesicht, dafür hundertvierundvierzig Grimassen, derweil er von seinem Vater erzählt und Geschichten wiederholt, die er seinen Vater hat erzählen hören, die tollsten Geschichten, alles lauscht und grient und lacht und manchmal kugeln sie sich, mach Pause! ich platze gleich! ruft einer, dein Vater muß der größte Lügner der Welt gewesen sein! darauf achtet der Alte mit den hundertvierundvierzig Grimassen wenig, er dreht neue hervor und bringt eine neue Geschichte, noch eine, nein! ruft ein anderer, der größte Lügner ist er! er erfindet nicht nur die Geschichten, er erfindet, merkt ihr das nicht, uns seinen Vater dazu! in diesem Augenblick fallen

die Grimassen ab von dem gelbhäutigen Alten und seine
Augen werden klein und laufen hart über ihre Gesichter,
und euch alle erfinde ich auch! sagt er und hat plötzlich
ein Gesicht, es ähnelt jenem, das die Ton- und Marzipan-
kneter, wenn sie in der Fastenzeit Figürchen für die
Karwoche machen, dem Tod geben hundert Mal, tausend
Mal, *Fratze um Fratze, und aus jeder blökt unentrinn-
bare Lächerlichkeit, drum versuchen die Besten es wieder
und wieder wie im Rausch, das Gesicht des Alten aber
erstarrt vor aller Augen zu eisig grinsender Majestät,* alle
verstummen, versteinern, langsam wendet er sich ab,
schwankt davon.

Unter dem Vulkan

Willst du meinen Bruder hören? er weiß Geschichten aus
dem Inneren des Vulkans, nicht nur diese alten Geschichten von den Bauern, denen der Vulkan die Felder und die
Hütten verbrannte, als er damals aus der Erde heraufkam,
wo die Maisfelder waren, alles kam unter die Asche, die
Bauern bedeckten sich mit naßen Tüchern, sie zogen mit
langen Hakenstangen das Heiße aus der Erde und pißten
drauf, für die Touristen und die Journalisten, die kamen
in Scharen und brauchten Führer und wollten gelöschtes
Vulkanfeuer mitnehmen, die Bauern verdienten nie so
viel Geld wie mit Pissen, aber das sind alte Geschichten
von damals, als der Paricuti heraufkam, mein Bruder
weiß andere, er hat sich hinabseilen lassen, da reißt das
Seil, es wird heiß und reißt, er ist zwei Tage und eine
Nacht drin gewesen, man hat ihn nicht gefunden, die

Armee hatte keine Zeit, er half sich selbst heraus, man hat ihn nicht mehr gekannt, der Vulcano hat ihn verbrannt, er weiß viele Geschichten aus dem Inneren, Jaime, erzähl! er stößt seinen Bruder an, einen Mann von über siebzig Jahren, Jaime sei feuerverwirrt, nur Geschichten aus dem Vulkan wisse er, sonst nichts mehr, sagt er, vor Wochen ist mir nahebei ein Mädchen gezeigt worden, das in einer altbekannten Höhle verschwand und tagelang verschwunden blieb, niemand hatte vermutet, daß hinter und unter der Höhle andere Höhlen ihr Maul aufsperrten, der Vater des Mädchens machte Grimassen und Gesten des Verschlingens, man hat, nachdem das Mädchen doch wieder zum Vorschein gekommen, sich von ihm zu dem Durchschlupf führen lassen, dahinter gold- und edelsteinprunkende Paläste, es erzählte davon, doch niemand fand den Mut, durch- und hineinzuschlüpfen, und dann ist das Erdbeben gekommen und hat den Spalt zugemacht, nur sie weiß, was wirklich da drin ist, aber sie kann es nicht sagen, sie ist ein wenig, wie soll ich sagen, verstehst du? der Vater lächelte entschuldigend, das Mädchen sah vor sich hin, Schmerzliches in seinem Gesicht weckte die Erinnerung an eine Illustration zum Stichwort Galla, die mir in New York in einem Buchantiquariat in einem alten Lexikon aufgefallen war: *Galla, Mischvolk zwischen Negern, Hamiten, Arabern, wohnt im steppenhaften Osthorn Afrikas, ernährt sich durch Viehzucht, Raub, Krieg,* angesichts der schmerzlichen Schönheit des abgebildeten, ganz in sich versunkenen Antlitzes einer Frau vom Volk der Galla, hatte ich mich in einer Sekunde entschlossen, dies Gesicht zu finden irgendwann irgendwo.

Die Magier

Von Santo Tomé nach Sao Borja, von Argentinien nach Brasilien will Mr. Monzon, doch die Fähre kommt nicht vom Ufer los, weil einem alten mageren Geier eingefallen ist, daß er in der Baracke, wo man für so und so viel Geld eine zerkratzte Blechmünze mit eingestanzter Nummer kaufen muß, die während der Überfahrt zu hüten und am andern Ufer wieder abzugeben ist, also jenem Alten, erzählt Mr. Monzon, war eingefallen, daß er in oder hinter der Ticketbaracke irgend etwas vergessen hatte, drum nützt volle Kraft voraus nichts, die Fähre stampft und bockt und schlingert wie auf Grund gefahren, und es hilft kein Disputieren, sie müssen das Rollbrett wieder heranschleppen, der alte Geier will an Land, von wannen er alsbald wiederkömmt, ungerührt, mit einem mickrigen Stöcklein in der Klaue, Kerbgeschnitze, auch ist vielleicht einmal Farbe drangewesen, er bedankt sich beiläufig und das Rollbrett rumpelt, jetzt kann die Fähre mit Leichtigkeit, Mr. Monzon handelt mit Steinen, er reist hin und her, kennt den Busch und die Betonwelt, einmal, in Caracas, kann ein Flugzeug nicht abheben, nicht mal zur Startpiste kann es sich bewegen, nichts an dem Vogel ist nicht blockiert, nur die Triebwerke sirren, aber das Flugzeug dröhnt und ruckt und stößt vergeblich, schließlich wird abgeschaltet und man hört aus dem Lautsprecher etwas von kleiner Verzögerung, die pure Ratlosigkeit, draußen sieht man Reparaturwagen schwirren, Mechaniker, Leitern, Treppchen, da naht mit seinem Bambusstöckchen ein junger fetter Mann, von einer Stewardeß geführt, hinter ihm eine junge schlanke Frau, die demütige Anbetung in Person, allerlei Umstände noch, bis der

Fette seine Schwerleibigkeit endlich die Treppe hinaufbewegt, sein separat herangefahrenes Gepäck mußte noch eingeladen werden, er zieht ein wie Salomon in seinen Tempel, plump fällt er in einen Sitz, er schnauft und schwitzt, jetzt darf die junge Frau sich auch setzen, sie schaut scheu, draußen flitzen die Mechaniker plötzlich beiseite, es ist, als ob die Maschine sozusagen von selbst losginge, der fette junge Schnaufer wischt sich sein Schweißgesicht, auch er war ein Magier, sagen Sie was Sie wollen! *nein, gegen Mr. Monzons Überzeugungen, gegen Überzeugungen überhaupt! gibt es nichts zu sagen, man will ja weiter, da kann man nur nebenaus nicken,* Mr. Monzon aus Paititi, Stadt der Statuen aus purem Gold, erhaben, schweigend, tief im Innern des Kontinents, lange war kein Mensch mehr dort, nur Mr. Monzon, der heißt vielleicht Borges oder Rulfo, Asturias, vielleicht anders, wer weiß?

Christen

Er war ein Halbwüchsiger, der zu jenen hatte gehen wollen, die in die Berge geflohen waren, aber man hatte ihn erwischt und man zwang ihn zuzuschauen, wie man seine Mutter umbrachte, eine kräftige Frau und jetzt unter Flammenstößen und hackenden Kanteisen ein blutüberströmter Schrei im aufgescharrten Dreck vor den Hütten, dies furchtbar geschundene Fleisch und ein kahlgebrannter Kopf voller Wunden und ohne Gesicht: seine Mutter! den Halbwüchsigen verfolgten Gewalt und Getümmel, schreiende Nahaufnahmen und ein solches Entsetzen,

daß er unter den Verstümmelungen nichts mehr wahr-
nehmen konnte, was ihn an seine Mutter hätte erinnern
können, jemand stieß ihn beiseite, jemand riß ihn weiter,
jemand fauchte ihn an und er begriff noch immer nicht,
aber er rannte und entkam, er hat nicht mehr reden können, er konnte nur von Verstümmelungen stammeln, der
Jungpriester verstummt, auf seinem bleichen fleischigen
Gesicht fleischige Leere, später erzählt seine ältere
Schwester, als ihr Bruder, oh Schmach! oh Scham! den
Halbwüchsigen gefragt habe, was für Männer es gewesen
seien, Soldaten? Banditen? und in seiner Hilflosigkeit zu
ihm gesagt habe: dein Land ist und bleibt trotz allem ein
schönes Land! habe dieser wie träumend, wie langsam
erwachend, eine leergeschossene Patronenhülse hervor-
geklaubt und sie ihm hingestreckt und hat, sagt sie, ohne
zu stottern, ohne zu stammeln, bebend vor Wut und Verachtung gesagt: gewöhnliche Männer wie Sie, Padre! und
will gehen und bricht nach zwei Schritt zusammen ohne
einen Laut, sie sagt: wir Christen mit unserer unver-
schämten Demut! ihre Stimme zittert, sie sagt: unsere
infame stolze Ergebung! alle Welt zahlt dafür! lassen
wir's entgelten Aug um Auge Tag für Tag!

Das leise Gelächter der Messieurs de Lesseps

Ihnen erzählen, wie die Fahrt ist heutzutage durch Ihren
Kanal, Messieurs de Lesseps, wo das Schiff gezogen wird,
geschoben wird, wo die Strudel es heben, senken, wo die
Riesenschleusen gewöhnliche Sklavennamen haben, Sie
wissen es, Messieurs, sicher kennen Sie auch den Durch-

stich von Culebra, wo dem Reisenden fünf Wörter in den Sinn springen: Zusammenbruch Bankrott Mord Fieber Selbstmord! der Urwald drängt heran, Blätterwände, dicke Hitze, heiß hauchendes Gewölle, einer sagt: hier hineingehen und sich nur eine Minute verlieren, bedeutet den Tod oder ein eigenartiges neues Leben, vielleicht als Tarzan oder als Schlange, was meinen Sie, Messieurs? Moderdunst und Nebelschwaden, und wenn es erst noch regnete! *ja, auch sagen wie das Wetter ist, unbestechlich bleiben, kein schwierigeres Geschäft,* Sie können da sicher nur lachen, Messieurs de Lesseps père et fils, und also ist auf der Fahrt durch Ihren Kanal vom Morgenrot zum Abendlicht auch ihr leises Gelächter zu hören, es ist Ihr Gelächter vom Pazifik zum Atlantik zu erzählen, oder wäre Ihnen, Messieurs, die Gegenrichtung angenehmer? hinaus in die endlos mitziehende Weite

Gerimson

Der Engländer Gerimson aus Manaus erzählte, er habe in einer Lichtung weit abseits vom Amazonas in einem Dorf an einem kleinen Nebengewässer außer dem Dorfältesten namens Todd auch die Herren Dickens, Goethe und Barnabas Washington angetroffen, *diesen und Mr. Dickens auf Englisch, Mr. Goethe auf Deutsch, uralt alle drei und schlieräugig, junge Frauen, sagte er, tragen sie umher, sie waschen und wickeln sie und man kaut ihnen die Atzung vor, sie bleiben unbewegt, keine Klage, selten mümmeln sie ein Wort, man schützt sie vor Tageslicht, bedenken Sie die Intensität der Sonne unter jenen Him-*

melsstrichen! sagte Gerimson, meist lege man die drei gleich nach dem Erwachen in geflochtenen Liegestühlen, Modell Todd, in den Schatten großer Blütenbäume, erst nach Mr. Todds Tod habe er, Gerimson, sich aus dem Dorf entfernen und mit einem Boot den Rückweg suchen können, er sei nicht verfolgt worden, obzwar ihm die Männer des Dorfes drohend geraten hätten, Mr. Todds Nachfolge anzutreten, er habe sich auf die anderen Herren herauszureden versucht, sie seien älter, weiser und so weiter, die hätten aber kaum reagiert, Feiglinge! zum Glück sei es den Jägern des Dorfes gerade in jenen Tagen gelungen, ein herantreibendes Boot abzufangen, drin zwei Fieberkranke, abgemagert, ausgemergelt, halb tot, in ihnen kaum noch die Kraft für ein dumpfes Gelalle, später im Schlaf kleine Schreie und Gewimmer wie von Welpen, ähnlich müsse er sich seinerzeit dargeboten haben, nachdem der Urwald seine Expedition aufgerieben hatte, so furchtbar, daß ihm sein Name ausgetrieben worden sei, Gerimson ist nichts als Ersatz, sagte er, aber besser Gerimson als namenlos, im Boot der beiden Neuen fand man ein ganzes Bündel Papiere und Pässe, feucht aufgetrieben und zerfleddert, aber Namen und Daten nach Belieben, Gerimson erinnerte sich an das Wort *Oravagine*, er wußte aber nicht, ob es einen Ort bezeichnete oder einen Mann, er hatte es nie zuvor gehört, jedenfalls nicht in England, dorthin wolle er zurück, sagte er, er versuche die Reise als Küchengehilfe oder als Steward abzuverdienen, etwas anderes gebe es wohl nicht, ob ich eine Kleinigkeit für ihn übrig habe? er könne mir noch mehr Geheimnisse verraten, *so viele ringsum werden noch leben, wenn ich schon tot sein werde, und Sie vielleicht auch, beeilen Sie sich!* ich erkundigte mich über ihn und erfuhr, er gehöre wahrscheinlich zu den wenigen, die bis zum Waurupang vorgestoßen seien, jenem verwunschenen Fluß, ein Geistergewässer, immer von Nebeln umschleiert, mal ströme es hin, kurz drauf zurück, oder es stehe still, oft dünste es farbige Dämpfe aus, man sagte mir, kein Waldgänger finde je, wenn überhaupt, unbeschadet vom Waurupang zurück, jene zwei drei, derer man sich erinnere, seien für den kleinen Rest ihres Lebens verwirrt gewesen, nein, eigentlich wie verschüttet, vergessen Sie Gerimson! er weiß nicht, wie er heißt, es gibt keine Hilfe.

Der Comandante

Der Comandante sitzt und raucht und trinkt, ein grauer Mann aus Stein, seine Augen verschüttet, das Gesicht voll grauer Runzeln, als sei ein Spinnweb über dies Gesicht gelegt, er spricht leise, seine Stimme ist ruhig, furor de muerte, Sie wissen vielleicht nicht, was Todeswut ist, wenn die Wärter kommen und man weiß nie wann und nicht warum, man weiß nichts, sie holen den Gefangenen und trampeln auf ihm herum, bis er nicht mehr schreit, paß auf, daß dich der Schmerzrausch nicht davonträgt! einer schleift dich zur Zelle zurück und kippt dich hinein, Beton, einsachtzig breit, einsneunzig hoch, zwei Meter lang, oben genau in der Mitte ein Luftloch, drei mal drei inches, einen halben inch höher eine Blende, man streicht mit den Fingerspitzen über den schimmernden Rand dieser kleinen Öffnung, rauher grauer Betonrand, du spürst den Lichtschimmer, du siehst deine Finger, vielleicht ein Lufthauch, du starrst, du hörst diesen armen Schimmer singen, dein Gehör trinkt, du saugst diesen Hauch ein und zitterst, du hockst dich hin in deine Dunkelheit und starrst hinauf, an der tiefsten Stelle unten ist ein Spundloch ohne Spund, für die Notdurft, wenn in jeden Betonkäfig zwei Mann gepfercht werden und das Essen ist ein Häufchen aufgewärmter Dreck, draußen die Sonne und die Zelle ein Backofen, man japst schwarze heiße Luft, man bäckt seine Wut, pro Tag gibt es ein Näpfchen faules Wasser, Ihre Lippen platzen, Ihre Zunge ist ein dicker Stummel aus Filz, wenn die Hunde Sie so weit bringen, daß Sie röcheln, bist du so mürb, daß du langsam zerbrichst, du zerbrichst und zerbröckelst, es gibt keine anderen Wörter, sie können dich wegkehren wie Scherben, wie Staub, wenn man aber nie aufgibt, nie! die Todeswut, wenn man nach zwanzig Jahren noch ein Mann ist, man hat sie alle wegwischen sehen, gefällte Riesen, und plötzlich wird die Blende hochgeschlagen, ein halbes Gesicht grinst herein, dann das Loch ohne Fratze, Licht! wirkliches Licht! der Himmel! man schnellt hoch, halb blind, geblendet, sie erwischen einen jedesmal, sie pissen einem ins Gesicht, die Todeswut, wissen Sie, stinkt nach Urin und Menschendreck in dieser Finsternis, und wenn man eines Tages hinausgezerrt wird, ohne Begründung eifrig gewaschen, rasiert, zurechtgemacht wird, saubere Wäsche, Kleider, Sonnenbrille, wenn man in einen Salon geführt wird, man weiß nicht mehr, daß es Teppiche und Fenster und Türen gibt, Vorhänge, Bilder, *die Todeswut, wenn man denkt: es ist alles umsonst gewesen, zwanzig Jahre Folter und Angst und Kampf und keine Luft, alles nur ein kaltes Räuchlein im Wind, sie wollen einer Bande von Reportern zeigen, wie gut sie dich gehalten haben, zwanzig Jahre Terror für zehn Minuten Salon im Blitzlicht, Falschgeld! sie fälschen alles! el furor*

*de muerte wenn man alles demoliert um nichts und
nichts wenn man ihnen ausgeliefert ist wie eine Mücke im
Spinnnetz!* der Comandante wird sich erholen, sagen die
Leute, man hat ihn gedemütigt, aber er hat gekämpft, er
hat gesiegt! an den Mauern und Wänden überall sein Bild,
unser Comandante, so sah er aus damals, Sie wissen
schon, vor vielen Jahren, und darunter und darüber:
Es Lebe Unser Großer Alter Jaguar!

Narr aus Schweden

In einem Kino, einer Blech- und Bretterbude in Xilitla
inmitten der blumigsten Gegend der Welt, nicht ganz am
Weg von Pachuca her nach Tampico, habe er gesessen, als
Kino noch neu gewesen und Xilitla auch, sagt er, schon
mit achtzehn war er aus einer Sattlerlehre ab in die Légion, über seine altersfleckige Glatze laufen zwei gezackte
Narben, und nach der Légion fort von Europa, hinaus auf
die Meere, der Glanz des Meeres, oh! der tiefe Glanz des
Meeres unter dem Mond! sein großer Geruch, und das
Morgenlicht, tanzende Glanzwirbel! und voraus dieses
Lichterglitzern ohne Ufer, diese phantastischen Blitze aus
dem Wasser! die Erinnerung gibt ihm Leben, Zauberwör-
ter, aber schließlich geht's wieder an Land, das Land
riecht anders, und da sitze ich, vielleicht für alles ver-
dorben, in dieser Bruchbude dort in Xilitla, erzählt er,
und vorn tanzt ein Stummfilmmädchen und dicht neben
mir explodiert auf einmal ein Schuß, ich fahre herum
und seh einen Mann in der Reihe hinter mir, er zielte
und schoß noch einmal, das Mündungsfeuer ein knall-

roter Funkenbesen, genau vor meinen Augen, und vorn
starb, als ich wieder hinschauen konnte, das langsam,
immer langsamer tanzende Mädchen, es steht still und
verschummert, es ist, als sei alles zusammengeschmol-
zen, als hätten die Kugeln nicht vorn die Leinwand
getroffen, aber hinten die Filmmaschine, und es wurde
dunkel, niemand hat sich gerührt, kein Lärm, alle sitzen
still, eine dröhnende Stille nach den zwei Schüssen, aber
vorn im Finstern nah nebeneinander zwei runde helle
Löchelchen dort, wo die Kugeln hindurch- und hinaus-
gesaust sind, draußen war stockdunkle Nacht, und jetzt
sage ich Ihnen, fährt er fort, was man, wenn so etwas
vorkam, von solchen Männern sagte, die allzu gute
Schützen waren, sie schießen dem Tag die Augen aus,
hieß es, solche Burschen brachten immer Schwierigkei-
ten und leimten dann andere hinein, ich zog es vor,
nicht stillzusitzen, ich bin damals in Xilitla leise hin-
ausgeschlichen, sagt der Alte, noch immer macht es ihn
kichern, ein Narr aus Schweden! sagte jemand, zwar
immer genügend Geld, aber ein Narr, Kopfschuß.

Der gern gewährte Luxus

Sie lieben die Maler, die ihnen immer dasselbe Bild ein
wenig anders malen, die Nichtskönner mit Künstlerhand-
schrift, verstehst du? Jorge fängt Zierfische für den Ex-
port, das ist sein altes Geschäft, Preßluftflasche, Gummi-
flossen, Bleigürtel, nur keine anderen Farben oder
Formate! ums Himmels Willen höchstens winzigste Ver-
änderungen im Pinselstrich! sonst bist du nicht mehr

authentisch, sie verstehen dich nicht mehr, sie sind Kindsköpfe, reich und dumm! Jorge malt unermüdlich, das ist sein neues Geschäft, er ist besessen, jeder Tauchgang ein Bild, plötzlich hat er Geld, seine Frau läßt sich die Haare färben, manchmal denkt er daran, wie alles, was sein wird, schon jetzt beschlossen ist: er wird gestorben sein und im Sarg liegen, das Begräbnis eine Blumenwoge, seine Frau die gefärbte Witwe, die Kinder haben schon lange andere Gedanken, Jorge sagt, er hoffe, sie bis dann so erzogen zu haben, daß sie nicht im Weihrauch stünden und blöd plärrten, weder um mich noch ums Geld, sagt er, plärren hilft nichts, das muß endlich gelernt werden, plärren und beten ist der verfluchte Luxus, der uns gern gewährt wird, eben darum! ruft er, eben drum! das muß endlich begriffen werden! nein, dumm sind die Reichen wahrhaftig nicht!

In Tampico bei den Schiffen

Ein etwa Fünfundvierzigjähriger erzählt in Tampico von seiner Familie, die er nicht mehr hat, seit er explodierte, er war an einem Sonntag explodiert, als er mit seiner Frau und den drei Kindern in Holland aus seiner Stadt hinausfuhr, es ist schönes Sommerwetter, Wetter für eine Fahrt ins Grüne, ins Blaue, an die Küste, aber die Frau und die Kinder sind mißmutig, sie steigen zwar ein in den Wagen, aber sie nörgeln, sie wollen nicht recht und wissen nicht was, es ist ein Hin- und Hergebrabbel, da explodiert er, reißt den Wagen herum, fährt zurück in seine Straße, glaub nur nicht, daß ich kein anderes Loch finde! nach den zwölf Jahren mit dir ist mir zwar nicht viel geblieben, aber diesen Rest kriegst du nicht! den stecke ich anderswo hinein, Saubande! er steigt aus, schletzt den Schlag, ein alter Klumpen in seinem Bauch, in seiner Brust explodiert, es haut ihn um, es schleudert ihn weg, sein Atem flattert, er trudelt nach zwei tauben Tagen durch die Straßen von Boston, wie ohne Kopf, mein Gott! vor Jahren in Lille, längst verheiratet war er und Familienvater mit guter Stelle und teppichbelegter Wohnung, da ist er einer Frau begegnet wie in kurzem Traum, begegnet und geflohen, er hat sofort gespürt, daß auch sie träumte, von ihm träumt, sie würde alles lassen, mit ihr kommen soll er, alles neu machen, neu anfangen mit ihr! ein halbes Jahr später hört man von ihrem Tod in San Francisco, aus zu groß gewordener Leere Sprung von der goldenen Brücke ins undurchsichtig trübe Nichts, so hat es ihn, sagt er, durchblitzt in der teppichgedämpften Wohnung in Holland, und die Nachricht sei seinen Händen entfallen, Jahre später dann jene Explosion, die ihn verschlägt, noch immer spüre er ihre Wucht, sagt er und kratzt sich am Hals, am Kinn, nein, eigentlich spüre er sie nicht mehr, aber mein Kopf, sagt er, ist weg, ganz abgerissen! ausgezehrt taumelt er ohne Ziel herum bei den Schiffen und sagt: mein Gott! mein Gott! das rüde Schwein!

Ein Lebensgeheimnis

An der hohen breiten weißen Wand nichts als eine kleine hellhölzerne Kinderpuppe, aufgefischt in der Straße von Madagaskar, und in dem Nest bei Corpus Christi sitzt in

ihrem Sessel Miss Hooganbeck in ihrer Pension, die sie
von ihren Eltern geerbt hat und weiterführte seit ihrem
sechsundvierzigsten Jahr, und zuvor hatte sie mit einem
um vierzig Jahre älteren Mann, der ihr in Marseille die
Stahljacht Printemps gekauft, fünfundzwanzig Jahre lang
die Meere befahren und mehrmals die Erde umsegelt, sie
erzählt, er sei ein alter Mann gewesen am Anfang, aber
noch nicht halb blind damals, im Gegenteil: hellsichtig!
eines Nachts ist er hinter sein Lebensgeheimnis gekommen, man versuchte, ihn zu bevormunden, er war nämlich reich, und sie dachten nur ans Geld, das ist immer so,
ich habe ihn in einem Dorf östlich von Avignon aufgele-
sen, es ging ihm schlecht, er soff und protzte, die Leute
haben das nicht gern, es ist typisch für so einen wie er, der
ein Leben lang geschäftet und gescheffelt hat und endlich
draufkommt, wie nichtsnutzig alles ist gegen den Tod und
gemessen an der Ewigkeit, daß er wie vom Hund gebissen
fortrennt, es ist eine panische Flucht nach weiß der Teufel
wohin, er ahnt sein Geheimnis und weiß nicht weiter,
und drum verkommt er, all die Umtriebe bisher sein Leben lang! und doch haben sie die Leere nicht füllen
können, nicht einmal überbrücken! das ist sein Geheimnis, es hat ihn erschlagen, und er versuchte sich zu retten,
von einer Mondänin zur andern, Geld macht alte Männer
jung, er kommt außer Atem, Flitter, Suff und Hast von
einem sogenannten Ziel zum nächsten, oder er gerät in
ein Gewitter und fällt vom Gaul wie Paul und ist eines
Tages wieder da, und es bleibt alles beim alten, unser alter
Herr hat noch was erleben wollen, jetzt hat er's gehabt,
kann er abkratzen, jetzt soll er! damals habe ich ihm das
klargemacht, ich habe ihm sein eigenes Geheimnis erklärt, ich ein junges Ding auf Europatrip, den Kopf voll

Rosinen und Sultaninen, ich war, sagt sie, einfach unverschämt allwissend, er ist jetzt sehr alt, er wird dreiundneunzig, nie in seinem Leben hat er mit so viel gerechnet, und ich auch nicht, sagt Miss Hooganbeck, er sieht nicht mehr gut und ist fast taub und ist froh darüber, er sagt, jetzt könne er in aller Ruhe jederzeit alles sehen und hören, was er wolle.

Von der Sechsten Reise

Wiener Weinkeller

In einem hellgelb beleuchteten Wiener Keller auf langen Bänken die Männer und auf langen Tischen voller Weinpfützen die Viertelgläser voll Wein, bitte glauben Sie mir, sagte ein Sitzriese über Tisch und Gläser hin, dieses war mein Gedanke: sie nimmt immer deutlicher, das habe ich gedacht und mehr nicht, immer deutlicher und voller nimmt sie die Form, die Leibesform meiner Frau an, die gewissen Körperinhalte, ich spreche von meiner Tochter, sagte er, und meine Frau, dieses Biest, legt sich eines Nachts, ich bin recht fidel, aber nicht fideler als jetzt, dieses Biest legt sich mir eines Nachts in unser Frauenbett, ich meine das Ehebett, ich will ja nichts weiter, nicht, was soll ich sagen, es ist also nicht meine Frau, die Tochter ist's also, was will man, ich merke es erst am Morgen, was soll einer dazu sagen, die Frau schaut mich an wie der Tisch den Teppich, ja, die Tochter war eh drauf und dran wegzugehen, also was? also bitte was? es ist außerdem schon fünfzehn sechzehn Jahre her, ich bitte Sie, meine Lage, sehen Sie, ein Menschenleben, sagte er, sie ist weg, die Berta auch, was bleibt dem Menschen von seinem Leben? was bleibt jetzt noch? hätt's was gegeben, wär ich lange wieder draußen, aber so, he! ich sage Ihnen, glauben Sie mir, es könnte alles anders sein.

Ein Entsetzen

Er sei aus weitläufigen Gewölben unter den Häusern hinaufgestiegen und endlich durch einen breiten weißgetünchten Gang zu einer Haustür gelangt und hinausgetreten, da sei eine Frau an ihm vorbeigerannt, sie schrie, ihre Stimme pures Entsetzen, ihr Gesicht im Vorbeifliegen nichts als Riß und Angst, sie kommen! sie kommen! nach ihr andere, einige keuchend wie nach langem Lauf, mit Augen von Gehetzten, verglast, flackrig, und einige rufen mich an, sagt er, ich sah mich um, sehe aber nichts Bedrohliches, ich sehe nur diese Laufenden, in Rudeln flohen sie und schleppten Ausgepumpte mit, die Erschöpften, und Alte und Kinder fielen hin, ich sah, wie männiglich über die Schreienden hinwegtrampelte, keuchend und schreiend und immer mehr, ein Stolpern und Getümmel und immer noch mehr, die ganze hohe Gasse voll Vorüberhetzender, ich weiß nicht, was hinter ihnen her peitschte, wer nach ihnen trachtete, ich erfuhr nie den Grund ihrer rasenden Angst, ich riß ein zwei Schritt vor mir hingefallenes Kind unter den Füßen, zwischen den schlagenden Schienbeinen hervor und riß es, schon in Gefahr, überrannt zu werden, ins Haus, ich glaube, sagt er, ich habe dabei empört geflucht und auch halb schon von Angst gepackt die blöd Vorbeirasenden angebrüllt, und lege das reglose Kind im Hausgang hin und stoße schnell die Tür zu und den Riegel und will das Kind aufnehmen, ich will es hinauftragen, da bemerke ich mit Entsetzen: kein Kind! es ist weg! es muß irgendwie hinausgewitscht sein, der Angstsog hat es mitgerissen, und draußen dieses Geschrei und Gekreische und Getrampel, es sei ihm übel geworden, es habe ihn zusammengekrümmt und er habe gekeucht und gehechelt wie ein gehetzter Hund, sagt er und keucht und hechelt.

Sohn einer Göttin und eines Weltmeisters

Der Mann erzählte von seinem Vater, dem weltbesten Jongleur, wie oft, sagte er laut, hat es meine Mutter mir erzählt! weltbester Jongleur! bis nach und nach, unterwegs, dieses Saufen anfing, Erfolg ist noch lange nicht für jeden gut genug! ja, er greift in München, in Salzburg daneben, in Linz und in Graz, und übt wie besessen, in Wien geht es besser, in Triest geht es gut, er ist der Beste, Budapest klatscht Applaus, er zieht eine Sondernummer, Weltmeisters Dreingabe, die Leute trauen nicht ihren Augen, und er schläft wieder gut schon nach einem Gläschen, oder waren's nur zwei Flaschen? Amerika wäre sein Kontinent gewesen, hätte Amerika ihn entdeckt! leider greift er daneben in Zagreb, in Karlovac und Rijeka, in Zadar läßt er fallen und in Sibenik und Split und kippt in Dubrovnik und Budva und auch in Petrovac und Bar und in Ulcinj je zwei Gläschen vor dem Auftritt, oder sind es nur drei Flaschen? aber was kann man, was kann da, was soll meine Mama! ruft der Mann, ihn halten! mithalten! bis er nicht mal die Flasche mehr richtig, und er war doch Weltmeister oft und oft, sie hat es mir erzählt, meine großartige Mutter, sie war immer um ihn, und wenn sie ihn umschritt, grandios, mit ausgebreiteten Armen, mein lieber Herr, so steigt die große Göttin herab und umschreitet ihren Altar! wie oft hat sie mir ein- und eingeschärft: dein Vater, Weltmeister, vergiß es nicht! hör nicht auf die Leute, sie verstehen nichts, Papa wird nicht immer kleiner! höre auf Mama! so hat sie geredet, mein Herr, sie, die allein von allen ihm und nur ihm gefallen hat, dem Weltmeister der Jongleure, dem wahren Meister ohnegleichen! oh ich weiß, Schmetterlinge in der Jugend, fistelt er, und Würmer zum Schluß, ich kenne das! und lehnte sich zurück mit einem Ruck und wandte sein Gesicht vom scharfen Licht in den Schatten.

In der Wüste

Wenn du bei den Arab irgendeines Stammes mit geländegängigem Wagen in die horizontweite Leere hinausfährst, nach Art der Leute aus dem Westen etwa gegen Abend, und deine Eisbox auspackst einige Zeit vor Sonnenuntergang, wirst du nicht lange warten müssen, bis ein anderer Wagen von irgendwo dahergefahren kommt, ein Mann wird hupen und aussteigen und dich grüßen und freundlich befragen, er wird von dem Wasser, das du ihm nach altem Brauch anbietest, einen Becher trinken und dich hernach einladen zu seinen Zelten, Arm und Hand weisen die Richtung, hierauf wird er sich verabschieden, eine Zeitlang noch siehst du seinen Wagen, dann nicht mehr, nichts als Wüste, Stille, später brichst du auf, die Richtung ist gewiesen, du wirst dich nicht verirren, wann immer du auf einer Erhebung anhältst, um Ausschau zu halten nach dem Schein eines Feuers, wird nahebei ein Mann auftauchen, dich anrufen, dich weiterwinken, nie derselbe Mann, stets dieselbe Richtung, und nach einigen Meilen kommst du an, da sind Zelte, Männer, Kinder, Tiere, Fahrzeuge, da ist dein Gastgeber, er bietet dir Wasser an, du nickst, du trinkst, und dann fährst du wieder zurück in die Betonstadt, du bist nie unbeobachtet gewesen, die Wüste ist nicht ihr Land, ist ihre Wohnung.

Ildika umarmen

Läge Ildika nach einem furchtbaren Unfall neben Dutzenden, und alle zerschmettert, lauter zermalmte Gesichter,
woran würde ich Ildika erkennen? am Nagel ihres kleinen
Fingers? am Liniengeflecht in ihren Achselhöhlen? an der
Faltung ihres Nabels? woran? es war, fährt er fort, die
Nacht zum Karfreitag, Spott und Gelächter über alle, die
wissen wollen und dran glauben, in jener Nacht Gezeugte
seien ihr Leben lang verdammt, Zwietracht zu säen! Ildika, dein Kopf lag im Süden, die Füße ofenwärts im
warmen Norden, draußen das Tal, der gefrorene Strom
Frison in der Schneenacht! er stochert in seinen Zähnen,
sein Blick schwimmt in die Ferne, ich denke jeden Tag an
sie, und sie lacht in meinen Träumen, aber mehr und
mehr zerfällt mir die Erinnerung und Ildika auch, das
erste, was sie sagte, war: deine Augen sind so leer, kannst
du sehen? er holt seinen Blick zurück und besieht die
Zahnstocherspitze, noch habe ich ihren Duft um mich her
dann und wann, doch ihr Lächeln klingt jetzt manchmal
schon wie zerbrochenes Eis, sie zerklirrt, Ildika umarmen
und man schafft es auf die Spitze jedes Berges, man
schafft es tagelang durch Schnee und Sturm, Sie hätten
sie kennen sollen, er schaut mich an mit seinen schnaps-
hellen Augen, man hört die Pfauen kreischen draußen auf
ihren Schlafbäumen, seit Stunden sollte die Nachtbrise
Kühlung bringen, Balsfjord im Winter, sagt er, Tromsö,
warum bin ich hier? was soll ich in diesem verfluchten
Land? Anreißer der Großpuffmutter Fortschritt! soll ich
austrocknen? zerbröseln?

Die Hyäne

Auf einer dieser blöden Partys ohne Schwung, wo die Westeuropäer und Amerikaner in lauter Gruppen herumstehen und somit untereinander gegeneinander sind, hat sie fiesgelaunt und schnapsgestachelt zu ihm gesagt, er sei sicher auch so einer, von dem es einmal heißen werde, er habe sich in einem Anfall von Asienkoller in den Keller verdrückt, in die Garage, und habe sich aufgehängt, er hat sich das angehört, mit erfolgsgewohnter Managermiene, es ist beinah höflichkeitshalber, sagt sie, daß er mir widerspricht: nein, doch wohl kaum, er wüßte nicht weshalb, er frage sich, ob ich ihm einen Grund liefern könne, das würde ihn interessieren, und er prostet mir zu, nachsichtig, kühl, aber keine Woche drauf, sagt sie, keine Woche drauf das Telefon und die vibrierende Stimme der Freundin seiner Frau: vor etwa zwei Stunden sei etwas passiert, ja! hat sich erschossen, Madame! erschossen! Sie mit ihrem verdammten negativen Geschwafel! verdammt nochmal! so ist die mir gekommen, sagt sie, nun, ich sage Ihnen, man weiß, daß seine Frau geradezu beängstigend auf Sauberkeit, absolut putzwütig, man hat es übrigens von eben dieser Freundin auf eben jener Party, jetzt wird aber von ihrem Mann eine Zeitlang ein Fleck bleiben in dem sagenhaft sauberen Managerhaus mit den Rabatten und dem kurzgehaltenen Rasen drumherum dort bei diesen anderen schmucken Häusern im schlankgetrimmten Grünen, da kann nur die Zeit drüberwachsen, sagt sie und versucht ein Lachen, das ihr grausam mißlingt.

Anxuruk

Sollten Sie je nach Anxuruk finden, der einzige Zugang
führt von Westen her, linkerhand schwergrüne Zedern-
haine, in den Bäumen und darunter im Schatten bunte
Vögel, Ibisse und anderes gottgeweihtes heiliges Geflü-
gel, dessen Rufe und Geschnatter Sehnsucht ohne Ziel
bedeuten, die ewige Folter, reden Sie vor sich hin, lenken
Sie sich ab, wie es die Menschen hätten tun sollen in ganz
früher Zeit, als mitten auf dem Weg eine goldene Büchse
lag, edelsteinbesetzt und funkelnd im Sonnenlicht, Götter
und Tiere sind achtlos dran vorbeigegangen, nur der
Mensch ließ sich verführen, und als er sie aufmachte, was
war drin? Leid und Arbeit, nichts als Not und Mühsal,
lachen Sie nicht, rechts tiefgegrabene alte und neuere
Brunnen, Rundschächte, sie versinken in Schwärze, und
am Grund schwarze Aale oder Wasserschlangen, Olme,
jedes Frühjahr wird noch immer heimlich eine Jungfrau
geopfert, sie stürzen sie bei Neumond hinab, voraus die
Steinstadt, unvergleichlich ihre kantige Härte, doch
nimmt sie jeden auf, und Sie können nun, wenn Sie wollen, beim Hineingehen dran denken, wie ich zu meiner
Zeit einen jungen Mann aus einem der ersten Häuser, ein
frisch gekalktes war es, herausrennen sah, er hielt sich
Kopf und Hintern und schrie laut hussa! hussa! ist das ein
Weib! aus dem Hurenhaus, schrie er, würde er sie kaufen,
hätte er das Geld dazu, man konnte ihm nicht helfen, er
erinnerte mich an einen Mann bei Basoko am Kongo,
seinen Gegenbruder, der war ein knappatmiger fetter Lo-
tusesser, reich und alt, und stank vor Lüsternheit, nie sei
ihm eine Schöne entgangen, sabberte er, jede Beischläfe-
rin habe er aber nach einer Zeit wieder weggemacht, er

brauchte dieses Wort, einige auch seinen Männern über-
lassen, und dafür müsse er sich tadeln, denn seine Männer seien Teufel, oh ungeheurer Tadel, bitteres Gift! er
müsse es einatmen, ausatmen, einatmen immer und immer! er seufzte, und dann sagte er, die Hölle sei keine
Erfindung der Christen noch irgendwelcher anderer, nie-
mandes Erfindung, er glaube, es sei umgekehrt.

Der Göttersteig

Im Innern von Ceylon auf Knien die steinernen Stufen
hinauf, mit wenig Mühe die ersten dreizehn, sie sind
niedrig und blank, das erste Hundert und weiter, immer
gröber jetzt der Stein, rauher, die Knie wundgescheuert,
schon offen, Schweiß beißt das Gesicht, überströmt den
keuchenden Leib, dünne heiße Luft umflimmert die wäh-
lerischen Götter in der Höhe, ein Pilger wankt, einer
kippt, endlos ist die Himmelsstiege, immer höher, unge-
schlachter die kantigen Stufen, doch kommt niemand
zum Berg des großen Sogomonbarchan, Erfinder der Götter, der nicht hinkniet unten und sein Antlitz erhebt und
aufseufzt von kleiner Müh zu gesichtzerreißender Mühsal, jeder will hinan, viele bleiben liegen, viele torkeln
hinab, ein blutiges Geschmetter, doch keine Klage darf
über ihre Lippen kommen, Schmerz ist dem Gläubigen
Gnade, eine Lust, Ungläubige gelangen nie an die Flanke
des Götterberges, sie finden nicht hin, man läßt sie nicht,
sie faseln von Unwegsamkeit, sie wissen nichts, sie ver-
unglimpfen den Göttersteig als Höllensause, sie sind noch
nicht einmal ihrer Irrwege würdig, und doch sei eine Ah-

nung umher, es gebe keine Menschenseele, die nicht hierher finde zu ihrer Zeit, irgendwann, und zitternd verharre unten, überwältigt, bestürzt ob der Unendlichkeit der emporsteigenden Stufen.

Erklärung einiger Dinge

Die Kinder sollen heiraten und Kinder machen, solange ihre Alten noch am Leben sind, denn wenn die Alten tot sind, stellen sich ihre neidischen Seelen jedesmal daneben und schauen zu und greifen dazwischen mit unsichtbaren feuchten Fingern und schaden den Kindern, glaubst du mir nicht? dem Mann fehlen Zähne, er sagt, er sei fünfundfünfzig, wenn er lacht, ist sein Runzelgesicht hundertfünf, die Frauen sollen nicht säen und nicht ernten wenn sie bluten, sie sollen im Schatten bleiben und keinen berühren, nicht einmal anblicken, nicht einmal sich selbst im Spiegel oder im Wasser, es würde allen schaden, sie sollen auch kein Fleisch schneiden und kein Brot bakken, es wäre Zorn- und Lügenbrot, sie sollen sich verbergen und man soll sie meiden, wenn sie aber böse ist in den Tagen und gegen dich betet, fällt ihr Bösgebet als Fluch und Widerspruch auf die Frau zurück, mancher fallen die Haare aus, andere erschlaffen im Fleisch, andere ertauben, daran erkennt man ihre Finsternis! wieder lacht der Mann, sein Mund ist eine schallende Höhle, er sagt: das Tier der Sonne ist der Luchs, niemand darf dem Luchs nachstellen, kein Gott und kein Mensch, wenn die Sonne am Morgen heraufkommen will, soll man still auf dem Rücken liegenbleiben, die Sonne steigt dann leichter und wird freundlich, man muß ihr das Gewicht tragen helfen, man spürt es im Hinterkopf und in den Armen und Beinen, auch im Rücken, du denkst, du sinkst ein, das ist die Schwere der Sonne, sie drückt dich in die Erde, so hilfst du ihr, wenn sie sich hinaufstemmt, drum ist sie nachher freundlich den ganzen Tag, weißt du denn nicht, daß sie uns gemacht hat, damit wir ihr helfen, wozu denn sonst? die Sonne ist schlauer als wir alle! er lacht, bleib noch eine Weile liegen, sonst wird sie zornig, bleib liegen, selbst mit einem Stachel im Arsch! er blinzelt und schallert los, seine rote Zunge flattert in der zahnlosen Höhle.

Der Sturz des Sohnes

Steil an ein hohes Holzhaus gelehnt eine lange schmale Leiter aus Bambus, sich verjüngende, einander immer höher fortsetzende, mit Bast- und Lianensträngen zusammengebundene Holme und Fuß um Fuß die Sprossen und auf Sprosse dreißig fünfunddreißig ein übermütiger Clown, er tanzt wie ein Affe auf den Sprossen herum und reißt die Leiter von der Auflage, dem Dachrand, über den die Holme ein Stückweit hinaufragen, jetzt steht sie frei, pendelt federnd zum Dachrand zurück, schlägt auf, biegt sich unter seinem Gerüttel und Gelächter, und sein Übermut reißt sie wieder weg, sie schlingert, steht fast senkrecht, schwankt und schlägt wieder taumelnd an den Rand zurück, jetzt soll er's bleiben lassen! ich war die ganze Zeit auf dem Dach, ich hätte den Unfug stoppen können und habe nichts bemerkt, ich war auf der anderen

Seite, laß bleiben! halt dich fest! spring ab! wegschauen möchte man, er hat es nicht lassen können, die durch und durch und hoch obenaus federnde Leiter schwankte über den Punkt hinaus, zitternd über den Punkt hinaus mit ihm, zuerst langsam, schnell schneller und schlingernd hernieder auf den gestampften Staubplatz und schlägt flach auf, er hat sich nicht mehr gerührt, sagt der Mann und sieht traurig zu Boden, Miss Engelhardt hatte gesagt: gehen Sie zu ihm und hören Sie ihm zu, der Kleine war sechzehn und ist sein einziger gewesen, er lebt seither von meinem Mitleid, es ist das Dach meines Hauses gewesen, er lebt vom Sturz seines Sohnes, von dieser Geschichte, ich bin alt, ich mag nicht mehr, wird er sehr betrübt sagen und seine Hand bereitmachen für eine Münze.

Butler, Major

Der Gefreite Butler hat es im Dorf seiner Frau im Norden von Thailand zum Major gebracht, man verachtet ihn mild, und er wartet auf Fremde, seine Kinder sind vom fleißigen Schlag seiner Frau, ihm bleibt der tägliche Dusel und dies schwammige Warten, bis endlich wieder einmal jemand kommt, den er berieseln kann, da erwacht er und spielt sich einen Major vor, dem es leider auch nicht gelang, das Empire zu retten, aber: keine weißen Selbstvorwürfe! so reißt er sich zusammen, lassen Sie die Farbigen in aller Welt die Sache mal selbst in die Hand nehmen, vielleicht geht's ein Krüppelschrittchen weiter! wenn die an der Macht gewesen wären all die Zeit, wir würden in

Schlachthöfen hängen! weißes Zuchtvieh! wer will, mag sich vom Gefreiten Major Butler ausgiebig besprinkeln lassen, die Familie seiner Frau nährt ihn, kleidet ihn, löscht ihm den Durst, sie nennen ihn Major, und er verstolpert ihre Sprache, man muß sich zum eigenen Mist bekennen! ruft er, haben wir Weißen die Welt angeschoben und halten wir sie noch immer auf Trab oder nicht? Selbstvorwürfe, denken Sie dran, sind eine Last! eine Pest! das reine schleichende Gift im Hodensack des weißen Mannes! ruft er speichelspritzend hinter dem Fremden her.

Eine Vertreibung

Umschleiert, sagt sie, standen sie in Wasserschleiern, weiß, Blut, Safran, Himmel, das Wasser ohne Antwort fraglos braun wie die trockene Erde, ohne Hast, doch ohne Unterlaß, und auf einem Fels inmitten lagen und standen und stelzten die andern, ich kann sie nur hassen! sie speit aus, ein Hexenzisch, diese nackten spätrömischen Zwittergötter, eitel, dummes Treibholz! Kotze aus dem überfressenen Westen! sie fotografierten einander, sie salbten die Waden des nächsten, die Backen, sie blickten ernst und erfreut in glitzrige runde Taschenspiegelchen, eine behäbige junge Frau war bei ihnen, stark und schlemm, sie lag breit hingelagert, einmal setzte sie sich auf und zerteilte eine Melone, jeder bekam einen schönen rotfleischigen Schnitz und fletschte sich durch, sie hatte sich schon wieder gelegt, ihre nackte Masse tat so unbeteiligt wie zuvor mitten in dem nacktpimmligen Affengehabe auf dem Flußfels, sie war die einzige, sagt sie, der Rest faules Gemüse, Westgesindel, Treibschlamm! wieder spuckt sie aus, ich sage Ihnen, beinah zwanzig Jahre wohnte ich an dem Fluß wie unter meinesgleichen, bis die dann kamen, zottige picklige Horden, Lärm und Abfall! da mußte ich fort, weg aus dem Land, weiter, der Leib wäre mir aus der Seele gefallen.

Die Utys

Das Land liegt in rauchigem Nebel, aus dem zu Zeiten Roßgewieher und Hahnenschreie heraustönen, manchmal verdunstet der Rauch, wie aufgesogen, und ringsum, nach der gewundenen Spur durch die schnalzenden, platschenden, quarrenden Sümpfe, plötzlich Lianenwald und schillerndes Dunkel, dann größere Sonnflecken und auf einmal von beiden Seiten einmündende Pfade, beidseits Pflanzungen jetzt, überquellende Üppigkeit in listiger Stille, und die Pfade schon breiter, man geht weiter, man kann nicht zurück, es heißt, gleichauf, doch hinter Büschen, schwebten tiefe blitzende Augen lautlos mit, kein Fremder hat sie je bemerkt, man hört auf einmal Menschenstimmen voraus, Geräusche der Geschäftigkeit und Gelächter, und es kommt ein Schmerz auf, wie Zärtlichkeit, im Herzen ein kleiner Schmerz zuerst, stichelt und zieht weiter, scharf und hell, und ein Flüstern erhebt sich, leichter Wind flirrt durch die Blätter, Walawala! Kuli-ba! Tekeli-li! Tili-ki! Tili-ki! und ist schon über dich hingehuscht, voraus, dort wohnen die Utys in ihren schwach befestigten, meist weit offenen Dörfern, die den

Fremden einschlürfen, über die sandigen Wege hinein in die Mitte des Dorfes, du hast niemand gesehen, die Stimmen, die Geräusche sind vor dir gewichen, noch nie ist ein Uty gesehen worden, der Fremde findet sich verloren in summender Stille auf dem weiten Sandplatz, er riecht Rauch, ein unbestimmbares Aroma, und sieht feine weiße Schleier, sie zerfließen, die Feuer sind gelöscht, in den Feuerstellen ist nichts als feuchte tote Schwärze, grauweißlicher Aschestaub, du stehst und beobachtest gespannt, deine Sinne sind aufs höchste geschärft, man hält den Atem an, *hat ein Wind dich nach Baracoa verschleppt, ein Wahn dich ins Land Magon versetzt?* in den Bäumen reglos verharrende kleine Affen mit flinken Kulleraugen, hinter den breit hängenden Ästen am Rand ringsum erkennt man die schlank hinauflaufenden Stützpfähle der Häuser, dazwischen dunkle Schattenflecken, Echsennester vielleicht, und hier und dort eine schmale Leiter, man wird mit Bestürzung gewahr: dies fein und leicht gebaute Dorf ist Spinnweb, ein Netz, man kann nicht entrinnen! nehmen Sie Salz mit, empfiehlt Miss Florence, Salz kann sehr nützlich sein, die Utys sind verrückt nach Salz, Miss Florence's Vater sagt: Salz oder ein gutes Gewehr und genügend Munition, am besten auch Dynamit, er sagt: tauschen und täuschen oder schießen und sprengen, die alten Rezepte, oder auf dem Platz allen Mut zusammennehmen und eine Rede halten, eine Predigt wie ein halbes Dutzend Pfaffen, ein Wunder tun! es wird berichtet: ein französischer Ethnologe, der auch Edelsteinsucher war, hob auf dem Platz eines Uty-Dorfes eine Grube aus, legte sich hinein und zog die Erde über sich, und als die Utys am anderen Tag herbeikamen, lag er immer noch da, ganz von Erde bedeckt, auch auf seinem

Gesicht sandige Erde, und auf der Stirn seine Hand, die Utys kamen vorsichtig heran und flüsterten und wußten nicht, was sie mit dem Toten tun sollten, es wird berichtet: nach einer langen Weile regte der Tote sich plötzlich und sie rannten entsetzt unter die Bäume und hastig die Leitern hinauf, der Mann vollendete seine geisterhafte Auferstehung, er schüttelte die Erde und die Schrecken der Nacht aus seinen Kleidern und schrie hinter ihnen her wie Damiens unter Legris' Feuereisen, in seiner Angst verlachte und verlästerte er die Utys so schrill und so laut, daß die Stangen schwankten, so habe er sich gerettet, wird berichtet, denn sicher wußte er, sagt Miss Florence's Vater, daß die Utys nur scharf sind auf lebendiges Fleisch, Miss Florence's Mutter, die Hausfrau, kommt sanft lächelnd auf die Veranda, sie bringt Eis, eine Flasche und Tee, und derweil sie mit ihrem Mann redet, neigt Miss Florence sich herüber, könnte sie nicht eine Uty sein? flüstert sie, oder eine aus Gog oder Mangul? oder von der Insel Fracan, wo die Utys sich Brcisch nennen? ihrem Vater traue sie alles zu, zwinkert sie.

Albino in Singapur

Er ist ein Albino, klein, schwammig, trägt eine große schwarze Brille, er sagt, der Mann, von dem er rede, sei ein Grieche und Arzt und irgendwann irgendwie zu so viel Geld gekommen, daß er sich ohne erkenn- und benennbare Anstrengung durchrüffeln könne, man kenne ihn hier seit etwa sieben Jahren, achten Sie nicht allzu sehr auf ihn, ein gutmütiger Herumhänger, Schwächling natürlich, farbloser Affe, bald wird er so voll sein, daß ihm die Augenlider durchhängen, zuvor wechselt er aber noch ein paarmal den Paß, zuvor wird er noch schnell Kanadier oder Südafrikaner oder Brite, das ist alles so käuflich wie Whisky und Gin, vor vielen Jahren in einem belgischen Kohlenloch, sagt er, absolut scheußliches Loch! bin ich in eine Spelunke geraten, so etwas muß man gesehen haben: in der Mitte eine Bretterbühne, darüber Neonröhren, drumherum die Säufer, aufgewichste Bergleute mit Brillantineköpfen, ein Lautsprecher rummst, und nackte Mädchen, eins nach dem andern und immer dieselben, hüpfen auf den Brettern, plötzlich macht eine alles auf, halbe Minute Pause, weil die Platte oder das Band gewechselt werden, und sie aufgespreizt vor meiner Nase und wartet und zuckt ein wenig, un cu de basse rose, sagt er, alle drängen heran und grölen, und ich sage Ihnen, auf der ganzen Welt möchte ich mich nur in so etwas hinein verkriechen, ich bin der Mann, wissen Sie, ich bin dieser griechische Medizinmann, den ich meine, ich habe Proust gelesen und alles über Proust, ein Böckchen in Muttermilch, keineswegs koscher, geht ins Männerpuff und läßt sich zeigen, wie einer angekettet und gehätschelt wird, bis Blut spritzt, der brauchte das, und unser kleiner Muttermilchmarcel rennt nach Haus und betet alles seiner Aufwärterin vor, jetzt braucht er etwas: ihre geilen Schreie, das merkt die nicht einmal, warum sagen Sie nichts? über Proust wisse er alles, ein durch Manschetten und Gamaschen verhinderter Kamelienzüchter, blühen Sie wohl, Monsieur! lauter Blütenblättchen und sonst: rien! duften nicht und stinken nicht, weil aus Wachs und hauchdünn, fünf Minuten Wintersonne und das Kindersargbouquet ist geschmolzen! was

heißt Wintersonne! nicht einmal Neonlicht! glauben Sie
mir nicht? fragt er und hebt kurz die Brille, seine Albi-
noaugen schwimmen, eigentlich sei er ja Franzose, murmelt er nach einer Weile, wollen Sie wissen, was mit
Flaubert und Sartre los war? Sie würden sich wundern!
mit Péguy, Bernanos, Claudel? ich habe alle studiert bis
ins letzte Pünktchen! – ach ja! den Destouches auch?
frage ich, er wirft die kurzen Arme hoch, Céline! ruft er,
uninteressant! die wirkliche Schriftstellerei ist ein einziges Kaschierspiel, aber der gibt ohne weiteres alle
Schweinereien zu, ein unerwählter Prophet, nichtsdesto-
trotz: gewaltige Stimme, ja gewaltig große Röhre! er
schweigt ein Weilchen, warum seit Jahren in Singapur
statt zum Beispiel in Vézelay? er wisse es nicht, ach die
Welt, wissen Sie, macht er und streicht über sein schüt-
teres weißes Haar, Silber und Seide.

Simple Eisenklinge

In Hongkong fordert mich einer auf, Mund und Nase
aufzusperren, er sei nämlich ein enterbter Herzogssohn
linker Hand, zum dritten Mal schon schwafelt er's mir
vor, ach du meine Geduld! passen Sie auf, sagt er eifrig,
ich will Ihnen was sagen, ich liege in Chicago in einem
Hotel und bin weit weg, Sie verstehen, was ich meine,
zwei Stund nach Mitternacht tief in Junggesellenträu-
men, es klopft an die Türe, ich stehe auf, draußen eine
feine Maid, es klopft noch einmal, ich merke, daß ich
noch nicht aufgestanden bin, werde wach und stehe auf,
vor der Tür alles andere als eine feine Maid, im Schum-
merdunkel eine grausliche Visage, ein Strolch im Bade-

mantel, reißt das Maul auf, wirft die Arme hoch, in der Faust ein langer Dolch oder so etwas, ich pralle zurück, es macht mich wach, er rammt sich das Ding vor meinen Augen in den Magen und krümmt sich und wankt davon, ich mache einen Sprung zurück und knalle die Türe zu, überspannter Spinner, wenn ich Alarm schlage, bin ich in der schönsten Seife, zurück in die Klappe, vielleicht alles nur geträumt, am Morgen erinnere ich mich, suche Blutspuren draußen auf dem Teppich, typischer Dreckhotelteppich, mein Alter ist der eigentliche Bastard, hat mich enterbt, woher nehmen Sie Ihr Geld? auf dem Teppich Fleck auf Dreck, von Blut keine frische Spur, also mal wieder besoffen gewesen und einen guten Traum gehabt und einen schlechten, unter die Dusche und hinaus aus der Bude, hockt da ein verlauster Geselle an der Hausmauer draußen und sieht genau so aus wie das Gespenst in der Nacht, verstruppt und mit glasigen Augen und wie von einem Krampf hingekrümmt, es nagelt mich an, und dann steuert es mich direkt auf ihn zu, und ich strecke die Hand aus und sage: her mit dem Messer, mit diesem Ding! er schaut nicht mal auf, er zieht die Klinge hervor und hält sie mir hin, simple, abgewetzte Eisenklinge, Holzgriff mit Draht umwickelt, ich fasse an und stoße zu mit Gewicht und Gewalt, er stöhnt ein wenig, nur so, und hockt da wie zuvor, und ich geh weiter, ich kann Ihnen also sagen, Sir, ob wir die Atombombe und so weiter schon hinter uns haben mit Knall und Ach, das weiß ich nicht, aber ich habe meinen Mord hinter mir, mein Herr, ja! und jetzt sperren Sie Mund und Nase auf, Mund und Nase, Sir!

230

Blonde Dollars

Er ist Belgier, Typ Allesmacher, quick und fix, sein Geld schaufelt er sich, behauptet er, im Touristenbusiness, das rotiert dauernd, einsteigen aussteigen wann du willst, er flitzt hin und her übern Pazifik, übern Atlantik, immer am Hebel, früher Teppiche, Stoffe, Freizeitartikel, er redet nicht nervös, er sprudelt, schlanke schnelle Sprache, je schlanker so einer, desto langsamer das Ohr, oder sich schließen wie Blumen vor kaltem Schauer, gerate da kürzlich am Broadway an eine Traube, quirlt er, zwanzig Leute lesen, was einer auf einen plakatgroßen Karton geschrieben hat: Helphelphelp! Meine Frau und ich Arbeit bis zur Erschöpfung unser Kampf um das Leben unseres kleinen Sohnes muß sofort Herzoperation nur in USA möglich! – ich denk, du gegrillter Dottersack! bist ja in USA! und Arbeit bis zur Erschöpfung, ha! der perfekte Präsidentschaftskandidat! sag mal, kenne ich dich nicht? hab ich dich nicht mit dem gleichen Helphelpspruch schon mal in Amsterdam gesehen? oder war's London? oder Napoli? paar Scheinchen im Kartondeckel und du im Schneidersitz und die Birne gesenkt und die Hände vor der Heulgrimasse, ein richtiger echter Heuler mitten auf der Touristenpiste, und jetzt also am Broadway! mon cher ami, sag ich, du mußt unheimlich unter Strom stehn, daß du solche Fehler machst, und ich schenke ihm einen blonden Dollar, also einen blinden, also einen falschen, ich kann Ihnen zeigen, woran man blonde Dollars erkennt, sagt er, Manila ist voll davon.

Gegenseitigkeit

In der breiten Hängematte eine Frau von fünfzig, leicht gepolstert, abends kommt die Brise, da trinkt sie, tagsüber treibt sie ihre Akkordarbeitmädchen an, man mischt, verpackt, vertreibt Pulver zur Kräftigung der Männlichkeit, Madame schenkt mir Französisches ein, on était assez riche, in Tours im Departement Indre et Loire, eine brave Ehrensippe, steifhalsige Provinzgiraffen, Lehrer, Pfarrer und Präfekten, auf dem Land ein Gut, wo einer den Verwalter spielte, Ertrag geteilt durch einundzwanzig, Madame schenkt mir ein, woher kommt nur der vernagelte Aberglaube dieser korsettierten Rollenschieber, nur sie hätten recht! Madame will keine Antwort, in Internate hat man sie gesteckt, schleimige Spiele im Versteckten, es heiratet sie in ihrem einundzwanzigsten Jahr eine gute Partie, ein schnurrbärtiger Glatzkopf, der dringend eine Ehefrau braucht, weil schon sechsunddreißig und ein wenig angeschwult und möchte Normalfassade und endlich Karriere, der Drang nach Paris! da treibt sie sich mehr und mehr herum, sucht und sucht nicht, hascht etwas und es paßt, es paßt immer besser, jetzt hat sie einen Lebenswandel, Madame lacht und schenkt uns ein, mit fünfundzwanzig bin ich kurz und bündig bereits eine ziemlich hoch oben etablierte Zwischendurch- und Ausgleichadresse, mein diskret aufblühendes Konto, nicht wahr, spare in der Schweiz, so fehlt's dir nie an Brot! doch Gott straft sogleich, oder sagen wir: nach spätestens zehn Jahren! du solltest mal das Gezeter einer aus allen sieben Himmeln herabgedonnerten Provinzfamilienbande hören, die totale Bruchlandung! Hure ein Kosename! worauf ich mir erlaube, in der Sippengeschichte zu blättern, das fährt furchtbar in die Knochen, kein Onkel oder Schwager ohne heißes Ding an seinem Stecken, man mache mir nichts vor! zu schweigen von den Nachmittagslandschaften ihrer Weiber! Wanderdünen hinter Vorwänden und Vorhängen! Madame schenkt uns ein, man steckte sie in eine Psychiatrische, sie war eben zweiunddreißig geworden, ihr Affe hatte den erstrebten Schnörkelschreibtisch und drum nichts gegen Scheidung, zwei Jahre hat man mich im Irrenhaus traktiert, ich halt mich brav, nur nicht nach und nach verschwinden! ein sündensüchtiger Beichtabnehmer fand sie reuig, das half nicht wenig, du tust was zu tun ist wenn du weißt was du willst! mein Glück war ein rüdes bissiges Juristlein, gikkelt sie, er haut mir mein Erbe heraus, und ich hab ihn entschädigt, simple Gegenseitigkeit! Madame behauptet, es gebe ein paar todsichere Geschäfte, eins sei das mit dem Kopf des Mannes, im Kopf des Mannes steht der Mann immer stramm, hab ich recht? was Madame mischt, geht weg wie warme Wecken und ist von totaler Wirkungslosigkeit, mach noch eine Flasche auf! ruft sie, es ist das Beste, was uns la France nachwerfen kann!

Gürtel des letzten Elends

Daß er deprimiert sei, nein, eigentlich nicht, oder daß er resigniert habe, wie käme er dazu, nein! aber in seinem Kopf breite sich manchmal eine Art negatives Licht aus, und zwar, da sei er jetzt dahintergekommen, meist gegen Ende seiner Reisen in diesen Ländern, eine Art dunkler Dunst, und daraus hervor die Wörter: du weißt genau, was du sagen willst, aber das Wort stellt sich nicht ein, es war dir geläufig, nun hat es sich verkrochen, wieso? das frage er sich, wieso hat es sich verkrochen? werde ich schon alt? beginnt das so früh? er sagt, was man so Tod nennt, kommt selten dann, wenn man sein Kommen fürchtet, auch kommt er sicher selten dann, wenn man ihn sich wünscht, dennoch kommt er immer pünktlich, das weiß er, nichts Pünktlicheres als der Tod! von wem und zu was könnte man das sonst noch sagen? er greift zum Glas und kippt den Rest hinunter, die einfachste Wahrheit ist folgende, sagt er: wir sind zu viele, verstehen Sie? rings um die Erde dieser Gürtel des letzten Elends, unausstehlich, und wird immer breiter, jedesmal, wenn er hierher komme, geschäftlich, er reise nur in Geschäften, das heißt: nur wenn er unbedingt müsse, jedesmal werde es ihm klarer, da helfe kein Drink, wir sind zu viele, wiederholt er, langsam erschöpfen sich die Hoffnungen, verstehen Sie? er bestellt noch ein Glas, er zeigt Fotos von seiner Familie, eine hübsche Frau lächelt, zwei Kinder, hier mit sechs und acht, hier am Meer mit zwölf und zehn, hier unser Haus im Sommer, ein schönes Haus, ruhig gelegen, beinah schuldenfrei, hier im Herbst, er bestellt noch einen Drink und wartet mit mancherlei Zeichen der Unruhe auf sein Flugzeug.

Riesige Einzugsgebiete

Das Klima macht ihm zu schaffen, aber bald ist's überstanden, er schwärmt von Prato bei Florenz, das große Ziel! ruft er, *in ihren Haderlumpen dort haben die Ver-*

arbeiter seit je alle Unglaublichkeiten der Welt gefunden,
müssen Sie wissen, jeder Schnitt eine Wunde und ein
Wunder! so steht es auch in den Büchern, die Blaue
Schildkröte mit den Goldpfoten, die grünrotgeschuppte
Schlange mit dem Drachenmaul, die sprechende Porzel-
lanmaske aus China, oder in einem Ballen aus Venezuela,
dessen Lumpen wie Gedärm aus tiefem Bauchschnitt
quollen, warm und blaugrün und voller Gerüche, jene
Frauenhand mit den gelbgelackten Nägeln, von der es
heißt: hast du sie, hat sie dich! und all die Uniformen der
geschlagenen Heere aus aller Herren verlorenen Länder,
denken Sie durch die Zeiten, Napoleon, die britischen In-
dienheere, Frankreich, Belgien, die Niederlande, die Ko-
lonialbesitzungen, in Europa Mussolinis Schwarzwesten,
die Rauchfahnen Deutschlands, Seide, Wolle, Leinen,
Jute, aus alt mach neu, eingestampft Ruhm und Ehre,
Eitelkeit, Stolz, neu gesponnen gezwirnt gewoben gefärbt, neue Ballen gerollt, was kostet der Meter? ich bin
nur Lumpenhändler in Frankfurt, nennen wir das Zeug
beim Namen, Niederlassungen da und dort, mein kleines
Einzugsgebiet, nie eine frische kleine Frauenhand, nie ein
vertrockneter Schädel, höchstens mal in der Tasche einer
schillerglanzgescheuerten Smokinghose das gestärkte Ta-
schentuch eines alten Knaben, einmal im Jahr zieht's
mich drum nach Prato, die große Fundgrube, mein Jung-
brunnen, die reine Erquickung! am vierten Tag beginnt
mich die Fülle zu bedrücken, am fünften reise ich jedesmal wieder ab, klein und gestaucht, zuviel des Guten, Sie
verstehen, Herr Botho Grosch ist Inhaber der alten Firma
Blaukhuff, Strasser und Co., er möchte, weil in Prato,
dem Ziel allen Tuches, alles in festen Händen ist, denn sie
halten dort das Geschäft in der Faust wie der Metzger das

Messer, er möchte, will Herr Botho Grosch sagen, wenn nicht in Prato, wenigstens in Shanghai Altstoffhändler sein, oder in Rio, riesige Einzugsgebiete! er leuchtet abermals auf und seine Frau leuchtet auch, am Schluß geht allerdings doch wieder alles nach Prato, sagt er, jemand hat ihm zwei Wochen Java, eine Reise zu Johnny nach Surabaja, angedreht, da sitzt er nun in seinen Shorts und zeigt leicht rosige Krampfaderbeinchen und schwitzt und faltet die Hände über seinem Bäuchlein und schnauft und fällt ein wenig ein, seine Frau nickt, Sie haben es gut, seufzt sie, er sagt, wir fliegen übermorgen zurück, Geschäft und Streß, na ja, dreht man's um, ist's auch kein Unglück! und man weiß nicht, meint er das alles ernst oder nimmt er dich hoch.

Ferryboat

Auf einem unendlich langsamen Ferryboat, benannt nach einer vergessenen Göttin, sommernachts unterwegs nach Singaradja auf Bali ein bärtiger Kordhosenbär aus Südaustralien, mit ihm seine Totalausrüstung plus Mutter, Frau und zwei Buben, der Ältere drei-, knapp einjährig der Jüngere, das Schiff zittert an Dschungelufern vorbei in die Dämmerung hinaus, es schwimmt in die Nacht, in dumpfe Müdigkeit, die grellen Lampen gehen aus, es bleibt das Schummerlicht der kleinen Lämpchen und von tief unten tiefes Maschinengerumpel, die Passagiere dösen in Sesseln, auf Stühlen, sie richten sich ein, die Nacht hat keinen Mond, ein vollgesogener schwerer Schwamm, weitab im Nordosten Gewitterblitze über dem Horizont in dieser dumpfen Nacht, die der Dreijährige plötzlich im Schlaf verschreit, er schrickt auf, und da ist schon sein Bärenvater über ihm, hat er schon Vaters Pratze auf Mund und Gesicht, der kann's nicht leiden, sein Kleiner soll den Schlummer der Schläfer nicht stören, nicht seine Mutter wecken, nicht die anderen Passagiere, es ist Antje Straak, die erzählt, ein schwerleibiges Mädchen mit traurigen Drogenpupillen, der Vater drückt kräftig drauf, wo keine Luft ist, gibt's auch kein Kindsgeschrei, der Kleine zappelt, sein Vater läßt strampeln, man hört erstickendes Gewürge, er läßt nicht los, er sieht sich um, ob nicht etwa irgendwer ein Auge offen hat, hoffentlich nicht, erst im letzten Augenblick, allerknappestens, sagt Antje, nahm er seine Pranke von dem Kindergesicht, und blitzschnell sprang sein Drohfinger dem Kleinen vor die entsetzten Augen, vor den weit aufgerissenen Mund, es ist ein kleines Geschluchze zu hören gewesen, sagt sie, wir waren vier, und wir flüstern dem Bär, ob er bitte mal schnell uns helfen könne, es habe einen Unfall gegeben unten im Cabin Deck, ganz hinten, man suche starke Männer, wir huschen voraus hinab und hinaus, und an der Reling packt unsere wilde Wut diesen Mann und stemmt ihn übers Geländer, sein Aufschrei verquirlt, die Maschine stößt, unsere Wut ist weg, wir zittern wie Köter in kaltem Regen, in Probolinggo gehn wir vorzeitig vom Schiff, tiefe Finsternis, wir lassen die Schläfer alle zurück, hörst du! Antje rüttelt an meiner Schulter, in ihren Augen ein hartes Flackern, auf dieser Strecke hier, hörst du!

Harry Parker und ein gewisser Ogden

Der Mann, der Harry Parker heißt, hüstelt dauernd, er ist, kann man sagen, ein schwerer Trinker und, kann seine Firma sagen, unser Mann auf Timor, our man in Kupang, bestallter Ladenhüter seit über zwanzig Jahren, hüstelnd sagt er: diese Geschichte erzählt von einem gewissen mir nicht näher bekannten Mann namens Ogden, der sich, statt zu heiraten, einen Ruck gab und mit etwa vierundzwanzig Jahren Textil und Technik Kette und Schuß sein ließ, von den Midlands zog er aus, über den Atlantik und weiter nach Nordwesten, er erreicht, sagen wir, North Bay oder Whombstone City, da hat er bereits einen stotzigen Drahthaarbart stehen, bei einem Holzhändler macht er den Balkenbeiger und Vorplatzfeger, so kommt ein wenig Geld herein, da trifft er im Sommer eine reisende Inderin, keine Indianerin, eine originale indische Inderin, sagt Parker, reicher Leute Tochter, sicher so schön und rank wie jene, die schöner war als Scheherazad, und schnell macht er den Bart sich ab, er will ihr gefallen, und steigt ihr nach, sie studiert in den Staaten, sieht sich um in der Welt, die Zeiten ändern sich, bei Schiwa! denkt dieser Ogden, das wär mir jetzt mein Weib! lassen Sie sich erst mal einen anständigen Bart wachsen, so ein Bart verdeckt viel, sagt sie ihm bei der Gelegenheit, auf die er spitz ist, blank ins blutte Gesicht sagt sie's ihm, es fällt ihm eine ganze Wand herunter, aber er fängt sich und wünscht ihr einen ausgemergelten Sodbrunnenputzer als Besamer und dreizehn ewighungrige Bälge an die Brust, sie taxiert ihn hierauf als nichtsnutzigen Barbar, da überlegt er kurz und sagt: Mädchen, so schön du bist, du und ich, wir haben soeben eine kleine Chance verpaßt, jetzt teilen wir den Bart, du fächelst dir die Welt um die Öhrchen und ich mache hinauf nach Marathon an der Heron Bay, vergiß den Brunnenreiniger und die dreizehn Quappen! und zehn oder zwölf Jahre später war er in Calgary gelandet und nach und nach zu allerhand Geld gekommen, ein ruhiger graubärtiger Mann ohne Anhang, und als es gegen die fünfzig geht, verkauft er sein Business, Haus und Hof sozusagen, der Mensch lebt von seinen Träumen und für sie, stimmt's? ja, kann stimmen, keiner weiß, wohin dieser Ogden sich verzogen hat, vielleicht nach Indien? oder zurück in die Midlands? oder hat er mit einem Boot umzugehen gelernt und tuckert die Küsten des Kontinents ab? wissen Sie, was das Wichtigste ist an einer Geschichte? der gute Geschichtenmacher ist immer selber drauf gespannt, wie sich der Faden spinnt und zwirnt und was für ein Garn ihm seine Hände drehen! es war ein alter Mann tief unten in Louisiana, der ihm, Harry Parker, das alles erzählte, na, sage ich, ich weiß nicht recht! er überhört es, er sagt: es war Abend, wir saßen auf dem Beischlag seines alten weißgestrichenen Hauses, er saugte an der Pfeife, ich war ein- oder zweiundzwanzig damals, meine Güte! er hüstelt, schlürft einen Mundvoll, die Zikaden hatten aufgehört zu sägen, die Grillen fingen an, die Dunkelheit zu verschrillen, Parker erinnert sich genau: der Alte nahm einen Schluck und suckelte an der Pfeife und sagte: weiter will ich Ihnen diese dunkelgrüne Stunde nicht verfärben, junger Mann! nur weiter, sagte ich, sagt Parker, erzählen Sie bitte weiter.

Vögel über Island und Atlantis

Nicht der Albatros, nein, andere Vögel, viel größere mit
einem unglaublichen Gefieder wie Regenbogen, ich
kenne doch den Albatros! der Österreicher regte sich auf,
er hätte ein altgewohnter Tramp sein können, schwafelte
in Schüben, die riesigen Vögel hatte er über Island gesehen, weit oben im Nordwesten beim Feuer Keflavik,
schaut auf der Karte nach, ihr Pfeifen! gleich geht das
Gelächter los, wer interessiert sich am Strand von Koro-
levu auf den Fidschi für ein isländisches Keflavikkaff?
solches Banausentum brachte ihn noch mehr in Rage, an
einem klaren Tag will er die Riesenvögel gesehen haben,
Vogel Rock und seine Brut, vom hellen Himmel pfeilten
sie auf ihn herab, sie kreisen und kreisen, von irgendwo
her steigen sie auf am späten Nachmittag im Sommer,
wenn die Sonne stundenlang noch nicht untergehen will,
und kreisen in unendlicher, in wahrhaft himmlischer
Höhe, zufällig entdeckt man sie, man fragt sich, was dort
oben immer wieder blinkt und blitzt, durch den Feldstecher erkennt man's, es sind unzählige, wie zählt man
diesen riesigen Schwarm durcheinanderkreisender Vögel? laß gut sein, lachen einige, laß gut sein, ein Schwarm
ist ein Schwarm! neineinein, eben nicht! er weiß es besser, man legt sich rücklings auf die Steine, und kurz bevor
die Sonne doch noch im Norden unter die stichgelbe
Kimm sinkt, stürzen die Vögel sich plötzlich herab, steil
angewinkelte Flügel, fallende Punkte, sie rasen auf einen
zu, erschreckt reißt man den Feldstecher vom Gesicht und
springt auf, man sucht Deckung, sie werden immer größer, heller, leuchtender, sie glühen wie herabgeworfenes
Gestein, wie gleißendes Metall, man erstarrt, dieser

Glanz und ein Rauschen, ein Sirren, man duckt sich, man ist wehrlos, ein halber Schrei, doch zwölf, zehn Fuß über den Steinen sind sie plötzlich wie in Dunkelheit getaucht, verschwunden, aufgelöst! beteuert er, und alles ist still, vielleicht lösen sie sich wirklich auf, noch saust es einem im Ohr, es wirft dich um, man zittert und wird mit Erstaunen gewahr, wie die Furcht dich schüttelt, du kannst nichts dagegen tun, man atmet in Stößen! erregt hat er von jenen Vögeln erzählt, es war eine Frau mit schmalen Händen bei ihm, kaum sehe ich ihr Gesicht, verwischt es sich in der Erinnerung, was du wieder redest, sagte sie, Island ist weit! aber dann redete ihre Stimme leise von Vögeln, die jedes Jahr irgendwann irgendwo an der Westküste von Afrika in Scharen zum Flug über den Atlantik aufsteigen, mitten im Meer beginnen sie zu kreisen, sie suchen Land, aber es gibt keins, Atlantis ist bekanntlich versunken, man sagt, nur einhundert von Tausenden erreichen eine Küste, die andern verschwinden, sie haben keinen Namen, sagte sie, ihre schmalen Hände verkrallten sich im Sand.

Von der Siebenten Reise

Léon und Catherine – Ein gastfreies Dorf – Anacaona
– Das tätowierte Herz – Das beste Deckblatt der Welt –
Zit isch doo! – Das Reich der Toten – Stein und Brot –
Das Biest – Verschwindereien – Roger, Maschinist, In-
genieur – Monsieur de Blégranges – Tief im Grünen –
Besessenheit – Teufel im Sprit – Bunins Spiel – Nach-
richt aus dem Heimatstall – Der Maler – Die Zauberer
– Eine Erinnerung – Der Trick – Schrecken aller
Schrecken – Die Rede an den Tod – Trugbilder

Léon und Catherine

Sie sorgt für mich und ich bringe sie weiter, auf jeden Topf einen Deckel, wir werden ewig leben! Léon Beringer raste sonntagnachts in den Ardennen mit Frau und kleiner Tochter heimwärts, morgen ist Montag, schnell noch ein paar Stunden Schlaf, bevor der Wecker wieder zuschlägt, ein junger Rehbock springt ins Scheinwerferlicht, Beringers Wagen gerät ins Schleudern, die Versicherung nennt das Selbstunfall, für Beringer ist es sein salto mortale in die totale Finsternis, seine Frau und sein Töchterchen hatten ausgehaucht, waren verblutet, bis endlich Hilfe gekommen war, er kam davon und gab das Rennen auf, langsam aber sicher wird er – von Anfang an ein Sohn des Alkohols – sich nun einschaufeln, und Catherine Knight hat im Norden von Arizona die Kühlerfigur eines Geländewagens fotografiert, ein vernickelter Adler war's, worauf ein Indianer auf sie losschoß: du hast mir meinen Adler gestohlen! bezahl mir meinen Adler! one Dollar! ten Dollars! und er verfluchte sie: I spit on your way! seither klebt Pech an ihr, langsam wirkendes Gift, es zermürbt sie, was immer sie beginnt, geht schief, was sie anrührt, wird faul, sie möchte sich verkriechen, leise sagt sie, den Kopf dieses Indianers wolle sie in einen Schraubstock spannen, ihm die Augen mit einem spitzen Messer einstechen, auskratzen die Augen! wenn er schreit, will ich heißes Wasser in seine rote Röhre schütten, so! du mit deinem verfluchten Fluch! Catherine Knight geht mit Krallenhänden auf ein Kinoplakat los, auf welchem in Farbenpracht einträchtig die Häuptlinge Tatanka Yotanka, Chief Joseph, Red Cloud und Young-ManAfraidOfHisHorses über die Prärie dahersprengen, ein Kinoplakat an einer Bretterschuppenwand am Rand von Gerringong, Catherine Knight weint, und Léon Beringer schaut zu wie einer, der krallenlos geworden ist und so müde wie ein alter Gassenhund, er hat sie, oder sie hat ihn, auf Europatrip, in Paris aufgegabelt, ihr Vater schickt hin und wieder Geld, sagt er, wir wollen nichts, wir wollen nicht einmal herausfinden, wie es dem lieben Gott am polierten Südende der Welt zumute ist, keine Kristallkugel, nein, sagt er, nur dann und wann ein wenig Geld und Gras, er verstummt, in der südaustralischen Weihnachtssonne stehen sie beieinander wie zwei kranke frierende Tiere.

Ein gastfreies Dorf

Auf der Überfahrt nach Tasmanien eine Stimme mit italienischem Akzent, sie erzählt von einem Dorf tief in der Türkei, die Dörfler dort stellten seit Jahrhunderten vor die geöffnete Tür eines bestimmten Hauses auf der Schattenseite des Marktes, sagt die Stimme, einen bequemen geflochtenen Stuhl, den nennen sie Sessel Des Müden Gastes, ob das Haus jeweils ausgewählt oder ausgelost werde, wisse niemand zu sagen, gleich hinter der Schwelle, doch schon ganz in der Kühle des Ziegelfliesenganges, stehe auf einem kleinen Tisch ein Napf mit Ziegenmilch, neben dem Napf liege ein kleiner Laib Brot, auf daß der Gast sich labe, und hinter der Tür, an die Wand gelehnt, eine handliche Axt, verlange nun der Gast, den ein Verwirrgewirbel von kichernden Kinderstimmen ein wenig irritieren oder auch leicht amüsieren möge, von eben diesen Stimmen zur offenen Tür geleitet, friedlichen Sinnes nach einem Stück Fladenbrot und etwas Milch, das Brot drin weichzutunken, heiße man ihn freundlich sich setzen, ja, setz er sich, Wanderer! sei unser Freund! man deutet auf den einladenden Stuhl und langt zugleich nach der Axt, um den Fremden ohne weiteres zu erschlagen, so schnell, er komme nicht einmal dazu, das Brot zu berühren, geschweige denn, es zu tunken, zu nichts mehr im Leben kommt er, er fällt vornüber, alles kippt um, es mischt sich zwischen den Scherben des Napfs sein Blut mit ihrer Milch, die gebrannten Fliesen saugen sich voll, befehle der Fremde aber, kaum angekommen vor dem gastfreien Haus, herrisch gute Stärkung und reichlich, so böten sie ihm alles dermaßen leibeigen untertänig an, daß es ihn erstaunen könne, und man schiebe die Axt heimlich hastig weiter in den Türwinkel, jedem müden Wanderer, sagte die italienisch klingende Stimme, werde darum in der Region ringsum empfohlen, in jenem Dorf so präpotent wie nur irgend möglich aufzutreten und barsch wie Alexander nach beinah verlorener Schlacht Speis und Trank zu heischen, ehe er den alleweil unschuldig vor dem einen oder anderen Hauseingang stehenden Stuhl einen guten Schritt von der Schwelle rücke, aber jetzt weiß ich plötzlich nicht mehr, ruft die Stimme, ist es wirklich ein türkisches oder nicht eher ein griechisches Dorf! man lacht, oder liegt es in Spanien! ruft jemand, und ein anderer: oder ist es Melbourne! Paris! Wien! Moskau! – weitere Namen werden übersprudelt von glucksendem Gelächter.

Anacaona

Sie sollten sie kennenlernen können, sagt er, Anacaona, wie schön und dunkel und gelenkig sie ist, ihre Wärme, ihre Ausstrahlung, ihre weiche Stimme, selbst wenn sie wütend ist und sich ärgert, zum Beispiel über die verdammten feuchten Flecken an der weißen Wand, die heruntergezogenen Flatterleinwände vor den Fenstern lassen Sommerlichtblitze herein, es ist heißer Mittag, da liegt einer stumm auf dem Bett, sie wäscht sich und fragt den Mann, ob er sich nicht auch waschen wolle, er ist ein Klotz, kratzt sich, greift zur Seite und läßt eine Bierdose aufpoppen, und Anacaona weiß in diesem Augenblick, daß ihre Seele auf der Wanderung durchs Leben genau jetzt, *jetzt!* einen anderen Weg zu nehmen beginnt, Sie Hat Es Mir Später Immer Wieder Erzählt, sagt er, Und An Diesem Anderen Weg Stand Ich Und Wartete Auf Sie! Ich Und Sie! Anacaona! sagt er, einmal sei sie im Feuer erwacht, allein, ein anderer von ihren Kerlen hatte sich davongeschlichen, alles stand in Flammen, man stelle sich das vor! ruft er, oft umlodert ihn das Feuer nachts, und er schreckt auf mit Geschrei, alles ist dunkel, er keucht vor sich hin, ein grauenvoller Traum! sagt er, *gegen Abend hat er sich zurechtgemacht, den roten Bart mit einer Schere gestutzt, es war, als schnipple einer kurze Stückchen von Kupferfäden, und hat seine Seemannsuniform angezogen,* Ihnen und IHR zu Ehren, sagt er, lange Jahre war er Offizier, dann bekam er ein Kommando, dann kam SIE des Wegs, Anacaona! auf einem Tischchen vor uns ein Windlicht, Mücken und Falter umschwirren es, manche verbrennen sich dran, sie hat Bernsteinaugen, sagt er und träumt ihr nach, im Widerschein

blühen seine Augen blau, er sagt: ihre Pupillen sind einge-
schlossene kleine kristallene Spinnen, sie wollte sich eine
halbe Rasierklinge hineinklemmen und dann alle ihre sogenannten Freunde kommen lassen, diese weißen Würst-
chen! er lacht schroff auf, dann: ich hätte mehr mit ihr
reden sollen! und schweigt, Jan Pinzon, angeblich aus Jüt-
land, seit einigen Jahren tut er sich auf Tasmanien um, und
an diesem Januarabend erzählt er sich allerlei von der lange
schon toten Anacaona, er trinkt und taut auf, seine Erinnerungen umkreisen seine schöne schwarze Geliebte aus
Louisiana, Anacaona, die Königin, die mit ihm durch-
brannte, mit ihm, wohin es ihn trieb, oh gewiß, glaub's
wer will! es fließt immer viel Wasser den Red River hinunter, und in der Nähe rauscht der Pieman Fluß zum Meer,
Jan Pinzon erzählt jetzt auf einmal so leise von seiner toten
Geliebten, als schlafe sie in dem Zimmer gleich hinter der
schattenumtanzten Veranda, auf der wir sitzen und er sich
berauscht, von ihr murmelt, träumt, weltenweit vor sich
hin, vor sich hin, vor sich hin, vor sich hin

Das tätowierte Herz

Im neuseeländischen Norden bei Kaitaia, knapp über dem
fünfunddreißigsten Grad, einer, der seine sechsunddreißig Sachen kant beieinander hat, mal wieder einer mit
Überzeugungen, die sind rar zuweilen, er ist sozusagen
zähgekocht der Meinung, die alten Chaldäer hätten Methoden gekannt, jedes Menschen Tod genau vorauszusa-
gen: *wann! wo! wie!* Mister La Pira arbeitet in der
warmen Zeit in kurzen Hosen und mit nacktem Oberkör-

per von morgens um sechs bis Punkt ein Uhr, nach der Überzeugung, von eins bis fünf gehöre die Zeit und überhaupt alles dem alten großen Pan, auf seiner Brust über dem Herzen prangt ein tätowiertes Herz, prächtig bläulich und rötlich, V8 ist in das Herz hineintätowiert, er war recht wohlhabend geboren, in Livorno, alles weg, paff! macht er, das Zeitgetriebe, sehr gefräßig, er repariert Landwirtschaftsmaschinen und macht kleine Schmiedearbeiten, es gibt gutes Eisen böses Eisen dummes Eisen liebes Eisen starkes Eisen feiges Eisen geschmeidiges Eisen hartnäckiges Eisen heimtückisches Eisen niederträchtiges Eisen wildes Eisen zuverlässiges Eisen stilles und lautes und lebendiges und totes Eisen und unbezwingbares und viele heiße Eisen, aber das ist etwas anderes, Paolo La Pira hätte sich nie träumen lassen, daß er am Ende in Neuseeland, nein! nie im Leben! er denkt an die Maremmen und an Südfrankreich, jeden Sommer fuhr man dorthin, von dort kam seine Mutter her, sie war schön, aber ein Fisch, sagt er, im alten Hôpital Saint Nicolas in Tarascon auf einer Bank ein Mann wie van Gogh im Garten unter den Bäumen, und beim Ospedale Sao Paolo in Saint Rémy das große graugestrichene eiserne Gartentor, bis gegen zwei Meter hinauf mit Blech verblendet, ich bin aber einfach hinaufgeklettert, und ich schwöre dir, der berühmteste Irrenhausgarten der Welt völlig verludert, verkrautet, und drinnen Vincenzo vor der Staffelei, und oben, links von mir, hinter einem Fenster, ein schönes Mädchen, es schaut mich an und lächelt, ich war neunzehn oder zwanzig, sagt er, und ich sage dir, das Mädchen war der Tod, eiskalt spürte ich's und bin abgesprungen, er erzählt von den freundlichen Leuten in Cavaillon, Männlein und Weiblein küssen einander dreimal beim Gutentagsagen im Vorbeigehen und dreimal am Abend, macht mindestens sechs, weil aber jeder jede kennt, macht's auf einem einzigen kurzen Weg leicht ein paar Dutzend, *und das verändert die Menschen, glaub mir!* der Wind auch, wenn die Windsbräute über die staubigen Flächen wischen, drüberwetzen wie kichernde Kobolde, in die Hecken hinein und hindurch, und erst das Essen! der Sandwein! Signor La Pira fragt sich, wie wohl Petrarca seinen gestopften Pansen auf den Mont Ventoux getragen habe, seinen südfranzösisch vollgestopften Pansen! grinst er, V acht! V acht! und prustet und lacht.

Das beste Deckblatt der Welt

Der uniformierte Maori grient grimmig, Swiss Passport, besseres Deckblatt gibt es nicht, er hat einmal einen Schweizer gekannt, dessen Großvater mit der Titanic auf jener Jungfernfahrt gewesen war, kleverer kleiner Fabrikant, stürzte sich in Frauenkleider, als es losging auf dem Schiff, hatte die Kleider vielleicht einer beschwipsten älteren Lady vom Leib gerissen, spekulieren Sie selbst, wurde jedenfalls gerettet, und wieder zu Hause, hat er ein Fest gegeben für das ganze Dorf, er und alle dickstolz auf den gelungenen Kleiderschwindel, auch der Enkel hat noch von dem Stolz gezehrt, hätte er mir, fragt der Maori, sonst davon erzählt? ich sage, sagt er, bestes Deckblatt der Welt, fahren Sie gut weiter, Sir, wohin Sie wollen, Sir, Quinsay, Cambalu, Tholoman, Idifa, Felech, ins Land Quiveva mit seinen sieben Städten aus Gold! Hoptiquax, Angria, Gondal, fahren Sie!

Zit isch doo!

Peter Johnson freut sich, er hebt an zu schwärmen, ein wundervolles Land! ruft er, wundervoll die Fasnacht! das Essen! Landjäger ist die beste Wurst! er sah kürzlich Landjäger in einem Delikatessengeschäft, die wußten gar nicht, was sie hatten! zwölf Dollars, und die schöne Guggemusig an der Fasnacht und der Morgestraich, mer tien Alemannisch rede, drei wundervolle Jahre damals in Basel! ich war, lacht Per Johnson, Tenor in einem Männerchor und verstand kein Wort von allem, was ich sang, hier gibt es das nicht, die Leute kauen und schwitzen und glotzen vor sich hin, Per Johnson ist ein gemütlicher Mensch, er betreut Ureinwohner, es geht ihnen besser, früher war er im Erdölgeschäft tüchtig, aber Erdöl ist Menschenaffendreck, jawohl! bleibt fern, Leute, versaut uns nicht alles! Per Johnson sitzt und schwatzt und glänzt, früher war er Amerikaner, mit neunzehn im Koreakrieg, in einem günstigen Augenblick mitten in einem Gefecht erschoß er seinen Captain oder den Lieutenant, Militär interessierte ihn nie einen feuchten Furz, niemand hat etwas gemerkt, er mochte den Kommandobrüller nicht leiden, du siehst ihm überhaupt nicht ähnlich, aber irgendwie hast du mich an ihn erinnert, kennst du dieses alemannische Lied: Zit isch doo! Zit isch doo!

Das Reich der Toten

Beschienen von kräftiger Sonne sitzt in rasengrünem Park in ächzendem Korbsessel eine überquellend dicke Frau in Schwarz, sie glaubt, die Lebenden müßten sterben, weil das Reich der Toten gewaltig groß sei und erst sehr dünn besiedelt, noch fehlen Milliarden und Milliarden, sagt sie heiter und macht große dunkle Augen, die weitaus größten Gebiete des Totenreiches sind noch nie betreten worden, ganz unerforscht, Milliarden und Milliarden, sagt sie noch einmal, drum sterben wir, drum müssen wir, das ist alles, ist das kompliziert? fragt sie, man muß die Sterbenden ruhig liegen lassen, man muß ruhig zuschauen, wenn sie anfangen zu raffen mit ihren Händen und nichts behalten, das ist nur ein Zeichen, die dicke Frau fragt: ist es schlimm, wenn sie auf den Decken herumraffen mit ihren Fingern, ist das kompliziert? niemand antwortet, sie schaut fröhlich in die Runde, ihre dunklen Glanzaugen verspiegeln und verlachen den furchtbaren Blick in den leeren Gesichtern der Frauen und Männer auf den Stühlen und Bänken im Park der Unheilanstalt.

Stein und Brot

Und mit einem Sieb in Händen in der harten Sonne in der Wüste, im outback, in steiniger Hitze nichts als diese Frau mit ihrem überaus zarten Gesicht unter der breiten Hutkrempe, diese zarte Frau mit den zerschlissenen Gummihandschuhen und der harten trotzigen Stimme, es ist die gottverfluchte Hoffnung! man muß verrückt sein! ich bin verrückt! seh ich nicht aus wie eine Verrückte? in diesem Dreck hier draußen zwölfmal durchwühlten Dreck zum dreizehnten Mal durchwühlen für ein paar Steinchen, für Brot und Milch, die Familie, es muß weitergehen, die gottverfluchte Hoffnung! die Lippen der Frau mit dem

Sieb in der Hand sind weiß bestäubt, ihre Augen hell und wach, alle einzweidreivier Jahre kommt ein Regen, endlich einmal so schwer, daß er nicht schon verdunstet, bevor er überhaupt die Erde erreicht, *was hier gebraucht wird, ist nicht nur Geduld, hier brauchst du einen Traum von Geduld!* ein Staubsturm alle dreivier Jahre zeigt den Regen an, alle berauschen sich dran, richtig besoffen von diesen Wolken und vom Wind, der Regen macht dir grauen Dunst vor und das Land ist ganz benebelt, du auch, vom Dunst und vom Geruch, dieser Staub zuerst und dann das Wasser, es ist wunderbar! wo ich herkomme, sagte man: eine gute Hochzeit stinkt und beißt wie ein Fuchs! dann schiebt das Wasser ab, und wo immer nur Steine liegen, ist plötzlich ein Fluß, eine breite Brühe, und wenn Eis drauf tanzt, hat es Tennisbälle gehagelt, nach zweidrei Tagen ist der Gestank weg, es riecht besser, es riecht weich, die Frösche kommen aus dem Trockenschlaf und fangen ihr verdammtes Gequake an, wir sagen zwar, sie rufen den nächsten Regen, aber es geht ihnen nur um die Weibchen, immer dasselbe, allzeit bereit, und die Weibchen kommen ungesäumt, verlaß dich drauf, es wird nie anders, der nächste Regen hingegen, ach je! ich würde nichts wetten, wenn's vorbei ist, reißen wir den Froschmännchen die Fleischbeine aus, Fleisch ist teuer, und die Frösche haben's ja gehabt! am Fuß der Steinschutthalde führt die Frau ein Steinchen zum Mund, Schweißmonde unter ihren Armen, sie beleckt den kleinen Stein, sie wäscht ihn in ihrem Speichel, damit sie sehen kann, ob er taub oder ob etwas dran ist, ob es weitergeht, Milch und Brot, das allermindeste.

Das Biest

Auf einem schwarzen Berg bei Tanami, tief in diesem Kontinent des Verlorenseins, der Endlosigkeit unter endlosem Himmel, die Welt sieben Mal und Darwin ist noch weit: da keift mich eine Schwarzsträhnige gelbzahnig an: Hammerstern! Hammerstern! ich kenne sie nicht, sie ist, höre ich sie später mit weicher dunkler Stimme sagen, als Vierzehnjährige aus dem Paradies hinausgeflogen, zum ersten Mal Gittergerassel und schnappende Schlösser, und seither immer wieder, Polizisten sind umständehalber verhinderte Warzenschweine ohne den Mut zur Feigheit, schau mal die Häufchen an, wenn man sie nackt abspritzt, das verstehst du nicht, weißt du, die größten Säue sind bei der schwanzlosen Polizei, Motherpigs! Lespolice! sie reißt ihre Fetzen auseinander auf den heißen Felsen, da passiert es, daß plötzlich ein Tier wie ein Wolf wie aus dem Fels herausgesprungen dasteht, hervorgeschossen aus Stein und Sand, und eine Geierstimme krächzt: deine linke Hand will ich ellbogentief in meinen Rachen nehmen! ich will dich nicht mehr loslassen deiner Lebtag! ganz deutlich dies gefräßige Gekrächze, die Wolfsaugen, das blanke Gefletsche, die Schwarzsträhnige bückt sich und schleudert Steine auf das struppige Tier, es duckt sich, komm näher, du verdammter Köter! hau ab! hau ab! ein Geklirr ohne Echo, wie abgeschnitten ist ihre kreischende Stimme in dieser heiß wabernden Endlosweite, und jetzt zu dir! sie streicht ihre Strähnen zurück, jetzt zu dir, das Biest ist weg.

Verschwindereien

In Darwin der Engländer Squirrel mit seiner Geschichte
von Bob dem Inder, der sein Freund gewesen war in London während kurzer Zeit, dieser Bob hatte eine ältere
Schwester, Ashta, eine andere, die älteste, war mit zweiundzwanzig an Typhus oder sowas gestorben, Ashta war
ein Aschenputtel, der Sohn einer begüterten Familie holt
sie aus der armen Hütte, bricht Sitte und Tabu, solche
Burschen sieht der diplomatische Dienst eine Zeitlang
gern, und wie's kommt und weht, geht's nach Kenya,
nach Ägypten, nach Lissabon, Ashta begleitet ihren
Mann, der ein Schnellaufsteiger ist und dafür sorgen
kann, daß auch der kleine Bruder Bob aus der Hütte
herauskommt, in Lissabon geschieht es, daß Ashta, die
Welt müßig von oben durch ein Fernglas betrachtend,
eine farbige Nonne hinter der Brüstung einer Dachter-
rasse weiße Wäsche in den Wind hängen sieht, der
Anblick reißt ihr die Augen auf, denn das Nönnchen dort
auf der Terrasse ist ihre ältere Schwester, sie weiß es sogleich so sicher wie sonst nichts, und sieht die aufgereck-
ten Arme, die behenden Hände, sieht die Finger den
Wäscheleinen entlanggleiten, harfespielende Finger einer
Ertrinkenden, der schon jene Wassermusik erklingt, von
der beinah Ertrunkene nach ihrer Rettung reden, jetzt
versinken sie, und Ashta eilt zum Lift, saust hinab, hastet
durch die Straßen, sucht jenes Haus und findet es nicht,
es ist wie verhext, ihr wird flau, graue Nebel schralen, ihr
wird schlecht, es kommen schwarze Wolken, du bist eine
Zauberin, sagt ihr Mann am Abend, du hast dir das alles
vorgespiegelt, sie verdächtigt ihn sofort, ist sie Zauberin,
muß er der Oberzauberer sein, es beginnt sich zu drehen,

ihr ist, man gaukle ihr einen kleinen blassen Fisch vor und kein Wasser, der Fisch zappelt auf dem Teppich, seine Haut ist schon trocken, staubstumpf, Ashta der Fisch, kein Wasser! keine Luft! sie erstickt! atemlos nimmt sie Geld und verschwindet, weißt du, fragt sie in London einen jungen Mann aus der Gegend ihres Dorfes bei Mathura, der seinen Augen nicht trauen will – Ashta! bist du Ashta oder wer sind Sie? – ja, sie ist es, nein, sie braucht nichts, keine Hilfe, sie will nicht zurück, aber ob er wisse, wie es ihren Eltern? ja weißt du denn nicht! fragt er, nein, sie weiß nichts, sind plötzlich verschwunden und sie weiß nichts! und wußte nicht, fährt Squirrel fort, daß ihr Bruder damals schon beinah ein Jahr in London war, man wollte einen Chartered Accountant aus ihm machen, ich verliere ihn von einem Tag auf den andern aus den Augen, einfach so, er war auf einmal verschwunden, sagt Squirrel, da haben Sie jetzt mal eine ganze Familie authentischer Untertaucher, ein wirklich gelungener Zaubertrick, seltsame Geschichte, nicht? sagt er, ich schnappe hier Erholung und Abwechslung, bis die Luft anderswo wieder rein und bekömmlich ist, Sie verstehen, abwarten und Augen auf! es verschwinden ja dauernd Leute, das ist nichts Neues, am meisten Glück haben meistens die Mädchen, tauchen irgendwann irgendwo wieder kurz auf, organisierte Schnellarbeit, normale Spezialitäten, aber sonst, he! er schnippt mit den Fingern, lieber Hände weg! die eigentliche Frage, nicht wahr, sei doch: was gehen den braven weißen Agenten, den unbescholtenen umsichtigen Nachschubmakler, was gehen ihn solch asiatisch verwickelte Verschwindereien eigentlich an!

Roger, Maschinist, Ingenieur

Die Frau erzählt von ihrem Sohn Roger, von klein auf hat Roger sich nur für Maschinen interessiert und ist Maschinist geworden und zur See gefahren, Ingenieur und immer weiter weg, Singapur, Hongkong, Japan, San Francisco, glauben Sie, mein Herr, daß Roger sich in Japan verlaufen hat unter all den vielen Leuten? glauben Sie, Roger reitet durch Amerika? sie meint, er hätte nie an Land gehen dürfen, nirgendwo! ihr Mann flüsterte zuvor, man tue am besten, ihr in allem recht zu geben, aber machen Sie ihr bitte keine Hoffnung, sie hatten Feuer an Bord, es gab Explosionen, keine Hoffnungen, bitte! sie bringt mich um damit, monatelang jedesmal und immer von neuem, seit Jahren jetzt! tun Sie mir den Gefallen, bitte, ich werde verrückt! gramvoll sagt die Frau: Roger kann doch gar nicht reiten! in ihren Augen, ihrem Gesicht flackert Verzweiflung, er beruhigt sie, nana, ein Kerl wie unser Roger lernt das schnell! wenn Sie ihn sehen irgendwo, bitte sagen Sie ihm, er soll heimkommen, sagt sie eindringlich, bitte sagen Sie ihm, er soll mir schreiben und sofort heimkommen, Sie kennen ihn doch, alle hier haben Roger gekannt, es ist alles für ihn bereit.

Monsieur de Blégranges

Die ersten zwei zählen nicht, erst der dritte war wirklich mein Mann, schon alt, ich auch, vor zehn Jahren, jetzt ist er tot, wir nahmen jeden Tag die Sachen, er die Ledertasche, eine Mappe aus Leder und alt, ich weiß nicht was drin, nichts oder doch, ich den Regenschirm, wir standen auf, wir wußten alles, kein Wort, wir tranken Wasser und gingen durch die Straßen, immer diese Straßen hinaus aus der Stadt, nicht ganz, eine Straße, zwei Straßen, die dritte und noch zwei oder vier und über die Brücke, nie weiter, er stand langsam still, ich auch langsam, wo wollen wir wollen da gar nicht hin, ich weiß nicht, jeden Tag nach der Brücke standen wir und das Wetter einmal Regen einmal Sonne einmal so und wir dort und kein Wort, nur so und so und am Abend die Brücke zurück die Straßen das Haus die Treppe hinauf Türe auf, er die Mappe ich den Schirm und Türe zu und wo sind wir gewesen diesen Tag jeden Tag? immer wissen wir nicht, es wird Nacht, Brot und Wasser, ein Stück Käse, langsam der Schlaf und Erwachen, er steht auf, mein alter Mann ein alter Mensch, ich auch, seine Sachen, meine Sachen ohne ein Wort nur so und so und Schluck Wasser die Tür die Treppe die Straßen die Brücke, wir wissen, er stand langsam still, ich weiß nicht: so murmelte sie, ein weißsträhniges Weib ohne Namen, die hätte ewig weitergemurmelt, sagt de Blégranges und lacht fett, soso, du weißt nicht wie du heißt und treibst dich dauernd nachts bei den Bahnhöfen herum mit deinen Bündeln und schnürst sie auf und suchst drin herum und schnürst zu, jetzt das nächste, eins nach dem andern, du machst dich verrückt! hat er zu ihr gesagt, du und dein ewiges Gemurmel, merkst du das nicht! Monsieur de Blégranges war offensichtlich gut betucht, an vielem interessiert und schnell gelangweilt, ein Kreditkartenmensch auf Herumtreiberei, dickfingrig und fett, ich traf ihn in Port Moresby, es war nicht aus ihm herauszubringen, wem er auswich, er gab vor, noch nicht zu wissen, wohin er sich weiter wenden werde, *für eine kleine Syrinx, die ich für weiß nicht wen gemacht hatte, wollte er mir einen angeschliffenen Opal auf Muttergestein stecken, noch bevor ich sagen konnte, das Panflötchen sei noch zu neu, zu jung, zu wenig angeblasen, nicht zu haben,* ja dann halt nicht! sagt er, sie hockt ja wahrscheinlich auch heute noch mitten in ihrem gebündelten Ramsch und wird von Nacht zu Nacht schwärzer, wissen Sie, trompetet er, was ich zu ihr gesagt habe? Lukrezia da Fogliano, so, jetzt hast du einen Namen! da frage ich, woher er seinen habe, und laß ihn stehen.

Tief im Grünen

Missionare mag Señor Quesada nicht leiden, Missionare jeglicher Himmelsrichtung hat er gefressen, ersticken sollen sie an ihrem Gotteswahnsinn, aber bitte dort, wo sie auf die sogenannten Heiden abgerichtet und scharfgemacht worden sind, sollen verrecken und auf direktem Weg ab in ihr Paradies, die schwarze weiße Pest! Señor Quesada lehnt zurück und beruhigt sich mit der Geschichte von jenem Missionar, dessen Sohn ins Alter für die Renommierschule gekommen war, da läßt er den Alten vom Walde kommen, läßt den alten Mann antraben, versteht sich, sein Gott ist die Wahrheit und der Größte, und er, der Missionar, Diener und Vertrauter dieses größten und mächtigsten aller Götter, kann sich in den Silberbauch geflügelter Riesenfische setzen, und der große Gott grollt und der Riesenfisch holpert über eine übriggebliebene Weltkrieg-Zwo-Piste und fliegt auf und davon mit

dem Gottesfreund, direkt in den Himmel, wo der Groß-
gott wohnt über den Wolken bei Sonne und Mond und
über den Sternen, willst du nicht zur Abreise meines Sohnes eines dieser Abschiedsfeste inszenieren, die ihr so alle
paar Jahre tief im Busch hinter den sieben Hügeln wider
meinen Willen, jaja, ich bin informiert, aber tolerant,
diesmal würde ich beide Augen zudrücken, für ihn wäre
es eine hübsche Erinnerung, die Trommeln, eure Ge-
sänge, die Feuertänze und wie ihr Blumen in den Teich
werft am Morgen, wenn ausgetanzt ist und das Feuer
erloschen, da sagt der Älteste: so ein Fest, wie wir es
feiern, wenn einer geht? willst du so ein Fest für deinen
Sohn? genau so ein Fest, sagt der Missionar, sagt der
Alte: wie du befiehlst, Vater, und man trifft die Vorberei-
tungen im Dorf und in den Dörfern umher, jetzt schick
deinen Sohn zu uns, sagt der Alte am Nachmittag vor
dem Fest, und der Missionar schickt seinen Jungen ins
Grüne, kommt der Alte am Abend zum Missionar: das
Fest kann beginnen, wir haben deinen Sohn vorbereitet,
sagt der Missionar: meinen Sohn vorbereitet? sagt der
Älteste: ja, bereitgemacht! sagt der Missionar: erklär mir
das! sagt der Älteste: was! das weißt du nicht! und immer
lauter: was! weißt du das wirklich nicht! weißt du wirklich nicht!

Besessenheit

Er ist eben von einer Rundreise zurückgekehrt, tüchtiger
junger Agronom, den mythenbesoffenen Eingeborenen
sei noch viel beizubringen, weiß er zu sagen, zum Beispiel: was ein Urwald ist und was Landwirtschaft sei, ein

Anbauplan, ein Acht-, Neun-, Zehnstundentag und Condommes, Aspirin, Zahnbürste, das ganze Alphabet betet er her, weiß dann von einem gewissen Jack Kennedy zu erzählen, Amerikaner aus Philadelphia, nein, nicht verwandt mit den Erschossenen, oder vielleicht doch? Schüler, Student, Romanist, Soldat, Busch- und Postpilot, hängengeblieben im Bismarck Archipel, auf den Salomonen, Inseln des Schweigens, der Brandung, des Rauschens, was noch? ein sehniger Knochenkerl, die Zeit hat ihm das Lachen weggewischt, die Hitze läßt ihn keine Umschweife machen, gradheraus fragt er den Landwirtschaftsmann bei der auf Pfahlstummeln stehenden Wellblechbaracke neben der Piste bei Finschhafen, Cape Cretin nahebei, ob er mit der Frau dort, die reist doch mit Ihnen, oder? kurz was haben könne, lachen Sie mich aus, wenn es Ihnen Spaß macht, seit Monaten diese Obsession: wieder einmal eine weiße Frau! früher schon diese Besessenheit auf einmal, diese Besessenheit alleweil von einem gewissen Alter an, hatte er gesagt, wo ich ging oder fuhr oder stand und eine Frau sah, überlegte ich, ob ich mit ihr etwas haben möchte, ich legte sie flach, war aber wählerisch, später nahm ich fast jede, ich nehme sie, dachte ich, ja, die nehme ich! und die dort auch! in meinem Kopf legte ich jede, die ich wollte, auf die Matratze, prickelnackt, entblößte Reißzähne, sozusagen, gierige krallige Tatze, ich sah sie an und ging vorbei oder fuhr weiter oder stand, und sie ging vorüber, ich war besessen und tat nichts! so hatte dieser Kennedykerl aus Philadelphia auf ihn eingeredet, und bin jetzt hier und liebe alle und warte auf eine fremde Frau, bei deren Anblick es mich wie wildes Gift durchzuckt: ich will sie! will sie! ein Blitz, der mich erschlägt! sie ist es, sie! und hatte gefragt:

wieso raucht sie Pfeife? ist sie emanzipiert oder wie man das nennt? funny! wie die Weiber der Ni-Vanuatu auf Tanna, andere natürlich auch, und dieser Kennedy beteuerte, sagt er, er sei sauber, medizinisch völlig sauber, ja steril sogar, oh, sehr schön sei sie, sehr schön! seine blassen Augen gierten, ich sagte ihm nicht, sagt der junge Agronom, er sei ein gottverdammter Narr, ich sage: Mister Kennedy, es mag ein Zeichen von Vitalität sein, aber ich würd's bleiben lassen, sie würde es Ihnen sicher übelnehmen, sie ist wie eine Trancetänzerin vom Sepik, wissen Sie, ganz vergiftet, Stacheldraht, verstehen Sie, Mister? man bleibt drin hängen und kommt um, beat it! vergessen Sie's! der Agronom schaut mich an wie einer, der ein Schulterklopfen erwartet, das kann er haben, gleichfalls! sage ich.

Teufel im Sprit

Wir hatten ein Sperrholzboot wie vom Abwrackplatz, entweder mußte es auf dem Strand liegen oder es mußte mit voller Kraft laufen, sonst war Gefahr, daß es still absoff, wir kamen auf der Insel an nach zwölfstündigem Ritt auf den Wellen, wo du eine Wolke stehen siehst, muß eine Insel drunter sein, sonst nur Wasser Wasser Wasser, es ist ausgeschlossen, daß der Diesel verreckt, es ist bei Todesstrafe verboten, überhaupt an so etwas zu denken, dieser Dieselmotor hat schon so viele hunderttausend Meilen in den Kolben, er sollte jetzt wirklich wissen, wie's so geht und läuft, wenn man ein Diesel ist, wir sind zwölf, fünf vertragen es halbwegs, sieben sind grün und

263

nicht seekrank, sondern seetot, unser Wrack ist ein stinkender, na, sagen wir, Leichentrog, ich will nicht ins Detail gehen, endlich am Strand torkeln sie und kippen um wie vergiftet, wir taumeln und stolpern und laden aus, nach ein paar Stunden tanzt der Kahn wieder ab, mit sowas wie Flut herein und mit sowas wie Ebbeströmung hinaus, der Kapitän eine ausgedörrte Figur, Typ Ed Hillary oder Tom Neale, wenig gesprächig, seine beiden Boys reagierten auf jeden Pfiff, an Land ein Kistenhaufen und noch immer Halbleichen im Sand, eine Kistenburg nach der Schlacht, aber einer ist immer der Scherzbold, er knackt ein paar Büchsen, der Fleisch- und Bohnengeruch stülpt die meisten gleich noch einmal um, es wird dunkel, du kriechst mit einer Decke weg und streckst dich aus und versackst wie Blei, tief in der Nacht erwachen wir, Tod und Entsetzen, wo du hingreifst, bewegt sich was, etwas Hartes, Ekliges, wo sind die Taschenlampen, eine Taschenlampe, verdammt nochmal! im Lichtkegel der ganze Strand voll Krabben, ekelhaft, du fährst hoch und wirst steif, du denkst: wieviele tausend Meilen? es ist der bare Blödsinn, aber genau das schießt dir durch den Kopf, die Krabben im herumflitzenden Lichtstrahl sind so groß wie in unterbelichteten Science-Fiction-Filmen, Ton ab, es kratzt und knackt, diese Viecher huschen so schnell wie die Mäuse, wie Ratten, ekliger als Ratten, aber das Schlimmste sind die Gesichter plötzlich im Hintergrund, wir hatten uns ja gewundert, wo denn die Eingeborenen seien, die wollten wir ja untersuchen, verstehst du, aufnehmen, registrieren, Sitten und Gebräuche, nicht wahr, sorgfältig Kontakt aufnehmen, natürlich, aber dann die Müdigkeit, jetzt stehen sie da überall und bewegen sich herum und starren dich an aus der Finsternis, und du stehst und klapperst, buchstäblich, eine Saukälte plötzlich, jetzt find mal das richtige Wort oder nur die richtige Geste! wenn die jetzt wollen, fressen dich schon morgen die Fliegen, und in einer Woche hast du zum Wohle der aufstrebenden Insektenwelt mehr getan als zuvor dein ganzes Leben lang, deine Sünden sind gebüßt! das weckt, kann ich dir sagen, da wirst du wach wie der Teufel im Sprit.

Bunins Spiel

An glatter schwarzer Lagune, leicht bestoßen von einer Brise, die ob ihrer eigenen Brutwärme immer wieder einschläft, erzählt einer von seines Vaters Freund Isaak Bunin, dem die Mutter einen ganzen Schub Schulden hinterlassen hatte, ein Vermächtnis, auf das Bunin nicht verzichtet, das er vielmehr abgetragen habe nach und nach bis auf den letzten Cent, Isaak Bunin, sagt er, war ein Mann, nach dem man sich in mancherlei Hinsicht richten kann, er möchte so gut Cembalo und Orgel spielen können wie Bunin, sein Vater hat ihm davon erzählt und überhaupt, welch patenter Kerl der Isaak Bunin war, wie sie's zusammen getrieben, in der Schule zuerst, da war Bunin eines Tages hereingeschneit, Sohn einer sich in mehreren Sprachen mit ihm streitenden Mutter, Vater verschollen oder abgehängt, wie sie's zusammen trieben mit Mädchen und mit Frauen, erste Katastrophen oder wie man sich als Milchbart in fünfundvierzigjähriges Schmachtfleisch bettet, vor allem aber Bunins Orgelspiel, immer stärker drückte der Musiker durch, Mathe-

matik und Physik gingen ein, sein Vater konnte nachmit-
tagelang in den Kirchen ihrer Stadt herumhocken,
manchmal hier, manchmal dort, die Organisten ließen
den jungen Bunin gewähren, und mein Vater, erzählt er,
saß da, schallbecherweit offen, das Licht wanderte, und
Freund Isaak spielte für sich und für ihn, er schwebte
mit, die Musik habe ihn hochgehoben und nach und nach
ins Aristokratische verwandelt, ein Ausspruch meines
Vaters, wortwörtlich! sein Vater, erzählt er, habe keine
fünf Töne zusammenbringen können und nie zu staunen
aufgehört, er sei immer wieder hingerissen gewesen,
auch verwirrt oder erschreckt ob dieser unheimlichen
Macht der verschlungenen Linien und Spiralen, der Ton-
wirbel, der Klangkaskaden, dennoch habe er nicht die
Physik vergessen und den Rest, vielmehr sei er ein von
der Flugzeugindustrie zäh begehrter Tüftler geworden
und später auf eigene Faust Verbesserer, Erfinder von
tausend geldschwitzenden Nützlichkeiten, Freund Isaak,
Grandseigneur in abgewetztem schwarzem Samt, habe
nur ungern eine kleine Pension angenommen, nur aus
Freundschaft, aber nach einigen Jahren die Checks nicht
mehr eingelöst, sie haben einander immer seltener gesehen, weiter mag er nicht mehr viel erzählen, ein paar
mittlere Katastrophen, sagt er noch, nichts ist sicher,
wie's halt geht, man denkt ja immer, wenn man von
sowas hört: das passiert den anderen, mir nie! aber:
bist du nicht mit den Menschen, sind sie nicht mit dir,
heißt es, die Brise fächert wieder, Fische springen, er
nimmt an, Bunins Orgel- oder Cembalospiel, ein aber-
witziger Tanz auf dem Pedal und über Klaviaturen,
habe wohl wie ein stetig stärkerer Sog gewirkt, in welchem der Spieler selbst schließlich spurlos verschwand,

er meint, es müsse grausam und unerbittlich, *bestürzend müsse es gewesen sein*, wir saßen still, ein jeder mit seinen Gedanken.

Nachricht aus dem Heimatstall

Plötzlich über den Köpfen und quer zum Strom der frisch eingeflogenen Menge in Papeete ein altbekanntes Gesicht, das sich nicht einfügt ins Gesicht dieser Menge, ei dich kenn ich doch! wie kommst denn du hierher? wie lange war ich letztes Mal im Heimatstall? eine Woche? ein Jahr? er erzählt von einem Wirt dort, du kennst ihn auch, er rutschte Stuhl um Stuhl von Tisch zu Tisch näher mein Zapf zu mir, weil: er hatte was zu schwafeln und etwas Schleimiges zu fragen, es haben nämlich kürzlich, wie lang ist es her? zwei Herren, so um die fünfunddreißig, eine Nacht lang bei ihm gekatert, brünstiges Geraule und Gebalge bis ins Morgengrauen, und wie sie ausziehen, sagt der eine, das sei jetzt wieder mal eine schöne Sklavennacht gewesen, genau so, und nachher das Zimmermädchen, torkelt verstört und verdattert die Treppe herab, die Bettlaken in Fetzen! die Tapete von den Wänden gekratzt! Riemen und Striemen! ob ihm, fragte ihn der Wirt, sagt Zapf, je so etwas vorgekommen sei unterwegs? was da wohl Exotisches getrieben werde in so einer Nacht? da müsse man also gar nicht weit in die Welt hinaus, nicht wahr, der gute Wirt kann warten, Kraut und Rüben aus aller Herren Länder findet zu ihm her, he! und er kann erst noch brav kassieren, hab ich recht? ja, sagt Zapf, bleib zu Haus und raffe redlich, der Kerl kann,

wenn es ihn auch mal stechen sollte, ein bequemes Ticket
kaufen und sich überall dorthin bunkern lassen, wo sei-
nesgleichen der eigene Mist am exotischsten blüht, abge-
fütterte Mastochsen mit ihren Weibsen, ahnungslos,
wissen noch weniger als du und ich warum und wohin,
sieh sie dir an! nein! was sage ich! laß es bleiben! Zapf
macht ein hämisches Grinsen, das sind so die Horizonte,
die denen nach zwanzigtausend Flugmeilen rauschen,
aber genau von dort kommen wir auch her, du und ich,
nie vergessen, sagt er, jeden Tag einmal dran denken und
dreimal tief schnaufen! seine scharfen hellen Augen
werden schmal und hart.

Der Maler

Seinen Namen sagt der Maler nicht, fein pinselt er auf
seine Bilder *Gauguin* hin, sein Schiff wartet aufgebockt
am Strand, abgetakelt, die Masten längsseits festgezurrt,
das Balkendock schon kieltief im Sand, er redet langsam,
nichts hat er sich nehmen lassen, jahrelang jede Insel über
der Kimm ein neues Ziel voraus, du weißt: das kurze
Leben ist der davonspringende Punkt! er hat einen Scherz
draus gemacht: auf Rarotonga, wo Andy Thomson und
Rasmussen den summenden Tag erlebten und schlagartig
lichtlose Nacht, betrunken vom Sternengefunkel und
verzweifelt ob seiner Unbeschreibbarkeit, dort auf Rarotonga machten sie seinen Totenschein, Viggo Rasmussen,
Kapitän der Tiaré Taporo damals, sagt er, hat die Nachricht losgelassen, beiläufig, du kennst die Welt, *Golden
Hind gesunken, Skipper vermißt, Suche ergebnislos ab-*

gebrochen, nach einer Weile dachte ich, sagt er, ich könnte nun wohl nicht mehr zurück, der Scherz ist zwar nicht neu, wird aber sehr übelgenommen, nach noch einer Weile merke ich, ich will gar nicht zurück, ich hab gar nie gewollt, *wo ist denn dieses unsinkbare Land Zurück?* hab ich gar nicht mehr wissen wollen, sagt er, ich weiß nur: es ist mit Zufälligkeiten gedüngt und wird jetzt ruchlos vergiftet! er reibt die Farben selbst, sie flüstern und duften, bei geringeren Meistern seufzen sie oder schreien oder bleiben, was sie sind: verschiedenfarbiger Dreck! auch die Pinselhaare zupft er selbst, eine Art Leinwand weben ihm Frauen, Krankheiten haben ihn bisher gemieden, er hat Glück, er ist robust, er sagt: was kümmert mich der große weite Rest! und schnippt nicht einmal mit dem Finger, er schärft die Haihaken, wenn du willst, kann ich's dir erzählen, sagt er, entweder gelingt es dir, einmal sollte es, den meisten allerdings nicht, Madame sagte: was hast du? so geht es nicht weiter! was ist es? eine andere Frau? Blitz und Licht aus der Tube, wenn du draufstampfst, sie platzt und spritzt, heute kann ich das sagen, ich fand plötzlich die Wörter für alles: eine andere, ja! ich muß mich von ihr finden lassen! sie träumt mich! sie verzehrt sich! es gibt keinen Ungerechteren als mich, aber was ist Gerechtigkeit? fromme saure Milch! er wetzt den Haken, schärft den Widerhaken, zu der Zeit damals, als er malte, so schlecht er nur konnte, habe er zufällig wirklich Paul Gauguin geheißen, murmelt er, später bittet er mich um Tabak, was soll ich dem Mann eine Rechnung in den Sand schreiben über Jahre und Daten? was soll ich seinen Namen drehen und wenden mit ihm? Nareau war am Anfang, sagt er, *Nareau machte die Frau, und der Mann wuchs aus ihren Gedan-*

ken, *was müssen das für Gedanken gewesen sein!* er lacht, vielleicht setze ich von jetzt an, was meinst du? er hält inne, ein paar Jahre lang deinen Namen auf meine Bilder, er ist eine Weile in Gedanken, dann zielt sein Finger plötzlich auf meine Brust, wie nennt man dich zur Zeit?

Die Zauberer

Zu George Willis aus Altnaharra in Sutherland sagte ungefragt Cilapulapu: wenn du Angst hast vor etwas, das du nicht kennst, eine Angst, die aus der Luft auf dich herabfällt, das ist das Große Störende, oder du stehst mit dem Netz im Wasser und auf einmal fallen dir in deiner Sprache lange nicht gebrauchte Wörter ein, es ist wieder das Große Störende, ein Ahnvogel ist über dir vorbeigezogen, du hast ihn nicht gesehen, er hat kleine weiße Steine aus seinen Klauen auf dich herabfallen lassen wie kleine Schildkröten, du denkst: warum zerschellen sie ausgerechnet auf meinem Kopf? ich will jetzt Fische fangen! ich sage dir, das ist der Tod, er tastet sich heran, er will vorbereiten, vergnüge ihn mit dem Geruch deines Urins, gib ihm deinen Zauber, atme tief ein deinen aufsteigenden nichtigen Dunst, der Tod wird Brisen schicken, sie sollen dir deinen kleinen Geruch stehlen, laß sie gewähren! George Willis, achtzig, kahl, bärtig, hellblauäugig, lebt fröhlich mit kleinem Aufwand mit Frau und mit Kindern und Kindeskindern und mit viel Zeit auf der Insel Buru, es ist ein starker Zauber, sagt er, es ist wie bei einer simplen Geschichte, man muß nicht mal dran glauben, nur einatmen, Cilapulapu ist damals etwa fünfzig gewesen, um die vierzig Jahre ist es her, und wir leben beide heute noch, also, Sie sehen! Willis sagte, er habe sich lange Zeit seines Lebens in einigen alten Wissenschaften getummelt und von einigen neuen nippe er jetzt, diese nennt er beim Namen: Biochemie, Genetik, absehbar auch der Abbruch unserer abgewrackten Zelte und Aufbruch zu weltenfernen neuen Ufern, vielleicht eine grandiose Entwicklung, wahrscheinlich eher einmal mehr kindlich chaotisch, sagt er, zurück und vorwärts zur Horde, taugliche Maßstäbe habe es ohnehin nie gegeben, wir wissen und können immer mehr und immer weniger, wir glauben zu wissen und zu können, dies sei immer wieder unsere sogenannte Basis, ein spiralig schralendes Dünstchen in all der Grund- und Bodenlosigkeit, wir glauben zu leicht und zuviel, er finde, am meisten recht, und zwar ohne draufklopfen und etwas herausschlagen zu müssen, hätten eigentlich diese geschichtenerzählenden Zauberer wie Cilapulapu, sie pflücken den Zauber, indem sie ihn für sich und für alle erfinden, also machen, und am Ende hält genau dieser simple Trick den Deckel auf unserer verdammten Knallbüchse, *er beruhigt und stachelt die Menschen und schmeichelt und kitzelt unsere ewig verwöhnten Götter*, alle andern, sagte er, machten Ramsch oder Bombenkisten, und längst wäre alles draufgegangen, hätten die Zauberer es nicht verhindert, Willis kaute Betel, seine Zahnstummel waren fast schwarz, er sagte: und ausgerechnet das wissen diese Zauberer wahrscheinlich gar nicht! bei ihnen ist vielleicht der einzige wirkliche Ruhm des Menschen, aber auch das wissen sie nicht! und kicherte dazu.

Eine Erinnerung

Wie das ganze Dorf im großen dunklen Schwanensaal hockte, draußen alles tief in Schnee und Eis, eine Saukälte, drinnen war's warm wie Speck und Bohnen, der Turnverein, der Männerchor, man machte, erzählt er, Dorftheater, es ist Jahrzehnte her, man trug im Winter Schuhe mit Sohlen aus Holz, in Holzböden stand man, die gingen von selbst, besonders die eingelaufenen, die vom älteren Bruder, Holzböden wurden beim Schuhmacher am Laufmeter gekauft, er lacht, findet in den dumpfwarmen Saal zurück, letzter Akt, letzte Szene, *Nebel über dem See* oder *Der alte Mann und das Mädchen*, schaurig bimmelt über eindunkelnde Bühne das Armseelenglöcklein des Dorfes hinter der Kulisse hervor und verhallt, das heißt: will verhallen und kann nicht, weil von draußen, sagt er, weil sie draußen, es kommt von draußen! ruft einer und alles sprengt hoch und drängt und drückt hinaus, im Westen steht der Himmel brandrot in der Schwärze, das Glöcklein gellt, der Hügelhof brennt, Stall, Haus, die Scheune voll Heu, es lodert und funkt, die Feuerwehr stemmt sich den vereisten Hohlweg hinauf, kommt nicht durch, Sie hätten die Kühe sehen sollen, angekettet und die ganzen Reihen schon umgekippt und immer dicker gebläht, schwarze Ballone in der glutgelben Hitze, immer praller, und wie plötzlich die erste platzt und dann die andern, man glaubt es nicht! noch heute sieht er die Kuhbäuche und die schräg auseinandergedrückten Beinstotzen, wie sie stumpf aufragen, während zehn Minuten schwelgt er in der Urtümlichkeit seiner Herkunft, und nichts ist vorbei, alles brodelt auf, wird gegenwärtig, überschwallt ihn jetzt am anderen Ende der

Welt, am anderen Ende seiner Zeit, mit achtundzwanzig war er ausgezogen, ein alter Pott jetzt, sagt er, seine quirllockige, braungesichtige Frau lacht ihn aus, auf Timor wäre sie schier verhungert vor Jahren, sie mußte sich verkriechen, die Weißen einmal nicht als gepanzerte Jäger, jaja, fängt er bedächtig wieder an, es ist lang her, viel los gewesen seither, er sei froh darüber, daß es ihn beizeiten in die Welt hinausgetrieben habe, seit zwölf Jahren sind wir jetzt hier, eine steife Bewegung seines Armes zieht einen brüchigen Bogen in den Himmel überm Meer, auf dem flachen Strand ein paar bunte Bötchen, einige aus Holz, die andern aus Plastik, sie liegen im Sand als seien sie gestrandet, weiter hinten ein kleines blaues Hotel, und wie feiner Nebel unversehens eine leise Schwermut, wie sie über Dinge kommt, die nicht mehr lange standhalten, die zerfallen werden, der Mann weiß, daß alles anders ist, fast unmerklich jeden Tag anders, aber: wo ich herkomme, sagt er, will ich nicht einmal unter den Boden, die Fischer hier haben einen Zauber, Eisenholz und grüne Kokosnüsse bannen dir jeden Wunsch, ich glaube nicht daran, nein, glaub nur das nicht! aber von hier bringt mich nichts und niemand mehr weg! er verstummt, und ich sehe: seine Gedanken heben ihn weit weit

Der Trick

Die Frau war aus England, der Mann ursprünglich aus Polen, a Krakauer, sagte er, und sie erzählt, wie sie vor Jahrzehnten in London eines Nachts, als der Whisky ihnen schon zu den Ohren herauszuspritzen begann – nach der ersten Flasche, sagt der Dichter, ist man betrunken, nach der zweiten besoffen, nach der dritten nicht mehr nüchtern, und was ist nach der vierten? fragt sie ihren Mann, vielleicht sieht man wirklich hinter die Dinge, denn dann ist man vermutlich tot, also können es wohl nur drei gewesen sein, nicht wahr? sagt er, dahinter waren sie gleichwohl gekommen, nämlich: es war die Frage aus der Schnapsflasche aufgetaucht, woher solche Burschen wie Staler, Hisso, Mulin, pardon: Mutler, Hilin, Stassolini und Konsorten sich das Necht rehmen, Recht nehmen, den Leuten zu sagen, was sie zu tun und wie sie und wo sie zu leben oder draufzugehen hätten, und zwar zu hunderttausenden, eine pfundamentale Frage, sagt sie, der wir damals das Fundament entzogen, sagt er, indem wir uns selbst dem Pfundament entzogen, das heißt weiterwanderten, sagt sie, immer wieder ein Stück weiter, wir waren nie auf der Flucht, sagt er, das klingt so schicksalträchtig, so komisch heroisch, sagt sie, auch nie auf der Suche, wir sind einfach jener hochprozentigen Frage immer dann ausgewichen, wenn sie uns wieder mal einholen wollte, sagt er, und sie sagt: drum sind wir jetzt hier, ziemlich am Rand zwar, aber unser Vorsprung ist noch beträchtlich, nur sind nach und nach immer mehr dahintergekommen, sagt er, zuviele Illusionen, und wir holen uns jetzt langsam auch selber ein, sagt sie, das Alter, Sie verstehen, nicht nur wir, alle! aber vielleicht verzählen wir uns, sagt er, und kommen nach der fünften Flasche auf einen neuen Trick, es zwinkert listig in seinem runzligen Gesicht, wir werden uns bestimmt verzählen, sagt sie kichernd, ich bin sicher, das ist der spritzfingrigste, ich meine spitzfindigste aller Tricks!

Schrecken aller Schrecken

Er weiß viel, oh ja, viel zu erzählen, wenn der Tag lang
und nicht zu heiß ist in diesen schwachwindigen Weiten,
er hat vor vielen Jahren weit südlich von Monterrey in
Mexico, es war in Küstennähe, auf einem Damm längs
der Straße plötzlich ein gesatteltes braunes Pferd gesehen, es stand still und schaute leer übers Bord hinab, und
Kilometer und Kilometer weiter vorn, eine halbe eine
ganze Stunde später, kam ihm der Reiter entgegen, ein
schmächtiger hinkender Mann ohne Blick für mich, sagt
er, ging hinter einem mächtigen schwarzen Stier her, der
ohne Eile davonzog und sich nicht einholen, nicht einfan-
gen ließ, Stier aller Stiere, oben auf dem Straßendamm,
der ganzen langen löcherigen Straße entlang, liefen zwei
Telefondrähte wie in Wellen von krummem Holzmast zu
krummem Mast, endlos, und an diesen durchhängenden
Drähten hingen Nester vom Webervogel, hunderte, tausende, oder nur dreißig, fünfzig, jedes ein brauner Beutel,
ein jeder aufgehängt an einer dünnen Schnur, wieviele
waren es? er weiß es nicht mehr, aber als er in Rußland
war im Krieg, jenes Mädchen, den Namen hat er vergessen, sie kaute Sonnenblumenkerne, muß Kerne gekaut
haben, denn nur wer Sonnenblumenkerne kaut von zehn
bis sechzehn, hat mit neunzehn solche Brüste, Brüste wie
Türme, oh Gott! und hat mit unseren Gewehren hantiert,
zum Spaß, war immer bei uns, hat mit uns gegessen und
viel gelacht, und plötzlich der Knall, die größte aller Explosionen, und war doch nur eine lausige Kugel, rühr die
Gewehre nicht an! die Knarren, rühr sie nicht an! oft und
oft haben sie's ihr gesagt, und sie hat gelacht, so ein Mädchen, oh Gott! lacht und blitzt und sinkt hin und ist tot,

nicht in Warschau, nicht in Smolensk, nicht in Paris und überhaupt je wieder so ein wunderschönes lebendiges Mädchen, oh Gott! er weiß viel, oh ja, viel zu erzählen, wenn er reich wäre, weiß du was? ruft er, ich bin der allerreichste Mann der Welt, und was tu' ich? was wüßte ich Besseres, als all den verrückten Menschen so viel Geld zu geben, daß sie verrückt bleiben können und nicht draufgehen an der scheußlich grauen Welt, an dem scheußlichen grauen Staub, ja, das würde ich tun mit übervollen Händen noch und noch! und so laut und prächtig singen, die Zähne würden mir im Mund zerspringen, sie würden mir zum Mund hinausspringen, jawohl! aber ich bin alles andere als reich, ein sehr schlechter Kunde, sagt er, und weißt du, es ist ein großer Schreck in mir, ich habe immer weniger Interesse, mich interessieren diese Menschen und Menschen und Menschen immer weniger, großer grauer Gott, was mach ich nur? es erschreckt mich, oh ja, sagt er, verstehen Sie, wenn sie jung sind, singen sie vom Herbst und bunten Blättern, vom fallenden Laub, und wenn sie alt werden, rufen sie dem Frühling nach, Blumenduft und blühende Zweige und Wiesen, Sonnenschein und Wellenspiel, aber sie können nicht mehr singen, es krächzt nur, ja, so geht es mir, wer dahinterkommt, sagt er, ist mittendrin, Schrecken aller Schrecken, die rollende Zeit, man ist mitgerollt immer und auf einmal jetzt ausgerollt, viele Länder, all die übertriebenen Städte, vollgeschmiert mit Dumm- und Geilheit, Parolen und Brunstlärm, alles fern, kalter Klatsch, sagt er, nicht daß man zu wenig wüßte, aber das Richtige: nein! er lacht krächzend auf, die Helligkeit des Nachmittags ist hartschattig geworden und hat einen bitteren Geschmack auf einmal, 's wird

Zeit, daß ich weiterkomme, ich verabschiede mich mit Respekt.

Die Rede an den Tod

Die kleine, magere, alte Frau sagt, derweil sie mit halb geschlossenen Augen halb im Schatten, halb in der Sonne liegt, ihre schwarzen Hunde kämen immer nur nachts, drum schlafe sie wenig, sie habe immer mehr Angst vor dem Einschlafen und liege meist wach, sie bellen blaffen winseln schnüffeln, oh ja, sagt sie, ich bin ein abgenagter Knochen, aber das ist weiter nichts! sie lacht ein wenig vor sich hin, vor langer Zeit hat sie Kinder geboren, lange Jahre Jahr für Jahr, jetzt erhofft sie nicht mehr viel, nur dieses, sie hat lange darüber nachgedacht: an ihrem Grab soll einer ihrer Söhne, eine ihrer Töchter stehen oder sonst eine Frau oder ein Mann, grad und stolz, ach Tod, du aufgeblähter, suchtverzehrter Finsterling! deine jämmerliche Gefräßigkeit! deine blöde Wut! weil du unser Geheimnis nicht kennst, du eitler Kapaun! nicht das Geheimnis des dümmsten Käfers, des kleinsten Wurms! niemand verrät es dir, nein! du weißt es nicht! nie wirst du satt, du frißt, bis es nichts mehr zu fressen gibt, friß dich selbst! *du kennst dich nicht! nein, du kennst dich nicht! nie wirst du dich kennen, hohler Bauch!* diese Rede, die sie selber ausgedacht hat Wort für Wort, sagt die kleine, magere, alte Frau, soll jemand über ihrem Grab sprechen, und nicht ein Wort mehr.

Trugbilder

Dieses Mädchen, man nennt so etwas Freundin, man
lacht sie sich an, eine Sache von zwei Minuten, sie hatte
merkwürdige Redensarten, zum Beispiel erwähnte sie ein
Auto, das sei so klein, aussteigen müsse man zum Aus-
puff hinaus, von einem starken weißen Gockel redete sie,
sie sah, wie er eine unwillfährige Henne abputzte, und
eine Taube landete und wirbelte dabei Staub auf, manns-
hoch, sagte sie, so trocken sei jenes Jahr gewesen, die Luft
voll Zirpfäden und nie Regen, nie Tau, keine Wolken, das
Meer immer still und immer weiter weg, sie lag meist in
der Hängematte, ihre begehrlichen Nasenflügel, und um
ihren Mund krabbelten Bienen, solches erzählt er von ihr,
du siehst älter aus als du bist, hat sie zu ihm gesagt,
warum seid ihr fremden Menschen so? warum kletterst
du auf dem Berg auf die hohen Bäume? ich warte und du
machst dich alt! sie hatte recht, sagt er, immer länger hält
man Ausschau, man versteift sich, man wird zum Nak-
ken, der steif aufs Fallbeil wartet, so lange hockst du in
den Bäumen und starrst hinaus, du schaust und schaust,
die Kimm macht dich besoffen vor lauter nichts und
nichts als Leere, du siehst einen anderen auf dem Baum
hocken und mit gestochenem Blick hinausglotzen und
bist es selbst und fragst dich, wer das denn sei, und vergißt es schon wieder, die Kimm zerfließt und beginnt zu
tanzen und tanzt und bricht ein, du mußt klammern wie
ein Affe, damit du nicht durchs Geäst hinuntertorkelst
und dir den Rücken brichst, alle Knochen, und eigentlich
möchtest du genau das: Augen zu und loslassen und fallen und nichts mehr und aus! aber nicht aufschlagen, nur
fallen, oder du hoffst, ein riesiges Monster, Riesenfisch

oder Schildkröte, tauche still auf, das Monster Chaos oder Zeit oder Zarathan, es taucht langsam und riesig auf aus dem Meer und verschlingt dich und alles in einem Sog wie ein Hauch, du möchtest nicht einmal die Sekunde haben, es anzuschauen, soweit kommt man, verstehst du? es zehrt dir den Verstand auf, und die ewige Brise schleift dir die Augen aus dem Gesicht, er sagt: aber ich habe es geschafft, ich bin weggekommen, ich hab die Wochen zu zählen begonnen, wieviele Monate bin ich nun schon auf dieser Insel, auf die ich schon immer wollte, seit mir Blighs Bordbuch unter die Augen kam? diese zwei Quadratmeilen, ekelhaft zerklüftet, alles abschüssig, alles dickgrün überfilzt, dieser lianenverknäuelte Wald, das Geziefer! er schluckte Tabletten gegen alles, keine Ansteckung! Vitamine! Widerstand! jedes Gift spritzbereit, du kannst dir diese wahnwitzigen Vorstellungen nicht ausdenken, sie schwärmen plötzlich über dich her und brodeln in dir hoch, es macht dich rasend, du siehst nichts als diese grauenhafte Weite und denkst nur noch ans Schiff, kommt es heute? kommt es morgen wieder nicht? es muß, es muß dich holen! man wird stumpf und unzugänglich für jegliche Art von Lebenslust oder gar Verführung oder sonstwas, es ist eine Erstarrung eingetreten, dein steifer Nacken und das Beil, du hast nie mit so etwas gerechnet, ein paar Dutzend Eingeborene, die Weiber, die Kinder, die Männer, vielleicht sind sie freundlich, vielleicht tun sie dir nichts, sie lauern ruhig, du siehst sie nur lauern, eine Insel der Trugbilder und selbst ein Trug geworden in dieser Endlosigkeit, auf jeder Karte, wenn du nachschaust, anderswo eingezeichnet oder überhaupt nicht, dein Entsetzen wächst, deine schreckliche Leere, dies Grauen in dir schießt plötzlich blutrünstig rings um dich hoch, und du sitzt mittendrin mit deinem angelachten schwarzbraunen Mädchen, das nichts weiter zu befürchten hat als das, wovor es sich nie fürchtete, ihre Fröhlichkeit ist erstorben, *du bist allein, für dich gibt es nur warten und warten und deine Angst vor dir selbst* und deine Panik weil du nicht immer wach bleiben kannst, ein Paradies? sagt er, geschenkt! dann möchte ich jetzt die große weite Hölle erleben!

. . . und komme nach Zeiten zurück und vieles ist anders geworden und wenig hat sich geändert, ich weiß nicht, ob ich hier die Toten oder die Lebenden aufwecken soll, sie sitzen und essen, sind satt und sind älter geworden – So, auch wieder einmal hier? und, hat's etwas eingebracht? viel wird's nicht sein, oder? Fett hast du nicht angesetzt, im Gegenteil, ziemlich verhungert siehst du aus! abgegrast, he! die hurtige lustige Welt, eh! nichts mehr zu holen, nur grad die Schuhe abgelaufen und viel Zeit, ja, so ist das mit der Herumreiserei, die Welt sehen, wohlan, aber was sieht die Welt? Drecksohlen und so weiter, wer da nicht dran denkt, he! und grinsen einander an und vor sich hin, und jeder weiß jetzt noch etwas zu benicken, nur manchmal, zwischendurch oder kurz vor Feierabend schnell an einer Ecke, zupft mich einer an: jetzt sag einmal, erzähl doch jetzt, du weißt schon was, man hat doch einiges erlebt, oder? ich habe schon Ihren Vater gekannt, gut gekannt, Ihren Herrn Vater, und Ihre Frau Mutter auch, sicher haben Sie viel gesehen und so weiter?

Oh ja, allerlei! überall allerart Menschen und kein End

Inhalt

Von der Zweiten Reise

Von der Vierten Reise

Von der Fünften Reise

Von der Sechsten Reise

Von der Siebenten Reise

Ich danke der Stiftung Alfred Döblin-Preis, dem Berliner Künstlerprogramm des Deutschen Akademischen Austauschdienstes (DAAD), dem Istituto Svizzero di Roma, der Stiftung Pro Helvetia und besonders herzlich meinen Freunden; sie haben die oft schwierige Arbeit an ›Sindbadland‹ großzügig gefördert.

In Dankbarkeit gedenke ich an dieser Stelle Dr. h. c. Georges Bloch, der großen Anteil nahm an der Entstehung dieses Buches, dessen Drucklegung er nicht mehr erlebte.

Gerold Späth

Gerold Späth

Die heile Hölle
Roman
Fischer Taschenbuch Bd 5063

Heißer Sonntag
12 Geschichten
Fischer Taschenbuch Bd 5076

Stimmgänge
Roman
Fischer Taschenbuch Bd 2175

Unschlecht
Roman
Fischer Taschenbuch Bd 2078

Fischer Taschenbuch Verlag

Gerold Späth

Balzapf oder Als ich auftauchte
Roman
439 Seiten, Leinen, 1977
und Fischer Taschenbuch Bd 5428

Commedia
443 Seiten, Leinen, 1980
und Fischer Taschenbuch Bd 5411

Sacramento
Neun Geschichten
141 Seiten, Leinen 1983

S. Fischer Verlag
Fischer Taschenbuch Verlag